BASTEI
LÜBBE
TASCHENBUCH

Über die Autorin:

Monate nachdem **Josefina Rivera** durch Gary Heidnik entführt wurde, gelang ihr endlich die Flucht. Ihre Erlebnisse und schrecklichen Erinnerungen haben sie noch lange beherrscht. Erst Jahre später findet Josefina die Kraft, sich wieder ein normales Leben aufzubauen. Heute lebt sie glücklich mit ihrem Mann in Atlantic City.

Josefina Rivera

KÄLTER ALS DIE NACHT

Gefangen im Keller eines Serienmörders

Aus dem amerikanischen Englisch von
Veronika Dünninger

BASTEI LÜBBE
TASCHENBUCH

BASTEI LÜBBE TASCHENBUCH
Band 60832

Dieser Titel ist auch als E-Book erschienen.

Vollständige Taschenbuchausgabe

Deutsche Erstausgabe

Geschrieben unter Zusammenarbeit mit Katy Weitz
Titel der amerikanischen Originalausgabe: »Cellar Girl«
Originalverlag: Ebury Press, an imprint of Ebury Publishing.
A Random House Group Company

Textredaktion: Svenja Monert, Köln/Berlin
Covermotiv: © plainpicture/BY und © Bürosüd
Umschlaggestaltung: Bürosüd, München
Satz: hanseatenSatz-bremen, Bremen
Gesetzt aus der Adobe Garamond Pro
Druck und Verarbeitung: GGP Media GmbH, Pößneck
Printed in Germany
ISBN 978-3-404-60832-4

1 3 5 4 2

Dieses Buch ist Florence Patterson gewidmet,
meiner Mom, für ihre ganze Kraft, Ermutigung und
Disziplin, die mir geholfen haben, durchzuhalten.
Und Chris Lyle, der in der schweren Zeit danach
nicht vor oder hinter, sondern neben mir gestanden hat.
Und Gott, der mich durch all das hindurchgebracht hat.

*Ich werde nicht zulassen, dass mich das, was ich sehe,
an dem hindert, was ich glaube.*

(Anonym)

Inhalt

Prolog

Ich schlendere an der Küste entlang und lasse meinen Blick über den Strand schweifen. Ich suche nach Meerglas. In meiner Tasche sind drei Stück, die ich bereits gefunden habe: eines ist klein und grün, ein anderes ist eine gebogene weiße Scherbe mit abgerundeten Kanten, und das dritte, eine runde, dicke blaue Scheibe, hat Einbuchtungen auf einer Seite, wie der Boden einer Flasche. Ich reibe mit den Fingern über das matte Glas in meiner Tasche, während die stürmische Meeresbrise an meinen Haaren zerrt und gegen meine Wangen peitscht. Ich atme tief ein – die Salzluft füllt meine Lungen, trägt all meine Gedanken fort und lässt mich weitergehen, frei, um den Strand abzusuchen.

Die Glasstücke stammen von alten Schiffen. Schiffen, die einst über den Atlantischen Ozean segelten, Schiffen, die zerbarsten und allerlei Dinge über Bord warfen: Wein, Krüge, Teller, Gläser und Flaschen. Das Glas sank hinunter auf den Grund des Ozeans, und während der Gezeiten wurde es immer wieder auf dem Meeresboden herumgestoßen und -gerollt, bis die scharfkantigen Fragmente zu glatten, abgerundeten Teilen geschliffen worden waren. Und mit der Flut bringt das Meer diese kleinen Juwelen an Land, diese Fragmente von einem anderen Ort, aus einer anderen Zeit. Je milchiger, je undurchsichtiger das Glas aussieht, desto älter ist es.

Ich begann vor drei Jahren, Meerglas zu sammeln, als ich nach Atlantic City gezogen bin, an den Ort, den ich jetzt mein Zuhause nenne. Ich bin schon immer gern am Strand spazieren gegangen, mit dem gewaltigen Ozean neben mir, der über meine Füße strich. Die Beständigkeit der Flut, die ich dort fand, entspannte mich, besänftigte mich. In welcher Stimmung ich auch war, das Meer trug sie stets wie ein Echo zu mir zurück, egal, ob ich mich gut oder schlecht fühlte, traurig oder wütend war. Ich konnte stundenlang am Strand spazieren gehen, selbst in heftigen Stürmen, wenn der Regen aus allen Richtungen auf mich einhieb, angetrieben von einem erbarmungslosen Wind, der mir im Gesicht und auf den Beinen brannte, während das Meer zu einer tosenden, schaumigen Masse aufgewühlt wurde. Doch als ich das erste Meerglas erblickte, fühlte ich mich gezwungen, es vom Boden aufzuheben, zu retten und mit nach Hause zu nehmen. Mittlerweile habe ich ganze Krüge voller Glas. Es sind die winzigen Überreste eines anderen Lebens, die mich daran erinnern, wer ich bin.

Genau wie ich ist das Meerglas im Laufe der Zeit abgeschliffen worden, seine rauen Kanten sind von den stürmischen Meeren und dem sich bewegenden Sand geglättet, geformt und gestaltet worden. Und genau die Tatsache, dass sie so herumgestoßen und -geschubst wurden, hat diese winzigen, weggeworfenen Glasscherben so wunderschön gemacht. Sie haben überlebt, haben das Schlimmste ausgehalten, was Mutter Natur ihnen antun konnte, und es dennoch geschafft, an Land zu kommen. Eine Erinnerung daran, dass das Leben weitergeht. Ich suche nach ihnen, und ich lese sie auf wie einen kostbaren Schatz. Eine Fülle gebrochener Schönheit, die nur ich wirklich zu schätzen weiß.

Hier draußen, in der Nähe des Ozeans, fühle ich mich friedlich, verankert. Und ich bin endlich stark genug, um meine Geschichte zu erzählen. Die echte Geschichte, die ganze Geschichte, die wahre Geschichte. Viele Jahre lang habe ich versucht zu vergessen, habe versucht, all die Monate, die ich angekettet in jenem Keller in der North Marshall Street verbrachte, aus meinen Gedanken zu verbannen. Aber man vergisst nicht, man vergisst nie. In gewisser Hinsicht beneide ich Gary Heidnik, den Mann, der mich und fünf andere Mädchen vergewaltigt, geschlagen und gefoltert und zwei von ihnen getötet hat. Heidnik darf in Frieden ruhen.

In meinem Inneren gibt es sehr wenig Frieden. Nur diese stillen Momente, in denen ich am Strand spazieren gehe. Es vergeht kein Tag, an dem ich nicht an diese vier Monate Hölle denke, die ich in Gary Heidniks Gewalt erlitten habe. Ich werde überall daran erinnert. Kleine, scheinbar harmlose Dinge können einen Gedanken in meinem Kopf auslösen und mich wieder dorthin zurückversetzen.

Ich kann aus dem Haus gehen, und ein zuckender Blitz erschreckt mich so sehr, dass ich Schutz suchend wieder zurück ins Haus flüchte. Oder ich überquere eine Straße und sehe ein paar Bauarbeiter, die ein Loch in der Straße ausheben, und mir stockt das Herz.

Diese Dinge sind für die meisten Leute bedeutungslos. Aber sie reichen aus, um mir zahlreiche schlaflose Nächte zu bereiten, eine Panikattacke oder schlimmstenfalls eine monatelange Depression auszulösen, während der ich nicht einmal das Bett verlassen kann.

Ich mag frei sein, aber in vieler Hinsicht bin ich noch immer an Heidnik gekettet; und an die düsteren, schlimmen Erinnerungen an das, was in jenem Keller geschah, während der Rest der Welt seinen gewohnten Gang ging.

Seitdem war natürlich nichts mehr in meinem Leben normal, und jeder Aspekt von Heidniks entsetzlichen Verbrechen wurde von unzähligen Fremden ans Licht gezerrt und eingehend betrachtet. Tausende von Worten wurden über das geschrieben, was passiert ist – teils wahr, teils nicht.

Jetzt möchte ich die Fakten richtigstellen, damit die Leute selbst beurteilen können, was ich in diesem Keller getan habe und was ich, wie ich glaubte, tun musste, um zu überleben und die anderen Mädchen dort herauszuholen.

Bei allem, was ich tat, hatte ich nur ein Ziel vor Augen: Überleben. Mein eigenes und das der anderen. Soweit ich sehen konnte, gab es keine Wahl, nur Notwendigkeit. Und in jeder einzelnen Minute jedes Tages, den ich dort unten verbrachte, wusste ich, dass er mein letzter auf dieser Erde sein könnte.

Und auch wenn mir die Flucht gelang, weiß ich doch, dass ich Heidnik niemals entkommen werde. Nicht wirklich.

Wenigstens bin ich überhaupt hier, um diese Qualen zu spüren, sage ich mir. Wenigstens habe ich meine Gesundheit, meinen Glauben, meine Familie und eine Million anderer Gründe, dankbar zu sein. Wie meine Glasstücke wurde ich von der Welt, in die ich geworfen wurde, verändert und geformt.

Und so bin ich nun bereit, mich dem zu stellen, was passiert ist – ich bin bereit, zu jenem Keller zurückzukehren, zu dem Loch zurückzukehren und jeden Moment der Folter, durch den dieser Mann mich geschickt hat, noch einmal zu durchleben.

Hätten Sie in meiner Situation dasselbe getan? Hätten Sie tun können, was ich getan habe? Ich glaube, keiner von uns kann wissen, wie wir unter solch extremen Umständen reagieren, bis wir uns in dieser Situation befinden und sie selbst durchleben.

Daher bitte ich Sie auch nicht, mich nicht zu verurteilen. Ich weiß, dass ich bis ans Ende meiner Tage mit dem Urteil anderer Leute werde leben müssen. Damit habe ich kein Problem, da ich weiß, dass letztendlich nur Gott über mich urteilen wird und ich mich nie für das geschämt habe, was ich getan habe.

Gehen Sie jetzt mit mir diese düsteren, unheilverkündenden Stufen hinunter, gehen Sie hinüber in eine andere Wirklichkeit, in der nichts mehr Sinn ergibt und die Regeln des normalen Lebens einfach nicht gelten.

Begeben Sie sich jetzt mit mir auf eine Reise in die tiefsten Tiefen der Hölle.

Und fragen Sie sich dann: Was hätten Sie getan?

1

Verschleppt

Ich hielt meinen winzigen Jungen in meinen Armen, strich ihm über den Kopf und flüsterte ihm zu: »Wie geht's dir, mein kleiner Mann? Geht's dir heute gut?«

Er schlief tief und fest in meiner Umarmung. Ich berührte mit der Spitze meines Zeigefingers zärtlich seine Stupsnase und umkreiste dann langsam seine Lippen, die genauso voll waren wie meine.

Er sah in seinem himmelblauen Strampelanzug vollkommen aus, einfach vollkommen. Ich seufzte. Erst eine Stunde zuvor war ich zur Neugeborenenintensivstation des Pennsylvania Hospital im Stadtzentrum von Philadelphia gekommen, wo er bleiben sollte, bis er etwas zu Kräften gekommen war. Er war ein Frühchen genau wie meine anderen Kinder und daher winzig wie eine kleine Puppe. Ich hatte ihn gebadet und ihm die Windeln gewechselt, während er sich unruhig in meinen Armen wand.

Als er rundum sauber und trocken war, gab ich ihm ein Fläschchen, und nachdem er es zur Hälfte geleert hatte, schlief er ein. Ich legte ihn behutsam in sein durchsichtiges Plastik-Babybett, und er streckte die Beine in völliger Glückseligkeit. Ich deckte ihn mit seiner weichen Baumwolldecke zu und blickte ihn einfach nur an.

Jetzt, in der fünften Lebenswoche, wurden Rickys dünne Ärmchen allmählich fülliger, und seine kleinen, vertrauensvollen Finger legten sich unbewusst um meine eigenen.

Ricky war mein drittes Kind, aber ich wusste, dass die Entscheidung, ob ich ihn nach Hause würde nehmen können, nicht länger bei mir lag. Ich würde dem Jugendamt beweisen müssen, dass ich eine gute Mom war, eine Frau, die bereit war, die Bedürfnisse ihrer Kinder über ihre eigenen zu stellen.

Sie müssen wissen, dass Ricky mit Drogen in seinem Organismus zur Welt gekommen war.

Tränen traten mir jetzt in die Augen, als ich meinem schlafenden Kind ein tief empfundenes, stilles Versprechen gab.

Ich werde das Richtige für dich tun, Ricky. Ich werde mich bessern. Ich werde meine anderen Kinder zurückbekommen. Wir werden alle eine Familie sein. Versprochen. Momma wird alles wiedergutmachen. Du wirst sehen.

Er war so zufrieden, so unschuldig, dass ich unwillkürlich von Schuldgefühlen und Schmerz über die Art und Weise, auf die ich ihn in diese Welt gebracht hatte, überwältigt wurde.

Er hatte nicht darum gebeten, so geboren zu werden – es war meine Schuld. Das wusste ich.

Noch vor einem Jahr lief alles so gut: Ich war seit einer Weile clean, hatte meine beiden Mädchen bei mir, und ich lebte mit dem Mann zusammen, den ich liebte.

Wie schnell das alles auseinanderbrach. Da ich tagsüber arbeitete, ließ ich die Kinder in der Obhut meiner Schwester Iris. Was ich zu dem Zeitpunkt nicht wusste, war, dass sie die meiste Zeit irgendwo außer Haus war und high wurde. Als die Nachbarn sahen, wie Iris' Kinder unbeaufsichtigt durch die Straßen liefen, hielten sie den ältesten Jungen an und fragten ihn, wo seine Mom sei.

»Ich weiß nicht«, kam seine aufrichtige Antwort. Das war der Moment, in dem die Kinderschutzbehörde aktiv wurde. Sie nahmen Iris ihre drei Kinder und mir meine jüngste, erst ein Jahr alte Tochter Zornae weg, und ich musste mir eine neue Bleibe suchen.

Zum Glück ließen sie mir LaToya, meine fünfjährige Tochter aus einer früheren Beziehung. Aber Monate später wurde Toya, oder Bookie, wie ich sie nannte, von ihrem Vater entführt. Zu dieser Zeit war meine Beziehung zu Zornaes Vater ebenfalls dabei, in die Brüche zu gehen, und ich war mit Ricky schwanger. Alles war irre chaotisch. Zu meiner ewigen Schande verfiel ich wieder in die alten Gewohnheiten, die mich schon während meiner Teenagerzeit geplagt hatten: Crack rauchen und auf den Strich gehen.

Ich werde später noch in allen Einzelheiten darauf eingehen, wie es zu diesem traurigen Durcheinander kam, aber vorläufig müssen Sie nur wissen, dass ich ein verletzliches Kind war, das in einer Umgebung lebte, in der Drogen an der Tagesordnung waren. Ich hatte in ihnen etwas gefunden, womit sich die ganze Schlechtigkeit der Welt ausblenden ließ, und ich war süchtig danach. So süchtig, dass es mich davon abhielt, die Mutter zu sein, die ich sein wollte. Meine Sucht war mir wichtiger als alles andere. Könnte ich die Uhr zurückdrehen, würde ich Crack niemals auch nur anrühren. Es hat mein Leben ruiniert – auf die schlimmstmögliche Weise.

Jetzt sah ich auf Ricky hinunter und sagte mir: *Du wirst das hinkriegen, Josefina. Du musst das hinkriegen.*

An jenem Tag verließ ich das Krankenhaus und kehrte zurück zu meiner neuen Wohnung. Diese Wohnung bedeutete mir alles. Sie würde der Ort sein, an dem ich meine Familie wieder zusammenbringen konnte. Ich hatte sie wirklich schön hergerichtet, mit Etagenbetten für die Mädchen und einem Gitterbett für Ricky. Das Gericht hatte einen Termin festgesetzt, zu dem mir die Kinderschutzbehörde einen Besuch abstatten würde, um mein neues Zuhause zu genehmigen.

Jetzt brauchte ich nur noch ein bisschen Zeit, um von den Drogen loszukommen, und alles würde gut werden. Ich machte mir ein Schinken-Käse-Sandwich, und dann nahm ich ein Bad.

Es war der 26. November 1986, der Tag vor Thanksgiving. Mir fehlte bloß noch ein bisschen Bargeld, um über die Feiertage zu kommen und um mir über die Runden zu helfen, damit ich nicht zappelig würde. Ich schaltete also den Fernseher und das Licht aus und verließ die Wohnung.

»Gehst du anschaffen?«, fragte der Mann.

Es war gegen neun Uhr abends, und ich ging auf der Suche nach einem Kunden die Straßen auf und ab, also ja: Ich ging anschaffen.

Ich trug wie üblich meine schwarze Jeans, Lederjacke, ein schwarzes T-Shirt und Turnschuhe. Ich musste mich nie in Schale werfen, um Typen aufzugabeln. Von Natur aus schlank, mit vollen Lippen und ausgeprägten Wangenknochen, fiel es mir immer leicht, Arbeit zu kriegen. An diesem Abend hatte ich mir eine toupierte Perücke über meinen Pferdeschwanz gezogen und meine Jacke fest um mich gewickelt, um mich vor der frühwinterlichen Kälte zu schützen.

Dieser Abend unterschied sich in nichts von irgendeinem anderen Abend der Woche, abgesehen davon, dass es der Abend vor Thanksgiving war und daher nicht viele Autos die Front Street in Philadelphia auf und ab fuhren. Trotzdem konnten nicht mehr als zehn Minuten verstrichen sein, bevor ich einen Wagen an mir vorbeifahren und dann am Ende der Straße umkehren sah.

Das ist gut, dachte ich, vermutlich kam er zurück, um mich anzuheuern. Mir gefiel die Vorstellung nicht, noch lange hier draußen in der Kälte zu sein.

Ein hellbrauner Cadillac Seville hielt neben mir an – ein schöner Wagen, ein teurer Wagen.

Dann ging das Fenster herunter, und der Typ fragte mich, ob ich anschaffen ginge.

Es war mein allererster Blick auf Gary Heidnik.

Und das Einzige, was ich bemerkte, war ein Paar helle, sehr durchdringende blaue Augen – so blass und durchschimmernd, dass man das Gefühl hatte, genau durch sie hindurch und in seinen Schädel sehen zu können. Nur dass man selber nicht der war, der Heidnik ansah. Er hatte *dich* in seinem starren Blick.

Abgesehen von diesen Augen war an diesem Typen nichts Ungewöhnliches. Überhaupt nichts.

Er war ein Weißer, mit einem gewöhnlichen Gesicht – gerade Nase, kantiger Kiefer, gewelltes braunes Haar und ein gestutzter Bart. Er war schlank und trug eine braune Rindslederjacke mit Fransen an den Ärmeln. Ein ganz normaler Typ.

»Ja?«, fragte ich.

»Ich will ein bisschen Spaß haben. Kommst du mit zu mir?«

»Ich gehe nicht zu anderen Leuten nach Hause«, sagte ich. Ich musste ein paar Grundregeln haben, und das war eine davon.

»Na ja, ich bin eins achtzig groß, da ist es für mich irgendwie schwer, im Auto rumzumachen«, sagte er, und ich äugte in den Wagen. Ledersitze, und es roch sauber und frisch. Es stimmte, er hatte lange Beine, aber es widerstrebte mir trotzdem. Ich hatte nicht viele Regeln in meiner Branche, aber das war eine, an die ich mich im Allgemeinen streng hielt. Schließlich will man keine Zeit damit verschwenden, zu jemandem nach Hause und wieder zurück zu fahren, wenn man ihnen das, was sie wollten, auf einem Parkplatz geben und in zehn Minuten wieder draußen bei der Arbeit sein konnte.

Aber ich konnte spüren, wie die Temperatur um mich herum abfiel.

»Na los«, drängte er mich. »Ich gebe dir fünfzig Dollar.«

»Wie weit ist es?«, fragte ich.

»Nur etwa eine Viertelstunde mit dem Auto. Komm schon, wir sind in einer halben Stunde fertig, und dann setze ich dich wieder hier ab.«

»Okay.«

Fünfzig Dollar – damit hätte sich mein Abend bereits gelohnt, und dann konnte ich wieder zurück in meine warme Wohnung. Ein bisschen Crack rauchen, high werden und mich entspannen. Und am Morgen darüber nachdenken, meine Kinder zurückzubekommen. Hätte ich das bloß nicht getan. Hätte ich doch bloß versucht, an diesem Abend clean zu werden. Es wäre für uns alle besser gewesen.

Ich rutschte neben ihn auf den Beifahrersitz, und als wir losfuhren, fragte er mich, ob ich Kinder hätte.

»Na klar«, sagte ich. »Deshalb kann ich nicht lange wegbleiben – die Babysitterin passt bei mir zu Hause auf meine Kinder auf, und wenn ich mich verspäte, flippt sie aus.«

Das stimmte zwar nicht, aber ich wollte von Anfang an klarstellen, dass ich danach nicht noch bei ihm herumhängen würde.

»Wie heißt du?«, fragte ich, während wir durch die dunklen, leeren Straßen schossen.

»Gary«, sagte er. »Und du?«

»Ich bin Nicole«, antwortete ich. Das war mein Arbeitsname – ich verwendete meinen richtigen Namen, Josefina Rivera, nur ungern, wenn ich auf den Strich ging. Aus irgendeinem Grund war es mir unangenehm, also nannte ich mich, wenn ich anschaffen ging, Nicole.

Wir fuhren ins Slumviertel von Philadelphia und bogen bald durch einen hüfthohen Maschendrahtzaun in einen Hof ein. Wir hatten sein Zuhause erreicht – 3520 North Marshall Street.

Gary führte mich über die Veranda ins Haus. Draußen war es stockfinster und im Haus ebenfalls. Das hier war keine gute Gegend – viele Drogendealer, Herumtreiber und ausgebrannte Autos. In letzter Zeit hatte es sich aufgrund einer Schießerei zwischen Gangs einen Ruf als das »O.K. Corral von Philadelphia« erworben. Trotzdem, ich hatte kein Problem damit. Ich war schon so ziemlich überall gewesen, und aufgrund meiner eigenen Drogensucht war ich es gewohnt, die schäbigeren Seiten des Lebens zu sehen.

Meine Droge war Crack – immer Aufputschmittel, nie Beruhigungsmittel. Ursprünglich hatte es als ein bisschen Spaß begonnen. Wenn man jung ist, hält man sich für unbesiegbar, man kann sich nicht vorstellen, so süchtig nach etwas zu werden, dass es das Einzige ist, woran man denken kann. Du hast keine Ahnung, wie extrem weit du gehen würdest, um einen Schuss zu kriegen. Oder dass dir die Drogen wichtiger sein könnten als ein Leben, das in dir heranwächst. Und bei mir hatte irgendwann das Crack die Kontrolle übernommen. Ich hatte keine Wahl mehr. Crack war für mich die einzige Möglichkeit geworden, den Tag zu überstehen. Morgens brauchte ich als Allererstes eine Pfeife, sonst kam ich überhaupt nicht in die Gänge. Es spielte keine Rolle, wie viel Geld ich verdiente, ich gab immer alles aus. Egal, ob ich fünfzig Dollar einnahm oder 500, in einem Punkt konnte ich mir immer sicher sein: am nächsten Tag würde das Geld weg sein und ich wieder auf dem Straßenstrich stehen.

Gary ging voran ins Haus, und ich sah mich kurz um. Wir waren in einem Wohnzimmer mit einer Couch, einem Fernseher und ein paar Teppichen auf dem Boden. Wir gingen weiter in ein dunkles Esszimmer mit einem Flipperautomaten, Essstühlen und einem Esstisch. Es war, soweit ich sehen konnte, ein ganz normales, gewöhnliches Haus. Das Einzige, was mir seltsam erschien, war die Tatsache, dass er anstelle von Tapeten etwas Ungewöhnliches an den Wänden befestigt hatte: Geld.

Er hatte dort überall Fünf-, Zehn- und Fünfundzwanzigcentstücke an die Wände des Esszimmers geklebt. Und in der Küche waren die Wände mit Pennys übersät. Mein Gott, warum sollte jemand so etwas tun? Es sah aus, als hätte er Stunden dafür gebraucht.

Er führte mich nach oben zu seinem Schlafzimmer, und an den Wänden neben der Treppe und im oberen Flur klebten Dollarscheine. Hin und wieder war auch ein Zwanzigdollarschein darunter – ich nehme an, um es ein bisschen interessanter zu machen. Vielleicht war er ein Angeber. Wollte die Welt wissen lassen, dass er genug Kohle hatte, um sein Haus damit zu tapezieren.

Gary führte mich in sein Schlafzimmer, und ich begann mich auszuziehen. Er gab mir meine fünfzig Dollar, und als ich mich auf das Bett legte, fiel mir auf, dass es so aufgestellt war, dass mein Kopf nach unten zeigte. Er erklärte, er habe eine Lungenerkrankung, und das würde ihm beim Schlafen helfen. Er wartete, bis ich auf dem Bett lag, zog dann seine Jeans und Unterhose aus, behielt sein Holzfällerhemd aber an und legte sich auf mich.

Wortlos drang er in mich ein und begann, sich rhythmisch zu bewegen. Er sagte kein Wort, sondern stieß nur immer wieder und immer schneller in mich hinein, bis er fertig war. Für mich war es das Übliche. Je schneller, desto besser. So sah ich die Sache.

Ich stand auf, um mich wieder anzuziehen, und in diesem Augenblick, als ich eben in meine Unterhose schlüpfen wollte, spürte ich, wie er von hinten den Arm um meine Kehle legte und mich würgte.

Oh mein Gott!

Ich wollte schreien, aber ich konnte nicht. Ich konnte nicht einmal atmen. Der Kerl quetschte alle Luft aus mir heraus, und kein Sauerstoff konnte mehr in meine Lungen gelangen.

Ich brach in Panik aus. Bilder meines Lebens schossen mir durch den Kopf, wirbelten an meinen Augen vorbei und gestatteten mir einen letzten, flüchtigen Blick auf das Leben, das ich gleich hinter mir lassen würde. Meine Mom, meine Kinder, die Männer, die ich geliebt und verloren hatte …

Ich hatte das Gefühl, gleich ohnmächtig zu werden, aber ich hatte Angst, dass ich, wenn ich einmal das Bewusstsein verlor, es nie wiedererlangen würde. Ich setzte mich so gut ich konnte gegen Gary zur Wehr und versuchte ihn abzuschütteln.

Auf einmal spürte ich, wie er den Griff ein klein wenig lockerte, und ich schnappte nach Luft.

Heidnik riss einen meiner Arme nach hinten, und ich hörte ein Klicken, als er eine Handschelle an meinem Handgelenk befestigte. Ich begann wieder verzweifelt, meinen Körper zu winden, um von ihm wegzukommen. Was immer der Typ vorhatte, es konnte nichts Gutes sein.

»Hör schon auf, dich zu wehren, sonst muss ich dich wieder würgen«, sagte er. »Leg einfach deinen anderen Arm auf den Rücken.«

Sein Tonfall war ruhig, nüchtern – in seiner Stimme lag keine Wut oder Verärgerung. Es war, als würde er mir Anweisungen dazu erteilen, wie ich Wasser aufsetzen sollte. Dieser Tonfall war erst recht beängstigend. Was sollte das alles? Eine Million albtraumhafter Szenarien schossen mir durch den Kopf.

Er hielt meinen Arm fest, und ich wusste, dass er es ernst meinte. Also legte ich gehorsam die andere Hand auf den Rücken, und er steckte sie ebenfalls in die Handschellen.

Nackt und in Handschellen wurde ich hinunter ins Wohnzimmer gebracht, durchs Esszimmer und weiter zu einer Tür, die ein paar Stufen hinunter in seinen Keller führte.

Kein Mann war mir gegenüber je gewalttätig geworden. Etwas Derartiges hatte ich noch nie erlebt. Ich hatte Angst. Große Angst.

Gary drückte mir die Arme fest auf den Rücken und stieß mich unsanft die Treppe hinunter. Das grelle Licht einer nackten Glühbirne, die von der Decke hing, erhellte einen schlichten, kargen Raum. Dort unten standen eine große Gefriertruhe, ein Radio, aus dem Musik dröhnte, und noch ein Flipperautomat. Dann sah ich, dass er inmitten dieser ganzen Normalität ein Loch in den Boden gegraben hatte.

Als ich das Loch sah, begann mein Herz, noch wilder zu hämmern, und mein Körper verkrampfte sich vor Angst. Wofür war dieses Loch da? Würde er mich töten? War das hier mein Grab?

Ich war völlig schockiert und verängstigt, ich fror und schnappte nach Luft, während ich betete, diese Sekunden mögen nicht meine letzten auf dieser Erde sein.

Als ich dort stand, begann Gary, dicke Metallringe um meine Fußknöcheln herum zu befestigen. Die Ringe sahen aus wie diese Schellen, mit denen man den Auspuff am Boden eines Wagens anbringt – eine gerade Seite, die an einem Halbkreis befestigt ist.

Er schraubte die Auspuffschellen zu, dann trug er etwas Krazy Glue, einen stark haftenden Superkleber, auf die Schrauben auf und zog sie noch einmal nach. Er arbeitete methodisch und sorgfältig, und er schien ganz genau zu wissen, was er da gerade tat. An seinen Bewegungen war nichts Panisches oder Überstürztes. Schließlich nahm er einen Föhn und trocknete den Klebstoff damit.

Es war ein bizarrer Anblick, wie dieses gewöhnliche Gerät zu einem solch kranken, perversen Zweck verwendet wurde.

Ich stand da, nackt, die Hände auf dem Rücken gefesselt, völlig unter Schock.

Als er damit fertig war, brachte er die Auspuffschellen an einer langen Kette an, die er mit einem Vorhängeschloss an einem Abwasserrohr an der Kellerwand befestigte.

Schließlich nahm er mir die Handschellen ab und stieß mich in das Loch.

Das Loch war zu klein für meinen eins achtundsechzig großen Körper, und ich passte nicht hinein, sodass er immer wieder meinen Kopf nach unten drückte. Irgendwann muss meine Perücke heruntergefallen sein, denn auf einmal zog er mich unsanft an meinem Pferdeschwanz nach unten. Ich wurde gegen die kalte, bloße Erde gedrückt, und meine Beine waren unter mir zusammengefaltet, sodass mein Kinn auf meinen Knien lag, ein Arm war um meinen Kopf geschlungen, während der andere seitlich eingeklemmt war. Ich schrie vor Schmerzen und protestierte, aber Gary machte einfach weiter, als könne ihn nichts in der Welt aufhalten. Er machte sich nicht einmal die Mühe, mir zu sagen, ich solle den Mund halten. Das Radio lief so laut, dass es meine Schreie völlig übertönte.

Sobald ich in dem Loch war, legte Gary eine schwere Platte darüber. Ich sah entsetzt zu, wie er sie langsam, Zentimeter für Zentimeter, über das Loch schob, bis ich auf einmal völlig im Dunkeln war, allein und so verängstigt wie noch nie zuvor im Leben.

Ich roch den harten, erdigen Boden um mich herum, und ich tat mein Bestes, um eine Position zu finden, in der mein Körper nicht allzu schlimm eingezwängt war, aber Gary musste irgendetwas Schweres auf die Platte gelegt haben, denn so sehr ich auch versuchte, mich dagegenzustemmen, sie lag unverrückbar auf dem Loch, wie ein Deckel.

Das Nächste, was ich hörte, war das Geräusch schwerer Schritte auf den hölzernen Stufen, die vom Keller hoch ins Erdgeschoss führten. Er ging wieder nach oben. Er ließ mich hier unten zurück. Ich wurde von Panik übermannt. Was, wenn er mich hier liegen ließ, damit ich verrottete? Was, wenn er mich für immer hier ließ? Was, wenn die Luft ausging?

Ich war vor Angst wie gelähmt, und ich begann zu weinen und zu wimmern.

Oh Gott. Oh Gott – was wird jetzt aus mir?

Ich musste hier herauskommen. Ich musste!

Ich begann zu schreien: »Lass mich raus! Lass mich raus! Hilfe! Holt mich hier aus! Jemand muss die Polizei rufen. Ich werde gefangen gehalten!«

Ich brüllte und brüllte und brüllte stundenlang. Aber nichts geschah, niemand kam, und ich steckte die ganze Zeit in derselben verrenkten Position fest und kreischte und schrie um mein Leben. Nach einer Weile schlief mir der Arm ein, und die Kälte der Erde drang mir in die Knochen.

Von Zeit zu Zeit hielt ich inne und lauschte nach einem Hinweis darauf, dass irgendjemand mich hören konnte, doch in diesen Augenblicken spürte ich wieder, wie mich das Entsetzen packte, und ich begann aufs Neue zu schluchzen. Dann fing ich wieder an zu schreien. Ich wusste nicht, was ich sonst tun sollte.

2

Das Loch

Musik. Ich konnte Musik hören.

Ich hörte sie aus weiter Ferne, und ich erkannte das Lied – es war Anita Bakers *Caught up in the Rapture*. Sie hatten dieses Lied im Radio über Stunden immer wieder gespielt.

Meine Arme und Beine waren so steif, dass ich sie kaum noch spüren konnte; das Einzige, was ich spüren konnte, war die Kälte der feuchten, groben Erde an meiner Haut.

Mein Verstand war wie benebelt – wo war ich?

Ich war in einer Welt aufgewacht, die ich nicht wiedererkannte – meine Arme und Beine waren unbequem um meinen Körper gewickelt, alles war dunkel, und in meinem ausgedörrten Mund war der bittere Eisengeschmack von Blut.

Der Boden hatte mich völlig verschluckt – er war unter mir, um mich herum, an jeder Seite, und der Geruch war wie der von Erde, wenn es geregnet hat, nur näher. Viel näher.

Ich konnte spüren, dass meine Wangen feucht waren – hatte ich im Schlaf geweint? Ich konnte es nicht sagen. Vielleicht sickerte auch irgendetwas aus meinem Auge – es fühlte sich etwas wund an.

Ich blinzelte, um wach zu werden, und versuchte mich auf meine Umgebung zu konzentrieren, aber meine Augen konnten keinerlei Bilder oder Reize wahrnehmen. Es gab kein Licht, nur Dunkelheit.

Ich war lebendig begraben worden.

Heute war Thanksgiving. Das wusste ich, da ich die Radiosprecher fröhlich verkünden hörte, es sei sechs Uhr morgens, dann sieben Uhr, dann acht Uhr. Und so weiter, bis es jetzt neun Uhr abends war. Ich hockte bereits seit vierundzwanzig Stunden hier unten – ein ganzer Tag war vergangen, seit Gary mich in Handschellen hier heruntergeführt hatte.

Wie in aller Welt war ich an diesem gottverlassenen Ort gelandet, ohne zu wissen, ob ich im nächsten Augenblick noch leben würde?

Ich sollte zu Hause sein. Warum war ich hier?

Ich dachte an meine Mom, Florence Patterson – sie würde erwarten, dass ich sie heute anrief. Täte ich das nicht, würde sie sich Sorgen machen, so wie jede andere Mutter auch.

Florence war nicht meine leibliche Mutter, aber sie war in jeder anderen Hinsicht meine Mom. Sie hatte mich aufgenommen, nachdem meine leiblichen Eltern mich und meine beiden älteren Geschwister zum Sterben in einer Wohnung zurückgelassen hatten.

Sie gingen einfach weg und ließen uns zurück, als ich sechs Wochen alt war.

Wir wurden nur deshalb gerettet, weil die Nachbarn mich schreien hörten und die Polizei riefen. Hätten sie nicht die Polizei verständigt, hätte uns niemand gefunden.

Als die Beamten die Tür einschlugen, fanden sie mich, meine zweijährige Schwester Iris und meinen einjährigen Bruder Freddy in einem erbärmlichen Zustand: frierend, unterkühlt und hungrig.

Später, als die Polizei versuchte, meine Eltern ausfindig zu machen, sagten die Nachbarn, sie hätten sie schon ziemlich lange nicht mehr gesehen. Wer wusste schon, wie lange wir bereits dort waren? Oder wie oft wir so zurückgelassen worden waren?

Wir wurden zunächst in Kinderheimen untergebracht, bevor ich im Alter von vier Monaten zu meinen wundervollen neuen Eltern kam. Und dort blieb ich, bis ich Anfang zwanzig war.

Unten in dem Loch begann ich zu schluchzen. *Mom! Werde ich meine Mom je wiedersehen?*

Ich liebte sie so sehr, dass ich nie von ihr getrennt sein wollte. Als ich in ihr Zuhause kam, hatten Florence und Augustus bereits acht ihrer eigenen Kinder großgezogen, sodass ich und meine andere Pflegeschwester, Althea, völlig verzogen wurden. Dank einer Fülle abgelegter Kleidungsstücke und anderer Dinge bekamen wir alles, was wir uns je hätten wünschen können, und noch mehr: Spielsachen, Kleider, Ausflüge und Vergnügungen.

Wir hatten ein Wohnzimmer, das sich über eine ganze Etage des Hauses erstreckte, und es war randvoll mit Spielsachen. Ich bekam einen Wutanfall, wenn ich ein vermisstes Spielzeug suchte, wohingegen die meisten Kinder in meinem Alter froh gewesen wären, überhaupt nur eines der Spielzeuge zu haben, die ich hatte!

Mom und ich sahen uns überhaupt nicht ähnlich: Sie war klein und schwarz, während meine leibliche Mutter Mexikanerin und mein leiblicher Vater Puerto-Ricaner war. Damals achtete die Kinderschutzbehörde nicht darauf, ob wir dieselbe Hautfarbe hatten wie unsere Pflegefamilie. Wichtig war es nur, in ein liebevolles Zuhause zu kommen, und in dieser Hinsicht hatte ich großes Glück.

Mom war kräftig, aber sie war nicht dick. Sie drehte sich an den meisten Tagen Locken, trug eine Brille und achtete stets darauf, dass sie hübsch aussah. Aber vor allem war sie sehr wohlerzogen und höflich und ließ sich von mir nichts bieten! Da sie bereits acht Kinder großgezogen hatte, bevor ich überhaupt geboren wurde, kannte sie sich in Sachen Kindererziehung bestens aus.

Nicht vorbereitet war sie lediglich darauf, wie krank ich als Kind war. Aufgrund meines schlechten Starts ins Leben hatte ich als Baby eine Lungenentzündung, und das war etwas wirklich Ernstes.

Als ich erst ein paar Monate alt war, bekam ich so hohes Fieber, dass ich ins Krankenhaus musste.

Es war schwer für Mom – ein paarmal bestellte man sie ins Krankenhaus und sagte ihr, dass ich die Nacht nicht überstehen würde, aber irgendwie … irgendwie kam ich jedes Mal durch.

»Du bist eine kleine Kämpferin!«, sagte meine Mom oft lachend, als ich älter wurde.

Lungenentzündungen machten mir während meiner ganzen Kindheit zu schaffen, bis das Krankenhaus mich irgendwann nicht mehr aufnehmen wollte und meiner Mom einfach die Medikamente mitgab, die sie mir zu Hause verabreichen sollte.

Mom war immer mit einer tröstlichen Schale Suppe zur Stelle, wenn ich im Bett lag, unter die Decken gekuschelt, während das Fieber durch meinen Körper brannte.

Noch heute leide ich an Asthma, Atemschwäche und einer ganzen Reihe von Allergien.

Wir wuchsen in einer guten Gegend von Philadelphia auf, dem Museum District, und meine Eltern waren gottesfürchtige Leute, weshalb wir jeden Morgen zur Messe gingen. Als kleines Kind war mir dort so langweilig, dass ich nicht still sitzen konnte. Ich krabbelte zwischen den Kirchenbänken herum, machte Ärger und benahm mich allgemein ziemlich schlecht.

Und jedes Mal, wenn wir von der Kirche nach Hause kamen und ich dort Unfug getrieben hatte, verpasste Mom mir ein paar Ohrfeigen.

Ja, Mom war streng – sie sorgte dafür, dass wir alle lesen und schreiben konnten, bevor wir in die Schule kamen, und wir konnten alle kochen, putzen und hinter uns sauber machen, auch wenn sie es uns die meiste Zeit abnahm. Wir hatten Aufgaben im Haushalt wie zum Beispiel, unsere Betten zu machen, und nach den Mahlzeiten spülte meine Schwester das Geschirr, und ich trocknete ab. Es gab nicht viel Zeit, um herumzusitzen und die Hände in den Schoß zu legen.

In der ganzen Zeit, während der ich zu Hause war, sagte ich

nur ein einziges Mal, mir sei langweilig, und daraufhin erwiderte meine Mom unvermittelt: »Ach ja? Dir ist langweilig? Na, das ist gut, denn ich habe einen Haufen Dinge, mit denen du gleich anfangen kannst, zum Beispiel, diesen Boden hier zu schrubben!«

Ich sah auf den riesigen Küchenboden und machte mich daran, ihn zu schrubben. Sobald ich dachte, ich hätte ihn hübsch sauber, rief ich sie wieder herein und platzte vor Stolz. Aber Mom setzte hohe Maßstäbe, und sie gab sich mit nichts Geringerem zufrieden.

»Sieh dir das an!«, rief sie mit einem stählernen Funkeln in den Augen. »Jetzt, wo du den ganzen Dreck schön gleichmäßig verteilt hast, kannst du anfangen, ihn wegzuputzen!«

An jenem Tag schrubbte ich den verdammten Boden stundenlang!

Als ich jetzt in diesem Loch war, schluchzte ich bei dem Gedanken an die Liebe meiner Mom zu mir, und daran, wie sie immer nur das Beste für mich wollte.

Eines Tages, als ich drei Jahre alt war, tauchte mein leiblicher Vater auf.

Es muss alles arrangiert gewesen sein, denn als ich an jenem Morgen aufstand, sagte Mom: »Du bekommst heute Besuch. Was willst du anziehen?«

Ich entschied mich für mein Lieblingskleid: ein rotes mit einer weißen Spitzenborte.

Mom zog mir das Kleid an und machte mir die Haare hübsch zurecht.

Wenig später tauchte ein seltsam aussehender Mann bei uns auf. Er setzte sich auf die Couch, meine Mom nahm ihm gegenüber in einem Sessel Platz, und ich stand an ihrer Schulter und drückte mich an sie, zu schüchtern, um zu sprechen oder diesen Kerl auch nur anzusehen.

»Warum redest du nicht mit ihm?«, fragte Mom immer wieder. »Das ist dein Dad.«

Ich schüttelte den Kopf. Wer war dieser Mann? Er war nicht

mein Dad. Er hatte rein gar nichts mit mir zu tun. Ich wollte nur, dass er ging, damit wir endlich wieder wir selbst sein und spielen konnten.

Schließlich, nachdem er vergeblich versucht hatte, mich zum Reden zu bringen, wandte sich der seltsam aussehende Mann an meine Mom. »Diesem Mädchen gehört der Hosenboden gründlich versohlt, denn sie hört auf nichts, was irgendjemand ihr sagt.«

Mom kniff die Lippen zusammen und sagte mit einer leichten Kopfbewegung: »Nun, in diesem Haus wird das nicht passieren.«

Wenig später ging er, und Mom nahm mich mit in die Küche und stellte mich auf einen Stuhl, damit sie mir mein gutes Kleid ausziehen und mir meine Spielkleidung anziehen konnte.

Als sie mir das hübsche rote Kleid über den Kopf zog, fand ich meine Stimme wieder: »Ich liebe dich, Mommy!«

Sie sah mich mit aufgewühlt an, sagte jedoch nichts.

Und dann meinte sie: »Weißt du, du hast irgendwo dort draußen noch eine andere Mommy.«

»Nein, habe ich nicht. Ich liebe dich.«

»Ich dich auch. Und jetzt geh zum Spielen nach draußen.«

Danach kam mein Dad an einem anderen Tag noch einmal wieder, um mich zu sehen, aber ich hatte Mumps, sodass er nicht in mein Zimmer kommen konnte. Später, als Teenager, machten meine leibliche Schwester Iris und ich uns auf die Suche nach meinem Vater, in dem Bemühen, unsere leibliche Mutter ausfindig zu machen.

Mom verschwieg mir nicht, dass ich ein Pflegekind war – sie wollte, dass ich die Wahrheit wusste, damit ich vorbereitet war, falls meine Eltern mich eines Tages wieder in ihrem Leben haben wollten.

Das war Mom – sie beschönigte nichts. Sie war klar und direkt, sagte, was gesagt werden musste, und ging dann zum nächsten Punkt über. Bei ihr wurde nicht um den heißen Brei herumgeredet. Sie sagte immer, was sie dachte.

Aber selbst sie wäre wohl um Worte verlegen, wenn sie wüsste, was mir jetzt gerade passierte. Ich wusste, sie wäre beunruhigt, weil ich sie an Thanksgiving nicht angerufen hatte, und dieses Wissen, dass sie sich meinetwegen Sorgen machte, ließ mich noch heftiger schluchzen.

Da wir aus einer katholischen Kinderschutzeinrichtung kamen und meine Pflegeeltern gottesfürchtige Leute waren, wurde ich auf die örtliche katholische Schule geschickt, eine kostenpflichtige Schule.

Es war das erste Mal, dass St. Francis Xavier an der Ecke 24th und Green schwarze und hispanische Schüler aufgenommen hatte, weshalb ich dort auffiel wie ein bunter Hund.

Dieses erste Jahr war hart für mich. Ich war es gewohnt, die ganze Zeit bei meiner Mom zu sein, und wo immer sie war, wollte ich auch sein – nirgends sonst.

Im Unterricht hob ich oft die Hand und bat darum, auf die Toilette gehen zu dürfen, und dann lief ich zu Fuß nach Hause und klingelte an der Tür.

Ich erwartete allen Ernstes, dass meine Mom sich darüber freuen würde, dass ich es geschafft hatte, den ganzen langen Weg allein zurückzulegen.

»Was tust du denn hier?«, rief sie jedes Mal, wenn ich lächelnd vor der Tür stand.

»Mom, du hast mich vermisst!«, beharrte ich dann. »Du brauchst mich bei dir zu Hause.«

Es dauerte eine Weile, bis ich begriff, dass mich meine Mom jedes Mal, wenn ich von der Schule nach Hause gelaufen kam, sofort wieder zurückbringen würde, während sie mir mit einer Tracht Prügel drohte, für den Fall, dass ich mir so etwas je wieder erlauben sollte.

Die Schule war groß – mit Hunderten von Schülern –, aber dennoch gab es insgesamt nur sechs schwarze und hispanische

Kinder. Bis heute kann ich mich an jeden einzelnen ihrer Namen erinnern.

Die weißen Kinder waren zunächst misstrauisch, und sie verstanden meine rassische Herkunft überhaupt nicht.

»Du bist ein schwarzes Mädchen«, sagten sie zu mir.

»Oh nein«, sagte ich dann kopfschüttelnd. »Ich bin hispanisch – meine leibliche Mom ist Mexikanerin, und mein leiblicher Dad ist Puerto-Ricaner.«

»Aber deine Eltern sind schwarz. Ich habe sie gesehen!«

»Das sind meine Pflegeeltern«, erklärte ich dann erschöpft. Ich kann mich gar nicht mehr erinnern, wie oft ich diese alte Leier wiederholen musste.

»Na ja, egal. Deine Mom ist schwarz, und damit bist du ein Nigger!«, hänselten sie.

Ich hätte ihnen am liebsten mit der Faust in ihre selbstgefälligen kleinen Gesichter geschlagen – und ich glaube, genau das wollten sie auch herausfordern. Doch ich beherrschte mich jedes Mal. Ich wollte mir keinen Ärger einhandeln. Abends jedoch kam ich deprimiert nach Hause und berichtete meiner Mom von dieser neuen, traurigen Seite meines Lebens.

Sie hatte keine Zeit für mein Selbstmitleid. »Das gehört eben dazu«, erklärte sie ernst. »Damit wirst du dein Leben lang zu tun haben, daher solltest du dich besser jetzt daran gewöhnen und deine Denkweise ändern, sonst wirst du nie damit klarkommen. Erwidere nicht auf alles, was irgendjemand sagt, etwas zurück, nur weil die Leute irgendetwas daherreden. Es ist egal, was jemand anders denkt oder sagt. Du gehst aus einem einzigen und bestimmten Grund zur Schule: um etwas zu lernen. Das sollte bei dir an erster Stelle stehen. Ignoriere alles andere. Und dann, wenn du doch einmal kämpfen musst, dann gehst du an den Start, machst so und so und bringst es hinter dich.«

Ich kicherte, als Mom einem imaginären Gegner einen Faustschlag verpasste, aber sie machte keinen Witz.

Sie sah mich streng an. »Josefina, schluck es einfach runter!

Und wenn du das nicht kannst, dann kämpfe, bring es hinter dich und vergiss es. Verstanden?«

Ich nickte entschieden.

Sie dachte, ich müsse härter werden. Und daher wurde ich es. Ich geriet in ein paar Schlägereien, nichts Ernstes, und binnen eines Jahres hatte ich mehr oder weniger gelernt, mich zu behaupten.

Wenn ich, so wie alle Mädchen, über die anderen Mädchen in der Schule jammerte oder stöhnte, redete Mom ein ernstes Wort mit mir. Es war ihr egal, was andere Leute sagten – solange ich gute Noten bekam.

»Was sitzt du herum und machst dir Gedanken darüber, was andere Leute sagen, wenn du hier nur eine Drei in deinem Aufsatz hast? Du brauchst abends drei Stunden für deine Hausaufgaben, weil du dir so viele Gedanken über die Meinung anderer machst. Du musst dich nur um das kümmern, wofür du dort bist, und das ist, etwas zu lernen.«

Mom musste jeden Abend auf meinen Hausaufgaben unterschreiben.

Einmal sah sie, dass ich einen Aufsatz geschrieben hatte und auf einer Seite etwas durchgestrichen hatte, wo ich ein paar Fehler gemacht hatte.

»Was ist das?«

»Ich musste es nur ändern. Es ist schon gut so.«

»Nein, es ist nicht gut so. Du machst es noch einmal, und diesmal richtig.«

Es war ein fünfseitiger Aufsatz!

»Ich kann diese Seite einfach herausnehmen und sie ersetzen«, schlug ich vor.

»Nein. Du musst lernen, es von Anfang an richtig zu machen. Du hast es immer so eilig damit, fertig zu werden, dass du diese ganzen Fehler machst. Nimm dir Zeit und konzentrier dich auf das, was du tust, dann wird das nicht wieder vorkommen. Und jetzt machst du es noch einmal.«

Und so musste ich meinen Aufsatz noch einmal von vorn anfangen. Von da an lernte ich, genau zu überlegen, was ich tat, mich zu konzentrieren und es von Anfang an richtig zu machen.

Glauben Sie mir, es passierte nicht mehr allzu oft, denn ich hatte nicht vor, meine Hausaufgaben ständig noch einmal von vorn zu machen.

In der ersten Zeit durfte ich meinen leiblichen Bruder Freddy und meine leibliche Schwester Iris noch sehen, weil wir alle bei Pflegeeltern aufwuchsen, die demselben katholischen Kriegsveteranenverein angehörten. So kam meine Mom ursprünglich auf die Idee, Pflegekinder aufzunehmen – als eine andere Dame in der Gruppe begonnen hatte, Kinder in Pflege zu nehmen. Sobald Moms Kinder alle erwachsen waren und sie in diesem großen Achtzimmerhaus allein mit meinem Dad war, dachte sie, es könnte nett sein, einem Kind, das weniger Glück im Leben gehabt hatte, ihr Zuhause zu öffnen. Sie wollte gern ein Baby haben, und als die Kinderschutzbehörde ihr mich anbot, war sie begeistert. Ich freute mich immer sehr, meine Geschwister im katholischen Kriegsveteranenverein zu treffen, aber einmal, als wir draußen spielten, hielt Freddy mich an meinem Kleid fest, und es zerriss. Es war ein Unfall, aber die Erwachsenen regten sich furchtbar auf und meinten, wir dürften uns nicht mehr sehen, da wir »handgreiflich« gegeneinander würden. Doch das stimmte nicht.

Ich war ziemlich gut in der Schule und bekam ständig Einsen und Zweien – aber nur, weil meine Mom nichts Anderes akzeptiert hätte. Außerdem fiel mir das Lernen leicht. Aber die Schule war streng: Wenn man aus der Reihe tanzte, wurde man mit einem Lineal auf die Hand geschlagen. Ich war eine Alleskönnerin. Ich lernte Saxophon und Klavier, ich liebte tanzen – modernen Tanz, Jazz, Stepptanz und Ballett. Ich war sogar Cheerleader. Und ich war beliebt – andere Kinder waren gern mit mir zusammen.

Das Problem war, mir wurde schnell langweilig. Ich hatte eine rasche Auffassungsgabe, und ich war ständig auf der Suche nach etwas Neuem. Und das Neue, das kam, waren Drogen. Ich nehme an, ich war nicht anders als die meisten Teenager, die gern ein bisschen herumexperimentieren, und so begann ich mit dreizehn, Gras zu rauchen. Viele Jugendliche in meinem Viertel rauchten, daher war für mich nicht viel dabei. Aber ich war ständig auf der Suche nach mehr, nach etwas, das mich noch higher werden ließ. Deshalb probierte ich Koks aus, und es dauerte nicht lange, bis mich ein paar ältere Jugendliche mit Crack bekannt machten.

Eines Tages hing ich bei einer Freundin zu Hause herum, als ich mitbekam, wie sie einen Crackstein aufkochte. Und ich war fasziniert. Ich fragte sie, ob ich etwas probieren könne, und sie sagte: »Na klar.«

Crack war anders als alles, was ich bis dahin ausprobiert hatte. Mit dieser Droge war ich unbesiegbar und stark. Genau so fühlt sich Crack an – als wäre man zu den unglaublichsten Dingen imstande. Da haben Sie den Grund, warum es so süchtig machen kann.

Aber ich glaubte nicht, dass ich süchtig werden würde. Ich dachte, ich würde nur ein bisschen herumexperimentieren. Ich dachte, ich könnte es ausprobieren und dann wieder sein lassen. Ich war erst vierzehn, und in diesem Alter fühlt man sich unzerstörbar. Niemand sagt dir, dass du, wenn du anfängst, Crack zu rauchen, binnen weniger Monate süchtig sein wirst. Außerdem waren dort, wo ich lebte, Drogen an der Tagesordnung. Ja, und dann gab es da auch Gruppendruck. Wie den meisten Jugendlichen – vor allem wenn sie diese Phase durchmachen, in der sie versuchen, sich von ihren Eltern abzunabeln – war mir das, was meine Freunde von mir hielten, wichtiger als das, was meine Eltern dachten oder sagten. Grenzen auszutesten ist in jedermanns Entwicklung eine wichtige Phase, aber erst heute ist mir klar, dass es auch eine gefährliche ist, vor allem wenn man dort lebte, wo ich aufwuchs, wo es überall Drogen gab und es als ganz normal und alltäglich galt, sie zu nehmen.

Ich muss zugeben, ich hatte damals das Gefühl, viel Spaß zu haben. Ich war ein ganz gewöhnlicher Teenager, und ich war gern high. Das Seltsame war, dass es meine schulischen Leistungen nicht beeinträchtigte. Ich kam noch immer jeden Abend nach Hause und ging am nächsten Tag zur Schule. Ich heimste noch immer meine ganzen Einsen und Zweien ein und machte all meine Zusatzkurse.

Mom wusste natürlich, dass irgendetwas los war, aber ich war in der Schule so gut und machte alles, was ich sollte, dass sie vermutlich dachte, es könne nicht allzu schlimm sein.

Ich glaube, ihr war nie bewusst, wie groß das Ausmaß meiner Sucht oder die Anziehungskraft des Cracks tatsächlich war. Es bringt dich so weit hinaus auf die schiefe Bahn, dass du den Weg nie mehr zurückfindest. Mom war stark, und sie war hart, aber in gewisser Hinsicht war sie völlig ahnungslos. Keiner von uns wusste damals, wie viele Leben und Familien von der Droge zerstört werden würden.

Ich sah, wie ihr ganze Straßen zum Opfer fielen: gute Familien, gute Kinder. Aber sobald sie süchtig waren, gab es kein Zurück mehr. So war es auch bei mir. Und je weiter es mit mir bergab ging, desto schwerer fiel es mir, mich zu erinnern, was ich vom Leben eigentlich wollte. Genau das tut die Sucht: Sie nimmt dir alles, bis du nichts mehr willst, außer high zu sein, ständig und jeden Tag.

Ich beugte und streckte die Finger an meiner linken Hand – sie kribbelten und brannten, nachdem sie so lange eingeschlafen waren. Ich versuchte dasselbe mit der rechten Hand, aber die konnte ich inzwischen kaum noch spüren. Mein Rücken schmerzte, nachdem er seit Stunden gekrümmt war. Die Feuchtigkeit drang mir in die Knochen.

Es dauerte nicht lange, bis ich selber Drogen verkaufte, um Geld zu verdienen und mir meinen eigenen Stoff leisten zu können. Die Dealer vertickten ihre Ware vor allem an der Straßenecke 18th und Wallace, und da ich ein paar Leute kannte, die bereits für sie arbeiteten, schloss ich mich ihnen einfach an. Ich bekam vier oder fünf Päckchen Koks für nur je zehn Dollar, verkaufte sie für je fünfundzwanzig und erhielt meinen Anteil an dem Gewinn.

Anfangs nahmen wir also fünfundzwanzig Dollar pro Päckchen, doch die Nachfrage stieg so stark, dass die Leute schließlich in einer Schlange dasaßen, um darauf zu warten, ihre Päckchen zu kaufen, und wir fünfzig Dollar mit jedem Päckchen machten. Es war irre viel Geld.

Aber dann begannen die Dealer, das Koks mit irgendeinem anderen Zeug zu strecken, um ihre Profite zu steigern. Das löste oft meine Allergien aus, wodurch ich unter Ausschlag oder Atemnot litt.

Ich war auf der Suche nach einer anderen Einkommensquelle, als meine Freundin mich mit in eine Go-go-Bar nahm. Ich war damals siebzehn, und ich weiß noch, wie ich zu diesen Mädchen hochsah, die überall auf der Bühne herumtrippelten und -tänzelten, und dachte: Wow, das ist niedlich.

Die Dame, die den Laden führte, fragte mich, ob ich es auch einmal versuchen wolle. Na klar, warum nicht?

Da ich mein Leben lang getanzt hatte, wusste ich, dass ich es konnte, und nach meinem ersten Abend war ich begeistert. Das Beste dabei war, dass es wahnsinnig viel Geld einbrachte – 400 Dollar Trinkgeld pro Nacht plus zehn Dollar Stundenlohn.

Es war im Grunde nur ein kleiner Schritt vom Go-go-Tanzen zur Prostitution. Schließlich bekamen wir in der Bar jeden Abend eindeutige Angebote. Schon in demselben Jahr fragte mich ein Typ, ob ich für 200 Dollar etwas mit ihm machen würde. Für 200 Dollar war ich gern bereit, es zu versuchen. Es war in fünf Minuten vorbei, und so hatte ich mit fünf Minuten Arbeit mehrere hundert Dollar verdient. Damit war die Sache für mich entschieden. Die meisten anderen Mädchen in der Bar waren auch Nutten – es gehörte einfach dazu, und mit den Drogen und dem verrückten Lebensstil konnte ich nicht viel Falsches darin sehen.

Mom mischte sich auch nicht ein, selbst wenn die Nachbarn in ihrer Nähe tratschten. »Sie wissen schon, dass Ihre Tochter als Nutte arbeitet?«, sagten sie manchmal zu ihr, wenn sie mich auf dem Straßenstrich gesehen hatten.

»Ach ja? Na ja, sehr gut kann sie in dem Job nicht sein, schließlich gibt sie *mein* ganzes Geld aus!«

Mom schämte sich nie für mich und verurteilte mich nie. Sie war immer der Ansicht, dass ich, egal, in welchen Schlamassel ich geriet, selbst zusehen müsse, wie ich da wieder herauskäme. Ich musste meine Lektionen auf die harte Weise lernen.

Ich war neunzehn, als ich mein erstes Kind bekam – LaToya. Ihr Dad Billy und ich waren mit einigen Unterbrechungen seit zwei Jahren zusammen. Er machte sich davon, als ich schwanger wurde, und ging nach Kalifornien. Er sagte, er habe dort ein paar Freunde, die ihm einen Job verschaffen könnten. Ich war der Meinung, dass wir alle bereit für einen Neuanfang waren, und folgte ihm, als ich im siebten Monat war, an die Westküste. Aber als ich dort ankam, lief es nicht ganz so, wie Billy mir zuvor vorgegaukelt hatte.

Er hatte keinen Job und kein Zuhause – wir wohnten bei Freunden von ihm, und mir blieb keine andere Wahl, als Sozialhilfe zu beantragen. Sobald mein erster Scheck eintraf, kaufte ich mir eine Busfahrkarte zurück zu meiner Mom – gerade noch rechtzeitig für die Geburt. LaToya war von Anfang an ein Schatz. Sie war kein schwieriges Baby, und ich war eine begeisterte Mom. Meine eigene Mutter passte auf sie auf, während ich auf eine Schule ging, um Buchhaltung zu lernen.

Ich hatte Pläne, und ich hatte große Hoffnungen für mich, doch es schien nie so zu laufen, wie ich es mir vorstellte. Ich kam nie wieder mit Billy zusammen. Als ich aufs College ging, um Betriebswirtschaft zu studieren, lernte ich Ronnie kennen, und wir heirateten. Rückblickend glaube ich, dass ich das nur tat, um zu sehen, wie es war. LaToya war damals drei Jahre alt, und ich hatte das Gefühl, dass sie eine Vaterfigur in ihrem Leben brauchte – Ronnie war ein wundervoller Ehemann und ein guter Versorger. Aber wie immer wurde mir schnell langweilig. Schon nach wenigen Monaten sagte ich ihm, es sei nicht das Richtige für mich – die Routine des Ehelebens sei zu stumpfsinnig. Ich kam nicht damit klar, Woche für Woche immer nur dasselbe zu tun. Ich war es gewohnt, unterwegs zu sein und ständig etwas Neues zu erleben. Es gab keinen hässlichen Streit, und wir blieben Freunde, aber ich zog mit LaToya aus, und das war die Zeit, in der ich mich mit Robert einließ.

Er bedeutete Ärger. Er war jemand, der ständig in Schlägereien geriet. Sobald er ein paar Gläser getrunken hatte, legte er sich mit irgendwem an. In solchen Situationen zerrten seine Freunde ihn fort, und er ging mit ihnen mit.

Aber dann, nach nur zehn Schritten, drehte Robert sich jedes Mal zu dem anderen Typen um und brüllte: »Was hast du da gesagt? Was sagst du da über mich?«

Ja, Robert geriet in viele Schlägereien. Aber ich liebte ihn natürlich.

Inzwischen war ich stark abhängig von Crack und musste schon morgens eine Crackpfeife rauchen, nur um in die Gänge zu kommen. Ich hatte die Go-go-Clubszene verlassen, als ich zum ersten Mal schwanger wurde, weshalb ich jetzt auf den Straßenstrich ging, um an Kunden zu kommen. Da Robert ebenfalls süchtig war, hatte er nichts dagegen, dass ich auf den Strich ging. Es war zwar etwas völlig anderes, als Typen im Club aufzugabeln, aber angesichts meiner immer stärker werdenden Sucht blieb mir kaum eine andere Wahl. Ich schaffte es, kurzzeitig aufzuhören, als ich mit meiner zweiten Tochter, Zornae, schwanger wurde, doch danach lief alles aus dem Ruder, und ich landete wieder bei den Drogen.

Jetzt hatte ich zwei Kinder, und Crack regierte vollkommen mein Leben. Das ist das Problem mit der Sucht: Man weiß nicht, was los ist, bis es zu spät ist, und dann herrscht bereits ein solches Chaos, dass man einfach weitermacht, nur um zu vergessen, wie man es dermaßen vermasseln konnte. Und so wurde Ricky mit Drogen in seinem Körper geboren – worauf ich nicht stolz bin. Die Kinderschutzbehörde hatte mir ein paar Monate zuvor seine Schwester weggenommen und drohte mir damit, auch ihn zu behalten. Deswegen war er im Pennsylvania Hospital, um etwas Gewicht zuzunehmen. LaToya war jetzt fünf und hatte bei mir gelebt, bis ihr Dad, Billy, der nach einem Jahr in Kalifornien wieder da war, sie entführte. Das war vor einem halben Jahr, und jetzt machte er es mir schwer, sie überhaupt zu sehen, geschweige denn, sie zurückzubekommen.

Zum Glück konnte meine Mom Toya noch immer sehen, da Bills Mom sie manchmal zu Besuch brachte. Sie hatte Zornae ein paarmal gesehen und war natürlich tief bestürzt, als sie mir weggenommen wurde, aber inzwischen war meine Mom eher besorgt um mich und die Drogen. Sie konnte sehen, dass es nicht gut lief.

Ich hatte mich von Robert getrennt, als ich mit Ricky schwanger war. Ich wusste, dass ich mit den Lebensentscheidungen, die ich getroffen hatte, für meine Kinder und mich alles vermasselt hatte, und ich war entschlossen, das wiedergutzumachen. Ich war die Drogen leid, ich war die Straße leid, und ich war bereit, meine Kinder zurückzubekommen. Es war Zeit für eine Veränderung.

Zwei Wochen zuvor hatte man mich zu einem Gerichtstermin geladen, bei dem der Richter dem Besuch eines Sozialarbeiters zugestimmt hatte, der meine neue Wohnung an der Ecke 6th und Gerard inspizieren sollte. Ich war entschlossen, all meine Kinder zurückzubekommen und mit ihnen zusammenzuleben. Die neue Wohnung, die ich gefunden hatte, war beheizbar und richtig gut in Schuss, und ich fühlte mich motiviert, das Jahr 1987 mit einer völlig neuen Einstellung und einem neuen Leben zu beginnen. Ich wollte mit den Drogen aufhören, und ich wollte weg von der Straße. Ich würde nur noch so lange Crack rauchen und auf den Strich gehen, bis die Kinder zurückkamen, sagte ich mir. Dann würde alles anders werden.

All das ging mir durch den Kopf, während ich zusammengerollt in diesem Loch lag. All meine schlechten Entscheidungen, die dummen Risiken, die ich eingegangen war, quälten meinen Verstand ebenso sehr wie meine Fesseln meinen Körper.

Ich wusste, dass ich ein Risiko einging, als ich an jenem Abend auf den Straßenstrich ging, aber ich hätte nie gedacht, dass mir irgendetwas Schlimmes zustoßen würde. Klar, ich hatte im Laufe der Jahre viele seltsame Wünsche zu hören bekommen, aber die meisten waren eher harmloser Art. Manche Typen wollten, dass ich es ihnen mit Dildos besorgte, manche wollten selbst angekettet werden, und ein Typ wollte einmal, dass ich Stöckelschuhe anzog und damit über Kuchen und Gebäck lief! Und dann gab es noch die Typen, die nur reden wollten und mich für meine Zeit bezahlten, als wäre ich eine Therapeutin.

Selbst die Cops, die mich gelegentlich aufgriffen, mochten mich zu sehr, als dass sie mich wegen irgendetwas belangt hätten. Für einige von ihnen hatte ich mich im Laufe der Jahre sogar prostituiert, daher belästigten sie mich nicht.

Ich war erst fünfundzwanzig, aber es gab nicht viel, was ich noch nicht gesehen, getan oder gehört hatte.

Ich hätte nie gedacht, dass ich diejenige sein würde, die von einem Typen aufgegabelt wurde, der ein Messer oder Schlimmeres zückte.

Dafür war ich zu schlau, zu schnell.

Und jetzt steckte ich in diesem Loch fest, und es war schlimmer als alles, was ich mir je hätte vorstellen können. Ich dachte wieder an meine Mom, und ich konnte ihre Stimme in meinem Kopf hören: »Du bist eine Kämpferin, Josie.«

Ein leiser Schluchzer kam über meine Lippen – ich fühlte mich nicht wie eine Kämpferin. Zum ersten Mal seit vielen, vielen Jahren fühlte ich mich völlig und absolut hilflos.

Und verdammt dumm.

3

Gary

Ich wusste nicht, was ich sonst tun sollte, daher schrie und brüllte ich noch immer, in der Hoffnung, dass mich irgendwer hörte. Ich betete, jemand möge herunterkommen und mich retten.

Als meine Stimme vor Schmerzen brach, versuchte ich gegen die Platte über meinem Kopf zu hämmern. Das tat ich eine Ewigkeit lang, bis ich das Vibrieren trampelnder Füße über mir hörte. Er war hier unten. Er nahm die schweren, mit Erde gefüllten Säcke von der Platte, schob sie beiseite und zerrte mich an den Haaren aus dem Loch.

»Ahhhh!«, schrie ich gequält auf.

Ich wurde von Licht geblendet, und ich blinzelte in den grellen Schein der Glühbirne an der Decke.

Garys riesige Gestalt ragte bedrohlich über mir auf – er hielt einen langen Holknüppel in der Hand. Ich sah, wie er mit dem Arm ausholte und der Schläger durch die Luft auf mich zuschoss. Ich duckte mich in Erwartung des Schmerzes und versuchte, mein Gesicht mit meinen zitternden Händen zu schützen. Und dann – knirsch!

Der schwere Knüppel knallte seitlich gegen mich, schlug alle Luft aus meinen Lungen und ließ mich keuchend vor Entsetzen zurück.

Gary hob den riesigen Schläger in seiner Hand erneut, packte mich fest bei den Haaren und schlug ihn mir wieder in die Seite. Ich war vor Schmerz wie gelähmt. Immer wieder prügelte er auf mich ein, jetzt auf meine Beine, meinen Rücken und mein Gesäß.

Durch den Schmerz und die Tränen konnte ich ihn schon nicht mehr sehen, aber ich hörte seine Stimme emotionslos und mechanisch über mir: »Halt den Mund. Halt den Mund. Halt den Mund.«

Ich war so verwirrt und benommen von den Schlägen, dass ich ihn anfangs gar nicht verstand und einfach weiterschrie. Seine Hiebe prasselten so hart auf mich ein, dass ich am ganzen Körper höllische Schmerzen erlitt. Nach einer Weile schienen sich meine Sinne von meinem Verstand zu lösen, und ich konnte nicht einmal mehr sagen, wo der Stock landete. *Was tue ich hier eigentlich?*, dachte ich. *Ich muss nicht brüllen. Es kann mich sowieso niemand hören.*

Ich hörte auf zu schreien, und er hörte auf, mich zu schlagen. Ich saß zusammengekauert da, den Kopf in meinen Körper vergraben, doch als immer mehr Sekunden verstrichen, ohne dass weitere Schläge folgten, wagte ich schließlich die Augen zu öffnen und mich umzusehen. Dieser Keller – er sah so anders aus als noch vor einem Tag. Als Gary mich in das Loch steckte, hätte ich schwören können, dass ich mich auf der einen Seite des Raums befand, aber jetzt sah es so aus, als wäre ich in einem völlig anderen Teil wiederaufgetaucht. Ich war so verwirrt und benommen, dass ich mich nicht einmal an den Grundriss des Raums korrekt erinnern konnte.

Ich war am Verhungern, ich fror, und meine Kehle war völlig ausgedörrt, aber diese Dinge nahm ich kaum wahr. Mein ganzes Wesen wartete angespannt darauf, was er als Nächstes tun würde. *Ist das der Moment, in dem er mich tötet?*, fragte ich mich. *Wie wird es passieren?* Ich hatte aufgehört zu keuchen und atmete nur noch in kurzen, flachen Zügen, bereit für das, was als Nächstes kommen würde.

Sobald Gary überzeugt zu sein schien, dass ich nicht wieder anfangen würde zu schreien, zwang er mich, wieder in das Loch zu steigen. Diesmal war ich nicht länger als eine halbe Stunde dort unten, bevor er zurück in den Keller kam, die Platte beiseiteschob und mich wieder an den Haaren herauszerrte. Er hatte einen kleinen Becher mit Wasser in der Hand und gab ihn mir. Ich brachte genügend Kraft auf, um mir den Styroporbecher an den Mund zu führen, und das Wasser rann durch meine Kehle. Ich fühlte mich gleich gestärkt – schon bei diesen wenigen Tropfen konnte ich spüren, wie die Kraft in meinen Körper zurückkehrte und sich mein Verstand wieder auf die Gegenwart konzentrierte. Ich nahm noch einen Schluck – dann noch einen und noch einen. Ich wollte nicht alles zu schnell hinunterstürzen, da ich wusste, dass mir davon nur schlecht werden würde.

Gary hatte eine blaue Luftmatratze in den Keller geschafft, auf die ich mich jetzt legen musste. Dann zog er seine Hose aus, um Sex mit mir zu haben. Ich setzte mich nicht zur Wehr. Ich war zu erschüttert und benommen, um auch nur an Widerstand zu denken.

Sein langer Vollbart brannte mir im Gesicht und kratzte meine Wange. Auf und ab, auf und ab, auf und ab.

Als er fertig war, stieß er einen zufriedenen Seufzer aus, dann stemmte er sich von mir hoch, verlagerte seinen Körper so, dass er sich im rechten Winkel zu mir befand, und legte den Kopf auf meinen Schoß. Dann schlief er ein.

Das war die bislang bizarrste intime Geste bei dieser ganzen brutalen Begegnung, und ich hatte keine Ahnung, was ich davon halten sollte. Ich wusste nicht, was dieser Typ als Nächstes tun würde, und das machte mir erst recht Angst.

Ich versuchte, mir nicht mehr das Schlimmste auszumalen. Stattdessen ließ ich meinen Blick durch den Keller schweifen, auf der Suche nach irgendeiner Fluchtmöglichkeit. Ich sah seine Kleider – er war ohne die Schlüssel zu dem Vorhängeschloss für meine Kette zurückgekommen, und das hieß, selbst wenn ich ihn jetzt überwältigen und bewusstlos schlagen konnte, säße ich immer noch hier unten fest. Ich nehme an, dass er die Schlüssel aus genau diesem Grund oben aufbewahrte – er war durchgeknallt, aber er war nicht dumm. Das Einzige, was ich sehen konnte und das mir etwas Grund zur Hoffnung gab, war ein kleiner Luftschacht oben in der Wand gegenüber von dort, wo ich jetzt lag. Ich wusste nicht, wohin er führen würde, aber der Breite nach zu urteilen, nahm ich an, dass ich mich womöglich hindurchzwängen könnte.

Plötzlich wachte Gary auf. Es schien ihm nicht peinlich zu sein, dass er so eingeschlafen war, und er stand prompt auf, um sich die Schaufel zu nehmen, die er mit heruntergebracht hatte. Er hob das Loch tiefer und breiter aus und füllte noch mehr Plastiksäcke mit Erde, so wie die, die er über die Platte gelegt hatte.

Dabei redete er die ganze Zeit.

»Weißt du, Nicole, ich habe dich aus einem bestimmten Grund hierher gebracht«, begann er, während der kalte Stahl der Schaufel durch die feuchte, körnige Erde schnitt. »Das ist ein Teil meines Plans. Ich will Kinder haben, verstehst du? Viele Kinder. Ich habe schon Kinder, aber der Staat nimmt sie mir immer wieder weg. Na ja, und jetzt bietet sich mir eine Möglichkeit, Kinder zu bekommen, ohne dass irgendjemand sie mir wegnehmen kann. Du bist nur der Anfang, Nicole. Du wirst hier unten mein Baby bekommen. Aber nicht nur du. Ich will hier unten zehn Mädchen haben, damit ihr alle meine Kinder bekommt, und dann werde ich meine Kinder selbst großziehen können, ohne dass sich irgendjemand einmischt. Du hast gesagt, du hast Kinder, daher weiß ich, dass du schwanger werden kannst – es wird nur eine Frage der Zeit sein.«

Ich hätte nicht gedacht, dass ich noch mehr Angst bekommen könnte, aber bei diesen Worten jetzt lief mir ein eiskalter Schauder über den Rücken. Ich war hier, um seine Kinder zu bekommen? Er hatte vor, mich jahrelang hier unten gefangen zu halten, noch ein Leben in diese albtraumhafte Welt zu setzen und noch mehr Frauen hierher zu bringen? Bei der Vorstellung wurde mir übel, und entsetzliche Angst beschlich mich, vor allem bei dem Gedanken, in diesem Keller hier ein Kind zur Welt zu bringen. Es war unvorstellbar Ekel erregend, und ich war zu entgeistert, um etwas zu erwidern.

Jetzt wusste ich zwar, dass er mich nicht töten wollte, aber es war ein schwacher Trost, dass er stattdessen vorhatte, mich jahrelang hierzubehalten, um für seinen Nachwuchs zu sorgen wie ein Nutztier. Allein schon der Gedanke, sein Kind zu bekommen, widerte mich an, und bei der Vorstellung, dass er ein Baby, das in diesem Keller geboren wurde, behalten und großziehen würde, wurde mir ganz schwindelig.

Wie konnte er einem Kind – *irgendeinem* Kind – das antun? Geschweige denn seinem eigenen?

Unterdessen faselte er weiter: »Diese verdammte Kinderschutzbehörde nimmt mir meine Kinder immer wieder weg und mischt sich in mein Familienleben ein, deshalb muss ich die Sache jetzt selber in die Hand nehmen. Der Staat nimmt mir ein verdammtes Kind nach dem anderen weg und erwartet von mir, dass ich dabei tatenlos zusehe und es wie ein Idiot hinnehme? Sie sind mir eine Familie schuldig, und irgendwie werde ich eine bekommen. Nach allem, was dieses verdammte Land mir weggenommen hat, ist das das Mindeste, was ich verdient habe. Zuerst haben sie mir meinen Verstand weggenommen – ha! Sie haben mir meinen verdammten Verstand weggenommen, und ich wusste es nicht einmal. Ich war in der Armee. Ich habe als Sanitäter in der Armee gearbeitet, und ich war gar nicht schlecht. Habe alle Prüfungen bestanden, und zwar gut – die anderen Typen waren neidisch auf mich. Ich habe sie alle übertroffen. Aber haben sie mir die Chance gegeben, für die Militärpolizei zu arbeiten, worum ich gebeten hatte? Einen Teufel haben sie getan! Haben mich als Krankenpfleger nach Deutschland geschickt, und dort wurde ich krank. Ich habe diese Magenschmerzen bekommen, Schwindelanfälle, Kopfschmerzen und so. Ich bin zu den Militärärzten gegangen, und die haben mir gesagt, es sei Gastroenteritis. Sie haben mir einen Haufen Medikamente gegeben – ich fing an, Zeug zu sehen, verstehst du? Visionen und so. Ich war ungefähr drei Tage völlig weggetreten, und als ich wieder bei Bewusstsein war, hatten sie mir schon ein paar starke Beruhigungsmittel verabreicht. Ich nehme an, da haben sie diese ganzen bewusstseinsverändernden Medikamente an mir getestet. Hast du schon mal von LSD gehört?«

Ich nickte.

»Das haben sie an mir getestet. Ich bin bloß mit körperlichen Beschwerden zu den Ärzten gegangen, und bis die mit ihrer Behandlung fertig waren, war ich völlig durchgeknallt, vollgepumpt mit Stelazine. Das ist ein echt starkes Zeug. Und jetzt bin ich ständig in irgendwelchen Nervenheilanstalten, weil irgendetwas mit meinem Gehirn völlig schiefgelaufen ist, und ich habe erst Jahre später begriffen, dass sie es waren, die mir das angetan haben! Ich wurde zurück nach Pennsylvania versetzt, wo sie mich in die Klapsmühle gesteckt haben, weil ich diesen ganzen verrückten Scheiß gesehen habe, der gar nicht da war. Wie Halluzinationen, weißt du? Ich wollte gar nicht gehen, aber schon nach wenigen Wochen haben sie mich ehrenhaft entlassen, mit einer Invalidenrente. Zuerst bekam ich nur 10 Prozent oder so, aber sie haben das bald auf 100 Prozent aufgestockt, und zwar rückwirkend von dem Tag an, an dem ich gegangen bin. Das heißt, sie müssen mir irgendetwas angetan haben, denn sie hätten mir doch nicht 2000 Dollar im Monat gegeben, wenn es nicht von Anfang an ihre Schuld gewesen wäre.«

Ich hörte seiner Geschichte zu und nickte, als würde ich ihm glauben. Ich war völlig verängstigt und verwirrt, und ich wusste nicht, warum er mir das alles erzählte, wieso er dazu das Bedürfnis verpürte.

»Ich weiß, dass etwas mit mir nicht stimmt, aber die Ärzte geben alle keine richtig klare Diagnose über mich ab – sie stecken mich nur ständig in irgendwelche Schubladen wie schizophren oder schizoide Persönlichkeit, depressiv und so weiter, aber sie können sich alle nicht darauf einigen, wie sie mich behandeln sollen, und ich habe schon alle möglichen Medikamente genommen, die es gibt, weil offenbar nichts wirklich hilft. Ich habe oft gewusst, dass ich etwas Schlimmes tun könnte, weshalb ich dann immer dafür gesorgt habe, dass ich in eine Nervenheilanstalt komme, indem ich ihnen irgendwelches Zeug erzählt habe, das ihre Aufmerksamkeit geweckt hat. Ich wusste immer, was ich sagen musste, um in diese Anstalten herein- und wieder herauszukommen. Ich habe aufgehört zu reden, oder ich habe einen Haufen Rattengift geschluckt. Einmal wurde ich eingewiesen, weil ich meinem Bruder mit einem Holzhobel auf den Kopf geschlagen habe. Diese Ärzte, sie halten sich für so verdammt schlau. Letztendlich war ich derjenige, der die Kontrolle hatte, nicht sie. Ich schaffe es immer, dafür zu sorgen, dass ich meine Invalidenschecks kriege, egal, wo ich bin.«

Er redete und schaufelte, und ich hörte schweigend zu. Ich spürte, wie das kalte Metall der Auspuffschellen in meine Knöchel schnitt, während Gary weiter Erde aus dem Loch schaufelte, langsam und rhythmisch, und das Erdreich neben sich zu einer bröckeligen Pyramide aufhäufte. Je mehr er redete, desto klarer konnte ich zwischen der ganzen Prahlerei und Angeberei etwas heraushören – seine bizarre Lebensgeschichte. Ich wurde noch nicht ganz schlau daraus, aber ich hörte weiter zu, um zu verstehen, was er wirklich sagte.

»Anjeanette – sie bekam mein Kind. Sie war vor ungefähr zehn Jahren meine Freundin, und wir lebten in der 2331 North 58th Street. Hübsches Haus, eine Gegend wie diese, aber unser Haus war okay. Anjeanette war nicht allzu schlau – ich weiß nicht, viele Leute sagen, sie war zurückgeblieben. Na ja, vielleicht war sie das. Ich weiß nicht genau. Es war mir egal. Sie hat mich geliebt, und sie hätte alles für mich getan. Ich glaube, das hat sie glücklich gemacht – Sachen für mich zu machen, Putzen und Kochen und so. Sie war rundum glücklich damit, Hausfrau zu sein, und hat sich gern gut um ihren Mann gekümmert, verstehst du? Sie hat mich so sehr geliebt, dass sie alles getan hätte, worum ich sie bat, unter anderem, Kinder zu bekommen. Und deshalb habe ich mich, als sie schwanger wurde, auch richtig gefreut – ich wollte immer unbedingt Kinder haben, aber ich hatte Angst, weißt du, weil sie nicht allzu schlau war und die Kinderschutzbehörde es nicht gern sieht, wenn zurückgebliebene Frauen Kinder bekommen.«

Ich war selbst nicht allzu gut auf die Kinderschutzbehörde zu sprechen, aber ich fragte mich, ob man nicht eher besorgt darum war, dass Anjeanette ein Kind von diesem Mann bekam, als wegen ihrer geistigen Fähigkeiten.

»Sie wollten sie zu einer Abtreibung drängen – von Anfang an. Diese Leute, die sich eigentlich um sie kümmern und ihr helfen sollten, ihr Leben zu leben, weißt du, sie konnten es einfach nicht ertragen, dass sie so glücklich mit mir war. Daher haben sie alles versucht, um sie zu überreden, mich zu verlassen. Aber Anjeanette wollte nicht gehen. Sie hat mir immer erzählt, was sie alles zu ihr gesagt haben, und wie sie sich gegen meine Interessen verschworen haben. Und weil ich sehen konnte, dass die Kinderschutzbehörde und Anjeanettes Schwestern gegen mich waren, habe ich sie davon abgehalten, zu ihren Kontrolluntersuchungen ins Krankenhaus zu gehen, weil ich Angst hatte, sie würde eines Tages einfach nicht mehr nach Hause kommen. Ich bin examinierter Krankenpfleger – ich habe mein Prüfungszeugnis bekommen, nachdem ich aus der Armee ausgeschieden war –, und ich wusste, dass ich ihre Schwangerschaft zu Hause betreuen konnte, ohne dass sie ständig mit dem Krankenhaus und allem andern zu tun haben musste. Darum war genau das unser Plan – sie blieb zu Hause, und es ging ihr richtig gut mit mir. Aber dann hat ihre nichtsnutzige, verdammte Familie angefangen, sich einzumischen, und hat alles verdorben. Es waren ihre verdammten Schwestern – diese eifersüchtigen kleinen Biester, die sich ständig eingemischt haben. Sie haben nicht verstanden, wieso Anjeanette so ein gutes Leben mit diesem reichen Mann hatte, der sie ständig schön ausführte und nicht einen, sondern zwei Cadillacs in seiner Garage stehen hat. Ich wusste, was sie dachten: ›Wie kann es sein, dass Anjeanette es so gut hat, während wir von Sozialhilfe leben müssen? Und das, wo sie doch zurückgeblieben ist und alles.‹ Sie waren eifersüchtig, das war es. Aber Anjeanette hat etwas getan, was ihre Schwestern nie getan haben, sie liebte einen weißen Mann. Das mochte ihre Familie nicht.«

Oder vielleicht mochten sie nur dich nicht, dachte ich im Stillen bei mir.

»Sie haben Anjeanette aus unserem Haus weggebracht und ins Universitätsklinikum von Pennsylvania eingewiesen, und jetzt werfen sie mir allen möglichen Scheiß vor, zum Beispiel, ich hätte sie hungern lassen, weil sie in der ganzen Schwangerschaft nur fünf Pfund zugenommen hat. Aber das war nur, weil sie so gesund war. Jedenfalls, sie haben behauptet, das Baby hätte niemals auf natürliche Weise zur Welt kommen können, weil sie einen Tumor gehabt hätte. Daher hätten sie es aus ihr herausgeschnitten und es ihr dann weggenommen, um es in Pflege zu geben. Was hältst du von diesem Schwachsinn?«

»Ja, das klingt ätzend«, murmelte ich. Ich nahm an, ich musste hier erst einmal mitspielen. »Vielleicht war sie zurückgeblieben, aber du bist es nicht. Du hättest dich um das Baby kümmern können.«

»Genau! Habe ich als Vater denn keine Rechte? Und außerdem war Anjeanette nicht zu zurückgeblieben, um das kleine Mädchen sauber zu machen und zu füttern. Anfangs hatte ich ein Besuchsrecht, aber das haben sie mir auch weggenommen. Diese Leute, sie lassen mir einfach gar nichts.«

»Ja, stimmt«, gab ich ihm recht. »Aber weißt du, der gesunde Menschenverstand sagt dir doch schon, dass du, wenn du Kinder willst, sie nicht mit zurückgebliebenen Mädchen haben solltest.«

»So schlimm war sie nicht. Jedenfalls, sie hat mich geliebt. Sie hatte eine Schwester – Alberta. Nachdem sie ihr das Baby weggenommen hatten, war sie völlig aufgelöst, und sie wollte Alberta in dieser Einrichtung besuchen, in der sie sie weggesperrt hatten, seit sie dreizehn war. Alberta war nicht viel schlauer als eine Vierjährige – sie konnte kein Wechselgeld zählen oder lesen oder schreiben. Aber sie konnte selbst essen und sich anziehen. Sie war schon so lange weggesperrt, dass ich Mitleid mit ihr hatte. Ich wusste ja, wie es in diesen Einrichtungen zugeht. Ich sage dir, ihrer Familie waren diese Mädchen scheißegal. Alberta verrottete dort. Ich und Anjeanette, wir haben sie mal für einen Tag dort rausgeholt und sind mittags mit ihr essen gegangen. Wie ich schon sagte, ich habe Anjeanette gut behandelt – habe sie immer zum Essen eingeladen und so. Sie haben sich so gefreut, wieder zusammen zu sein. Es war so rührend für mich, Anjeanette glücklich zu sehen, nachdem sie das Baby verloren hatte, daher wollte ich, dass sie so glücklich bleibt. Na ja, und dann gehen wir eines Tages mit Alberta shoppen und kaufen ihr ein Kleid und eine neue Perücke, und sie freut sich riesig, mit uns zusammen zu sein. Aber als es für Alberta Zeit ist, zurück in diese Einrichtung zu gehen, da wollen die Mädchen nicht voneinander getrennt werden, und sie weinen und schluchzen so viel, dass es mir fast das Herz bricht. Daher bringen wir sie einfach nicht mehr zurück. Wie ich schon sagte, ich bin Pfleger, und ich habe gesehen, wie sie sie vernachlässigt haben, denn ihre Hände waren ganz wund – ich habe angefangen, die Schwielen an ihren Händen und Füßen zu behandeln, und versucht, ihr etwas über Geld beizubringen. Aber ihre Familie und diese verdammte Einrichtung, wo sie sie seit zwanzig Jahren einsperren, die flippen aus, und sie machen einen Riesenaufstand. Sie kommen und schlagen meine Tür ein, und obwohl Anjeanette mich anfleht, Alberta zu verstecken, damit sie sie nicht finden, entdecken sie sie in der Vorratskammer.«

Das hörte sich nicht gut an – offensichtlich hatte er schon früher Frauen entführt. Es war auf jeden Fall etwas, das er schon mindestens einmal getan hatte. Mir gefiel nicht, was er mir da erzählte.

»Und dann bringen sie sie weg und behaupten, ich hätte sie missbraucht und entführt – was nicht stimmt, denn ich habe nur getan, was sie wollte, und sie hatte Angst davor, wieder in diese Einrichtung zu kommen. Sie wollte einfach nur bei uns sein. Doch der Richter bleibt davon überzeugt, ich hätte Alberta entführt, bloß weil man sie in meinem Keller gefunden hat. Ich habe ihr nur gesagt, sie solle sich dort verstecken, weil sie nicht wollte, dass man sie findet. Aber sie kann das nicht vor Gericht aussagen, weil sie keine Ahnung hat, was zum Teufel eigentlich los ist. Also müssen diese ganzen Anklagen wegen schwerer Straftaten wie Entführung, Vergewaltigung und Freiheitsberaubung alle fallen gelassen werden, weil man nicht genügend Beweise findet. Stattdessen gibt mir dieser verdammte Richter drei bis sieben Jahre für irgendwelche schwachsinnigen kleineren Vergehen wie Freiheitsberaubung, Einmischung in die Verwahrung einer eingewiesenen Person und noch irgendwas – ich habe vergessen, was das war. Mein Anwalt kann gar nicht glauben, dass der Richter derart hart ist, weil ich nicht vorbestraft bin. Jedenfalls, das ändert nichts. Ich werde verurteilt, aber wie ich schon sagte, ich weiß, wie man das System beherrscht, das heißt, anstatt eine harte Strafe abzusitzen, lasse ich mich die nächsten vier Jahre einfach von einer Klinik zur nächsten schicken und mache diese ganzen Ärzte damit verrückt, was mit mir los sein könnte.«

Er brach in ein selbstgefälliges Kichern aus. »Ich habe für eine Weile aufgehört zu reden, und ich habe ihnen gesagt, das ist, weil der Teufel mir einen Keks in den Hals gesteckt hat. Ich hatte damals einfach keine Lust mehr, mit irgendwem zu reden.

Ich hatte nichts zu sagen. Es hat mir nichts ausgemacht – für mich war das alles ein Spiel. Ich musste nur dafür sorgen, dass sich diese Typen weiter den Kopf zerbrechen. Jetzt geben sie mir meistens Thorazine. Das gefällt mir nicht, aber sie sagen, ich müsse es nehmen, sonst lande ich wieder in der Klapsmühle.«

Gary war ordentlich ins Schwitzen gekommen, während er das Loch aushob. Jetzt hielt er einen Moment inne und stützte sich auf seine Schaufel, um wieder zu Atem zu kommen.

»Aber diese vier Jahre, die sie mir gestohlen haben, die haben mir etwas ausgemacht, denn als ich wieder rauskam, da konnte ich Anjeanette nicht mehr finden. Sie war einfach verschwunden. Daher habe ich jetzt ein Kind und meine Freundin verloren. Und alles, was ich je wollte, war einfach eine Familie um mich herum, meine eigene Familie. Aber wenigstens habe ich Geld. Ich sorge dafür, dass mir die Armee jeden Monat meine Invalidenrente schickt. Das sind sie mir schuldig, und weißt du, in der Zwischenzeit habe ich es geschafft, dieses Geld an der Börse zu investieren, und da habe ich ordentlich Gewinn gemacht. So habe ich jetzt einen schönen Batzen Geld angehäuft, bin nicht arm. So kann ich mir meine Autos leisten – ich habe auch noch einen Rolls-Royce. Und dann habe ich diese eine weiße Frau geschwängert, aber sie ist mit meinem Sohn, Little Gary, abgehauen. Darum ist mir jetzt klar, dass das so nicht gut läuft und dass ich einen anderen Plan brauche. Ich habe diesen einen Film gesehen, *Die Welt der Suzie Wong*. Kennst du den? Ich habe ihn angeschaut und gedacht, dass diese ganzen asiatischen Frauen vielleicht viel gefälliger zu den Männern sind, vor allem zu weißen Männern. Und so habe ich Betty kennen gelernt – ich habe mich bei dieser Heiratsvermittlung für asiatische Frauen angemeldet, und ich habe Bettys Foto gesehen, ein schönes Mädchen. Umwerfend. Wir schrieben uns ziemlich regelmäßig, und dann machte ich ihr einen Antrag, weil ich dachte, das mit ihr klappe bestimmt. Betty kam von den Philippinen in die USA, ich tat alles für sie, und wir heirateten.

Aber dann stellte sich heraus, dass sie nicht so folgsam ist wie diese japanischen und chinesischen Frauen – ich glaube, es war nicht richtig von mir, mich mit einer Filipino-Frau einzulassen, denn ständig hat ihr irgendetwas nicht gepasst. Ich wollte sie dazu bringen, sich unterzuordnen, aber sie war sehr schwierig. Letztendlich ist sie mir davongelaufen, als sie schwanger war, und jetzt ist sie weg, und mein Sohn ist irgendwo dort draußen, und sie lässt mich ihn nicht sehen, obwohl ich dieses Biest noch immer unterstützen soll. Offenbar sind diese Filipino-Frauen eben doch nicht so gefällig, und jetzt versucht sie über die Gerichte, mich bluten zu lassen, aber dagegen kämpfe ich bis zum Schluss, denn wenn sie glaubt, sie kann mir mein Geld und meinen Sohn wegnehmen, dann hat sie nicht mehr alle Tassen im Schrank.«

Ich saß einfach nur da und hörte zu, wie er immer weiter vor sich hin schwadronierte. *Sein* Geld, *sein* Sohn. Für mich klang er gar nicht so verrückt, er klang, als ob er sich im Recht fühlte. Als ob ihm die Welt etwas schuldig sei wegen der Dinge, die er durchgemacht hatte.

»Das ist das Problem – das war die ganze Zeit das Problem, Nicole. Alle nehmen mir ständig irgendetwas weg, sie nutzen mich nur aus und denken nie, dass das Konsequenzen hat. Und so bin ich auf diesen Plan gekommen, weißt du. So kann niemand weggehen und meine Kinder irgendwohin bringen. Eines Tages werde ich mit euch allen aufs Land ziehen – ein großes Haus mit viel Land kaufen, weit weg von anderen Leuten, damit ich meine Kommune mit Kindern in Frieden großziehen kann. Dann können die Kinder draußen herumlaufen und spielen. Kinder sollten draußen sein, an der frischen Luft.«

Ich war zu perplex, um etwas zu erwidern. Und das war gut so, denn wenn ich meine Fassung auch nur ein bisschen zurückgewonnen hätte, dann hätte ich ihn vielleicht angebrüllt: »Bist du verrückt? Das ist die dümmste Idee, die ich je gehört habe, und das wird nie, aber auch nie im Leben klappen!«

Nein, stattdessen saß ich nur da, und mein Schweigen sprach zu ihm. Es sagte ihm, dass ich gefügig war. Es sagte ihm, dass ich seine Zwangslage verstand, dass ich verstand, was los war.

Diesem Mann fehlte es am schlichtesten gesunden Menschenverstand. Und unter dem ganzen Wahn, unter der ganzen Gerissenheit und Prahlerei war dieses Gefühl von etwas, wonach er sich sehnte, das ich verstehen konnte; da war etwas in ihm, das ich tatsächlich nachempfinden konnte.

Schließlich ergriff ich das Wort. »Du bist einsam, stimmt's?«

Gary wandte sich um und sah mich an, als wäre es das erste Mal, als würde er die zitternde, kauernde Frau, die er ihrem Leben entrissen hatte und die jetzt gefesselt und angekettet in seinem Keller war, endlich zur Kenntnis nehmen.

Er schien verblüfft.

»Normalerweise stehe ich nicht auf hispanische Mädchen«, sagte er nach einer Weile. »Eigentlich sind mir schwarze Mädchen lieber. Und solche, die nicht allzu schlau sind, weißt du? Damit sie nicht die ganze Zeit herumnörgeln und meckern. Ich habe dich ausgewählt, weil du wie Diana Ross aussiehst.«

Ich musste fast lachen – diese ganze Sache war einfach so absurd.

»Vielleicht habe ich mit dir einen Fehler gemacht«, fuhr er fort. »Du bist nicht dumm.«

Gary wandte sich ab, um wieder nach oben zu gehen. Diesmal steckte er mich nicht wieder in das Loch, und er legte mir auch keine Handschellen an.

Ich sank auf die Knie und umklammerte verzweifelt meinen Kopf. Ich beugte den Körper vornüber, sodass ich mit Kopf und Händen den Boden berührte. *Konnte das wirklich wahr sein?* Diese ganze Geschichte erschien einfach zu verrückt und zu weit hergeholt, um wahr zu sein. Dieser Mann plante nicht irgendeine perverse Folter zu seinem Vergnügen, er meinte es ernst, und es sah so aus, als wäre sein Plan auf Jahre, nicht auf Tage oder Wochen oder Monate angelegt. *Jahre!*

Lieber Gott, sprach ich im Stillen. *Bitte gib mir die Kraft, um hier herauszukommen. Bitte gib mir die seelische Stabilität, um das alles lebend zu überstehen, bei Verstand zu bleiben und nicht den Mut zu verlieren.*

In dieser Nacht betete und betete und betete ich.

4

Flucht

Ich wachte auf dem Boden auf, nackt und frierend. Und was noch schlimmer war, ich hatte inzwischen seit fast zwei Tagen nichts mehr gegessen.

Doch das schien noch die geringste meiner Sorgen zu sein. Jetzt, da ich wusste, was für ein Schicksal Gary für mich vorgesehen hatte, wusste ich auch, dass ich irgendwie hier herauskommen musste. Auf gar keinen Fall wollte ich Teil dieses perversen Harems werden, in dem lauter Kinder gezeugt wurden.

Der Typ war eindeutig übergeschnappt. Was, wenn er zu dem Schluss kam, dass sein Plan doch nicht so gut war? Dann konnte er mich nicht einfach freilassen – er würde mich irgendwie loswerden müssen, und ich wusste, dass er mich nicht von hier weggehen lassen würde. Irgendwo über mir hörte ich die Haustür zufallen, und ich spürte die Vibrationen, als er in der Garage auf das Gaspedal seines Cadillacs trat. Ich lauschte angespannt, während der Wagen langsam davonrollte. Das war meine Chance.

Ich schüttelte das benommene, benebelte Gefühl in meinem Kopf ab und begann mich umzusehen. In dem Keller gab es keine Fenster. Der ganze Raum war unterirdisch angelegt und von Wand zu Wand zementiert.

Ich ging in dem Keller umher, wobei ich meine schwere Kette hinter mir herzerrte und jeden Teil jeder Wand genau untersuchte – zum Glück war die Kette so lang, dass ich alle Bereiche des Kellers erreichen konnte, sodass ich mich innerhalb dieses Raums mehr oder weniger frei bewegen konnte.

Der einzige Teil des Raums, der nicht aus Zement zu sein schien, war dieses kleine Loch oben an der hinteren Wand, mit einer kleinen Klappe davor.

Ich ging zu dieser Wand hinüber und hielt mein Gesicht an diese Klappe – ich konnte eine Brise spüren und wusste daher, dass es hier ins Freie gehen musste. Zum ersten Mal, seit ich hierhergekommen war, verspürte ich Hoffnung.

Rasch hockte ich mich hin und begann, an den Auspuffschellen an meinen Knöcheln herumzufriemeln. Die linke Seite saß absolut fest, aber die Schraube der rechten Schelle gab ein klein wenig nach. In den vergangenen paar Tagen hatte ich immer wieder an dieser Schraube herumgeschrappt und war mit dem Fingernagel über die Ränder des getrockneten Klebstoffs geglitten, um ihn abzukratzen. Nachdem ich ihn tagelang so bearbeitet hatte, war der meiste Klebstoff abgeblättert, und jetzt machte ich mich wieder an die Arbeit und kratzte und schabte wie von Sinnen daran. Nach einer halben Stunde löste sich der letzte Rest, und ich konnte anfangen, die Schraube zu lockern. Es war anstrengend, aber schließlich drehte sie sich unter meinen Fingern, und bald war ich mit einem Fuß frei. Meine Knöchel waren wund und gerötet an den Stellen, an denen die Auspuffschellen auf der Haut gescheuert hatten.

Ich versuchte es noch einmal an der linken Schelle, aber es half nichts, und ich nahm an, dass Gary womöglich wiederkommen und mich schnappen würde, wenn ich noch mehr Zeit bei dem Versuch vergeudete, mich von ihr zu befreien. Mit einem freien Fuß hatte ich zumindest ein bisschen Bewegungsfreiheit, und ich entschied, dass ich irgendwie versuchen musste, hier herauszukommen.

Die kleine Metallklappe, die den Eingang des Lochs bildete, löste sich leicht in meinen Händen. Ich konnte sehen, dass der Raum dahinter etwa einen halben Meter breit war, knapp groß genug für mich, um hindurchzukriechen. Ich kletterte daher hinein, schob mich hindurch und versuchte, so weit wie möglich hinauszugelangen. Als ich den Wind auf meinem Gesicht spüren konnte und um mich herum helllichter Tag war, da wusste ich, dass ich endlich im Freien war. Der Hof war mit Abfall übersät, und ich konnte Stimmen vor dem Haus hören.

Ich wand mich so weit wie möglich nach draußen, sodass der Großteil meines Körpers aus dem Loch heraus war – bis auf mein linkes Bein, das noch immer an der Kette befestigt war –, und begann, um mein Leben zu schreien.

»Hilfe! Hilfe! Bitte helfen Sie mir! Dieser Typ hat mich in seinem Keller angekettet, und er vergewaltigt mich. Jemand muss mich hier rausholen!«

Ich schwieg einen Moment, während ich darauf wartete, dass irgendwer antwortete, dass mir jemand zu Hilfe kam. Aber das Einzige, was ich hörte, war das leise Gemurmel dieser Stimmen vor den Häusern.

Ich versuchte es noch einmal: »Bitte kommen Sie und helfen Sie mir. Ich bin in dem Keller dieses Typen, Gary. Er hat mich hier unten eingesperrt. Jemand soll bitte die Polizei rufen. Jemand soll mir bitte helfen. Bitte helfen Sie mir!«

Noch immer keine Antwort, daher versuchte ich es in meinem Schulmädchen-Spanisch.

»Por favor, venga y me ayude. Estoy en el sótano de la casa de este hombre Gary. Me tiene encerrado aquí abajo. Alguien por favor llame a la policía. Alguien por favor me ayude. Por favor, ayúdame.«

Ich lag dort draußen auf dem Boden und schrie und brüllte, während ich hoffte und betete, jemand, *irgendjemand*, möge mir antworten. Sie mussten mich doch hören können. Ich konnte *sie* ja hören! Laut und deutlich.

Ich schnappte mir das Einzige, was sich in meiner Reichweite befand – einen Holzstock –, und begann, gegen den Zaun zu schlagen, der Garys Hof von dem der Nachbarn trennte. Ich hämmerte auf diesen Zaun ein und schrie immer weiter, und ich schlug so hart, dass der ganze Zaun begann einzustürzen.

Ich musste etwa zwanzig Minuten dort draußen gelegen und mich heiser geschrien haben, aber niemand nahm mich zur Kenntnis, und dann spürte ich auf einmal, wie an meiner Kette gezogen wurde.

Gary war zurück. Er hielt die Kette von drinnen fest und versuchte, mich zurückzuzerren, mich einzuholen wie einen Fisch an einer Angelschnur. Aber so leicht würde ich mich nicht geschlagen geben. Ich setzte mich mit jedem bisschen Kraft, das ich noch in mir hatte, zur Wehr und stemmte meinen freien Fuß gegen die Öffnung des Lochs, sodass er meinen Körper nicht wieder in seinen Keller zurückschleifen konnte. Hier draußen gab es nichts, an dem ich mich festhalten konnte. Daher legte ich die Arme einfach flach auf den Boden und stemmte meinen Oberkörper hoch, um in einer möglichst starken Position zu sein. Er zerrte und zerrte, und ich schrie noch immer, inzwischen voller Verzweiflung, irgendjemand möge mir zu Hilfe kommen.

»Kann bitte jemand einfach die Polizei rufen! Er ist verrückt – er hat mich angekettet. Bitte helfen Sie mir. Ich weiß, dass Sie mich hören können. Rufen Sie einfach die Cops. Holen Sie die verdammten Cops! Dieser Irre wird mich umbringen – bitte helfen Sie mir! HILFE!«

Ich spürte, wie die Kette an meinem Bein nachgab, und ich wusste, dass er den Keller verlassen hatte. Ich schrie noch immer, und noch immer antwortete niemand.

Und dann stand er da. Gary kam in den Hof und ragte bedrohlich über mir auf, mit vor Wut versteinerter Miene.

Wortlos versuchte er, mich zurück in das Loch zu schubsen, aber ich setzte mich gegen ihn zur Wehr, sodass er meine Arme und Beine nicht zu fassen bekam, um sie wieder zurückzustoßen. Wir rauften in seinem Hof miteinander, eine nackte Frau auf dem Boden, die mit einem Bein in seinem Haus angekettet war. Es war helllichter Tag, und trotzdem reagierte niemand.

Jetzt kreischte ich: »Geh weg von mir! Lass los, du Dreckskerl! GEH WEG VON MIR!«

Nach fünf Minuten gab er auf und ging zurück ins Haus. Ich wusste nicht, was ich tun konnte, außer weiter zu schreien. Ich hatte noch immer die Hoffnung, dass mich jemand hörte und die Cops rief oder irgendetwas unternahm.

Oh, scheiße!

Ich spürte einen Ruck in meinem Bein, als hätte eben jemand versucht, es aus seinem Gelenk zu reißen. Gary zerrte mit aller Gewalt an der Kette. Diesmal machte er keine halben Sachen. Die Kraft an meinem Bein war so gewaltig, dass ich das Gefühl hatte, es könnte brechen.

Er riss noch einmal an der Kette, und ich begriff mit erschreckender Klarheit, dass er mir, wenn ich nicht sofort losließ, wirklich eines meiner Beine, oder sogar beide, brechen würde.

Ich entspannte mein freies Bein und schob es neben das andere, das in dem Loch steckte, kurz bevor Gary noch einmal so fest an mir zerrte, dass er mich fast in einem Rutsch hineinzog.

Ich konnte nichts tun, während ich spürte, wie ich wieder hinunter auf den Boden des Kellers rutschte. Er besaß so viel Kraft, dass ich wusste, er hätte mir jeden Knochen in meinem Körper gebrochen, bevor er mich hätte entkommen lassen.

Jetzt machte er sich wieder an die Arbeit, befestigte die Auspuffschelle erneut an meinem Bein und klebte sie mit dem Krazy Glue fest.

Und die ganze Zeit über redete er mit mir, fast erstaunt.

»Ich kann gar nicht glauben, dass du da herausgekommen bist«, sagte er, als wäre er nie auf die Idee gekommen, dass sein Plan – oder sein Keller – eine Schwachstelle haben könnte.

»Mein Gott, du hast ja eine Ewigkeit dort draußen geschrien und gebrüllt. Aber weißt du, warum niemand reagiert hat? Weil das alles Drogentypen sind, denen ich manchmal aushelfe oder Geld und Zeug gebe. Daher mögen sie mich und lassen mich in Ruhe. Darum haben sie dich auch ignoriert und gar nicht auf dich geachtet.«

Er arbeitete und redete schnell, beflügelt von dem Adrenalin des ganzen Dramas und der Anstrengung, voller Freude über seinen Triumph.

Jetzt befestigte er auch die andere Auspuffschelle noch mal neu, nur um sicher zu sein, dass keine von ihnen sich wieder lösen ließ. Ich war völlig verzweifelt. Ich hatte eine Chance gehabt, und sie war fehlgeschlagen.

Ich konnte es nicht fassen, dass in dieser ganzen Zeit niemand reagiert hatte. Niemand hatte die Polizei gerufen. Wenn ich ein Mädchen »Hilfe! Hilfe! Hilfe!« schreien gehört hätte, dann hätte ich zumindest zum Telefon gegriffen, um die Polizei zu verständigen und zu sagen: »Hey, hier stimmt irgendetwas nicht, hier schreit und brüllt jemand um sein Leben.« Ich hätte sie nicht einfach ignoriert! Diese Leute sollten sich schämen! Tränen stiegen wieder hinter meinen Augenlidern hoch.

Ich nahm kaum wahr, wie Gary meine Arme nach hinten bog und mir die Handschellen wieder anlegte. Und ich spürte kaum, als er wieder nach seinem Holzstock griff und auf mich einprügelte. Dumpfe, harte Schläge landeten überall auf meinem Körper.

»Wag es bloß nicht, das noch einmal zu versuchen«, knurrte er. »Das wird dir nicht nur misslingen, sondern dann werde ich dich umbringen.«

Das bezweifelte ich nicht eine Minute.

Gary stapfte wieder nach oben und ließ mich dort auf dem Boden liegen. Mein Körper war übersät von frischen Prellungen und seinen Schlägen, und meine Hände waren auf dem Rücken gefesselt. Ich war so erschöpft, dass ich nur noch schlafen wollte. Aber wenn ich gedacht hatte, dass Schlafen in dem Loch oder mit der Eisenkette schon schwer genug war, dann hatte ich mich getäuscht. Schlimmer war das Schlafen in Handschellen – es war unmöglich. Ich konnte einfach keine bequeme Position finden. Ich versuchte mich auf den Bauch zu rollen, aber dabei wurde mein Kopf zur Seite gedrückt, und der Druck auf meine Brust war so riesig, dass ich kaum noch Luft bekam.

Daher rollte ich mich auf die Seite, doch bald tat mir der Arm, auf dem ich lag, weh, und dann schlief er ein. Schließlich versuchte ich, mich mit dem Rücken gegen die Wand zu lehnen, die Beine leicht angezogen, um mich abzustützen, und mich vorzubeugen, um den Kopf auf die Knie zu legen.

Die Zeit verstrich jetzt auf eine seltsame Weise – ich konnte nicht sagen, wie lange ich schon so dalag. Ich hatte alle Hoffnung aufgegeben. Ich war zu erschöpft und entkräftet, um auch nur klar denken zu können. Ich nehme an, dass mein Körper auch unter dem Drogenentzug litt, obwohl ich nicht ein einziges Mal an Crack dachte.

Schließlich kam Gary wieder herunter und brachte diesmal etwas Brot und Wasser mit. Er nahm mir die Handschellen ab, und meine Arme fielen schlaff und nutzlos an meinen Seiten herunter. Ich konnte sie nicht einmal heben – mein Gehirn befahl meinen Armen zwar, sich zu bewegen, doch sie gehorchten nicht.

Ich nahm einen winzigen Schluck Wasser – es fühlte sich wundervoll an und holte mich prompt aus meinem benommenen Zustand wieder zurück zu mir selber. Dann griff ich nach einer der beiden Scheiben Weißbrot, die Gary mir hingelegt hatte, und nahm zögernd einen Bissen. Ich hatte fast Angst davor, was das auslösen könnte. Bis zu diesem Augenblick hatte ich kaum an Essen gedacht. Ich hatte zwar mehrere Mahlzeiten ausgelassen, aber kein Gedanke hätte mir ferner liegen können.

Ich war gar nicht auf die Idee gekommen, dass ich irgendetwas essen müsste. Ganz abgesehen von allem anderen, waren meine Lippen aufgesprungen und geschwollen, und meine Zunge schien zu groß, um überhaupt noch richtig in meinen Mund zu passen.

Anfangs war mein Kiefer steif, als wäre er mangels Gebrauch eingerostet. Ich schmeckte das mehlig süßliche Brot und ließ es für eine Weile in meinem Mund, um mich wieder an das Gefühl von Essen zu gewöhnen. Dann schob ich den Bissen im Mund herum, kaute und zerkleinerte ihn immer weiter, bis er schließlich so klein war, dass ich ihn schlucken konnte. Meine Kehle war außerdem wie zugeschnürt, und ich hatte das Gefühl, eine Ewigkeit auf diesem Brot herumkauen zu müssen, bevor ich es hinunterbekam.

Aber die Wirkung zeigte sich, genau wie bei dem Wasser, prompt. Sobald das Essen meinen Magen erreichte, spürte ich, wie sich ein gewaltiger Hunger mit einem lauten Knurren meldete. Ich war völlig ausgehungert, und jetzt brauchte mein Körper Essen mehr als irgendetwas sonst. Ich nahm noch einen Bissen, kaute ihn diesmal schneller und spülte ihn rasch mit einem Schluck Wasser hinunter.

Während dieser ganzen Zeit war Gary wieder damit beschäftigt, das Loch weiter auszuheben. Er benahm sich, als wäre nichts Ungewöhnliches vorgefallen, als wäre es für ihn ein ganz normaler Tag. Ich hatte keine Hoffnung mehr, dass irgendjemand kommen würde – ich wusste, wenn die Cops ihm einen Besuch hätten abstatten wollen, dann hätten sie es inzwischen getan. Und ich wusste, dass es den Kriechgang in der Wand nicht mehr gab. Gary hatte ihn mit weißen Plastiktüten ausgestopft und die Metallklappe mit der Wand verschraubt.

Als er das Erdloch fertig ausgehoben hatte, zwang Gary mich wieder, mich auf die Luftmatratze zu legen und Sex mit ihm zu haben. Er zog seine Jeans herunter, legte seinen kräftigen, langen Körper auf meinen und begann dann einfach, sich rhythmisch auf und ab zu bewegen. Sein Mund war die ganze Zeit zu einer starren Linie verzogen, und sein zerzaustes braunes Haar wippte dabei hin und her. Sein schwerer Oberkörper hob und senkte sich über mir, und ich konnte seinen säuerlichen Atem nach abgestandenem Kaffee riechen. Ich wandte den Kopf ab. Als er fertig war, rollte er sich runter, legte mir wieder die Handschellen an und ging zurück nach oben.

Ich begann zu verzweifeln. Ich fragte mich, ob ich je lebend aus diesem Keller herauskommen würde. Ich sank in einen unruhigen Schlaf, ohne dass es mir bewusst war, und dann wachte ich schon wieder auf, während ich glaubte, noch immer zu schlafen.

Das ist alles nur ein Traum, sagte ich mir schläfrig. *Bald werde ich in meinem eigenen Bett aufwachen, und dann kann ich zurück zum Krankenhaus fahren, meinen kleinen Ricky sehen und meine Mom anrufen.*

Ich verfiel immer wieder in einen halb bewusstlosen Zustand, aber ich wachte nie in meinem eigenen Bett auf. Jedes Mal, wenn ich die Augen aufschlug, war ich noch immer in diesem Keller, die Arme hinter dem Rücken gefesselt, während die Auspuffschellen Striemen in meine Knöchel bohrten. Das grelle Licht der Glühbirne an der Decke quälte meine Augen, während das Radio im Hintergrund monoton vor sich hin dröhnte. Ich war in einer albtraumhaften neuen Wirklichkeit gefangen, einer, die immer weiter entfernt von der schien, die ich früher einmal kannte.

Gary kam ein paar Stunden später wieder, um mir noch etwas Brot und Wasser zu bringen. Er hatte Sex mit mir, und danach steckte er mich wieder in das Erdloch. Es war jetzt größer, und bevor er mich hinunterstieß, stopfte er noch die Luftmatratze hinein. Jetzt war ich in dem Loch nicht mehr eingezwängt – ich hatte genügend Platz, um aufrecht zu sitzen, mit Armen und

Beinen in einer normalen, entspannten Position. Es fühlte sich vergleichsweise luxuriös an.

Bald darauf begriff ich, dass er mich in das Loch gesteckt hatte, da er das Haus verlassen wollte. Das wurde mir klar, als ich ein paar Minuten später ein seltsames Vibrieren durch den Boden und das unverwechselbare Aufheulen seines Cadillacs wahrnahm. Er fuhr den Wagen aus der Garage.

Ich brach in Panik aus.

Dass Gary das Haus verließ, war noch beängstigender, als in einem Raum mit ihm zu sein. Was, wenn ihm irgendetwas zustieß, während er dort draußen war? Was, wenn er von einem Auto überfahren und getötet oder festgenommen und eingesperrt wurde? Niemand wusste, dass ich hier war. Ich würde einfach vor mich hin verrotten, und dieses Loch wäre tatsächlich mein Grab.

Jedes Mal, wenn er die Treppe wieder hochstieg, wusste ich, dass es mein Ende bedeuten könnte. Aber jetzt, nachdem ich etwas Essen und Wasser bekommen hatte, konnte ich spüren, wie meine geistigen Kräfte wiederkehrten und wie sich mein Überlebenswille mit aller Macht durchsetzte.

Ich wollte meine Kinder wiedersehen. Ich wollte meine Mom wiedersehen, wollte, dass sie mich in die Arme nahm und mir sagte, dass alles gut werden würde. Ich wollte eine bessere Zukunft für mich aufbauen und meinen Kindern die Chance auf ein gutes Leben bieten. So würde es nicht enden. Nicht so.

Ich wusste, dass ich hier herauskommen musste, und ich würde auf demselben Weg hinausgehen, auf dem ich hereingekommen war: Ich würde durch die Haustür gehen. *Niemand wird mich in einem Leichensack aus diesem Höllenloch heraustragen!*

Mein erster Fluchtversuch war gescheitert, aber das hieß nicht, dass mir nicht irgendwann ein weiterer gelingen würde.

Ich musste nur schlauer dabei vorgehen, eine Möglichkeit finden, es beim nächsten Mal richtig anzustellen. Natürlich wusste ich nicht, wie in aller Welt ich das bewerkstelligen sollte – im Augenblick steckte ich völlig fest.

Aber wenn ich einfach wartete, sagte ich mir, dann würde sich schon irgendetwas ergeben.

Halte einfach durch. Halte durch, Josefina, und gib den Kampf nicht auf.

5

Sandra

Ich hörte das Mädchen, noch bevor ich es sah.

Ich hockte in dem Loch, und ich konnte ein Schluchzen von oben näher kommen hören und zwei Paar Füße, die die Kellertreppe hinunterschlurften.

Dann hörte ich Gary brüllen: »Halt den Mund, Sandra! Du weißt doch, dass du mich kennst. Du weißt doch, dass ich dir nicht wehtun werde. Halt einfach den Mund. Warum weinst du denn?«

Die Schritte kamen immer näher, bis sie genau über mir waren. Die Säcke wurden weggenommen, die Platte beiseitegeschoben, und Gary zog mich mit einem Arm aus dem Loch.

Mit dem anderen Arm hielt er ein nacktes, schwarzes Mädchen fest. Sie hatte die Hände in Handschellen hinter dem Rücken – genau wie ich, als er mich hierher brachte –, und sie schluchzte hemmungslos.

»Sandra, Nicole. Nicole, das ist Sandra«, sagte er, als würde er zwei Fremde bei einer Dinnerparty einander vorstellen. Ich sah das arme Mädchen an, das nackt und zitternd und ganz offensichtlich völlig verwirrt und verängstigt war. Auch wieder genau wie ich, als er mich hierher brachte – vor drei Tagen, nach meinen Berechnungen.

Runde, verängstigte Augen schauten hinter einer großen, dicken Brille hervor.

»Ich weiß nicht, warum Sandra hier weint«, fuhr Gary fort, während er ein neues Paar Auspuffschellen nahm und sie an ihren Knöcheln befestigte, so wie er es bei mir getan hatte. »Ich kenne Sandra. Sie war schon oft bei mir zu Hause. Sie weiß, dass ich ihr nicht wehtun werde.«

Aber Sandra hörte einfach nicht auf zu schluchzen, und ich hatte Mitleid mit ihr. Rotz tropfte ihr aus der Nase, und jetzt schnappte sie keuchend nach Luft. Ich konnte verstehen, warum sie so aufgelöst war: Wenn sie schon einmal hier gewesen war, dann fragte sie sich bestimmt, warum er sie diesmal ankettete, anstatt sie zur Tür hinauszulassen, so wie sonst. *Das kann nichts Gutes bedeuten*, dachte ich. *Das kann überhaupt nichts Gutes bedeuten.* Jetzt brachte er Frauen hierher, die er kannte.

Gary ging mit den Auspuffschellen genauso vor wie er es bei mir getan hatte: Er schraubte sie fest, trug etwas Krazy Glue auf und trocknete sie dann mit dem Haarföhn. Dieses ganze Verfahren war einfach so seltsam, dass Sandra dabei sogar aufhörte zu weinen. Sie sah aus, als könne sie nicht glauben, was hier geschah. Mir wurde bewusst, dass ich bis zu diesem Augenblick gar nicht in Betracht gezogen hatte, dass Gary noch mehr Mädchen hierherbringen könnte. Er hatte mir von seinem Plan erzählt, aber diese ganze Geschichte schien so verrückt, so unglaublich, dass ich mir, nehme ich an, gar nicht vorstellen konnte, es würde tatsächlich passieren.

Und jetzt war er hier und brachte noch ein Mädchen herunter, und ich begriff mit erschreckender Klarheit, dass die Babyfarm allen Ernstes begonnen hatte.

Gary befestigte Sandras Eisenkette mit einem Vorhängeschloss an demselben Wasserrohr, an das auch ich angeschlossen war, nahm ihr die Handschellen ab und steckte uns beide zusammen in das Erdloch.

Er schob die Platte wieder darüber, legte die Säcke obenauf und ging zurück nach oben.

»Alles okay mit dir?«, fragte ich.

»Ja, ich glaube schon«, schniefte sie. Ich konnte sie nicht mehr sehen, aber ich konnte ihre Schenkel neben meinen spüren, während wir im Dunkeln auf der Luftmatratze nebeneinanderlagen. Jetzt waren wir zwei nackte Frauen, völlige Fremde, die Seite an Seite in kaum mehr als einem flachen Grab lagen. Es war verrückt, bizarr und absolut beängstigend.

»Ich verstehe das nicht. Gary ist mein Freund – warum tut er das? Ich war schon x-mal hier.«

Sandra redete langsam, ich konnte erkennen, dass sie nicht allzu schlau war – *genau Garys Typ*, dachte ich –, aber sie war süß. Sie wusste, dass irgendetwas in ihrem Leben entsetzlich schiefgelaufen war.

»Was ist passiert?«, fragte ich.

»Wir sind schon lange befreundet. Er war immer so nett, hat mich zum Essen eingeladen und so. Wir haben uns im Elwyn Institute kennen gelernt, und seitdem sind wir befreundet.«

»Elwyn – was ist das?«

»Das ist so ein Ort für geistig behinderte Leute. Dort ist er oft. Jedenfalls, eines Tages sind wir ins Gespräch gekommen, und so hat es angefangen. Wir sind jetzt seit ein paar Jahren befreundet. Er hat mich heute abgeholt und ist mit mir zu McDonald's gefahren, so wie immer. Danach sind wir hierhergekommen, um Sex zu haben, aber dann hat er angefangen, mich zu würgen, und dann hat er mich hier heruntergebracht.«

»Genau dasselbe ist mir auch passiert«, erzählte ich. Jetzt, da Sandra ihren Weinkrampf überwunden hatte, schien sie durchaus gefasst. Es lag irgendwie an der Art, wie sie redete, als könne sie kaum glauben, dass Gary, ihr Freund Gary, ihr irgendetwas antun könnte.

Ich fragte mich, ob die Tatsache, dass ich hier war, Sandra vielleicht geholfen hatte, sich zu beruhigen – als ich hierherkam, war schließlich überhaupt niemand da gewesen, niemand, der mich beschwichtigte und mir sagte: »Es ist okay, er will dich nicht töten.« Sandra hatte ihre Fassung binnen weniger Minuten wiedergewonnen. Jetzt sprach sie flüssig, und ohne in Tränen auszubrechen.

Ich wollte mehr über diesen Gary erfahren, den sie kannte, den Gary, der nett war und sie zum Essen ausführte. Je mehr ich über ihn wusste, desto größer waren meine Chancen, hier wieder herauszukommen.

»Er hat eine Kirche«, erzählte Sandra. »Sie heißt Vereinigte Kirche der Diener Gottes, und er hält seine Predigten hier, in seinem Haus. Und viele von uns, wir mögen Gary und haben das Gefühl, dass er uns versteht, daher kommen wir hierher, und er bringt uns Kirchenlieder bei und liest uns aus der Bibel vor. Er ist immer richtig nett – danach lädt er uns alle meistens zum Mittagessen zu McDonald's oder Roy Rogers ein. Er sammelt nie Geld von uns ein. Seine Kirche hat keinen Kollektenteller, was gut ist, denn viele von uns könnten es sich sowieso nicht leisten, etwas zu spenden.«

»Eine Kirche?«, wiederholte ich. »Hier – in diesem Haus?«

Es klang unglaublich. Wie konnte dieser vordergründig so sanfte, großzügige, gottesfürchtige Mann etwas mit dem Monster zu tun haben, das Frauen in seinem Keller einsperrte, um seine Kinder auszutragen?

Es ergab keinen Sinn.

»Was soll das alles denn eigentlich?«, fragte mich Sandra. Sie schien so unschuldig, so naiv. Ich verspürte den Drang, sie beschützen zu wollen.

»Er hat einen Plan«, sagte ich zu ihr. »Er will zehn Frauen hierher bringen, die er alle ankettet, und er will, dass wir alle mit seinen Babys schwanger werden, und dann wird er die ganzen Kinder hier unten, in diesem Keller, heimlich großziehen, damit niemand sie ihm wegnehmen kann.«

»Hm, er will schon seit einer ganzen Weile Babys haben«, sagte Sandra. »Die Kinderschutzbehörde hat ihm seine ständig wieder weggenommen, und darüber hat er sich immer richtig aufgeregt. Er hatte sogar eine Katalogbraut, und sie hatten ein Kind zusammen, aber dann hat sie ihn irgendwann verlassen. Sie ist früher auch in seine Kirche gegangen, bevor sie ihn verließ, aber sie hat nicht gern gebetet, und dann hat er sie gezwungen, sich allein in eine Ecke zu stellen. Weißt du, ich glaube, er hat versucht, ihr eine Lektion zu erteilen, aber sie wollte einfach nichts mit der Kirche zu tun haben, und dann ist sie weggelaufen.«

Sandra schwieg einen Moment. Ich konnte spüren, wie sie zu frösteln begann – ob von dem Schock oder der Kälte, konnte ich nicht sagen. Ich versuchte positiv zu denken.

»Hör zu, Sandra, wir werden hier herauskommen. Ich weiß noch nicht, wie es klappen könnte, aber ich werde mir etwas einfallen lassen. Keine Sorge.«

Irgendwann mussten wir beide eingeschlafen sein, denn auf einmal schob Gary die Platte beiseite und zerrte uns beide aus dem Loch, um mit uns Sex zu haben. Er legte uns beide nebeneinander auf die Luftmatratze und schlief erst mit mir und dann mit Sandra.

Er schien kein Vergnügen und keine Leidenschaft dabei zu empfinden. Es war schlichter Sex, auf und ab, mechanisch wie eine Routinearbeit. Und wir fügten uns beide. Was hätte es auch für einen Sinn gehabt, sich zur Wehr zu setzen?

Ich versuchte auszublenden, was er tat, und konzentrierte mich stattdessen auf das Radio – sie spielten jetzt *Smooth Operator* von Sade.

Ich sang das Lied in Gedanken mit und verdrängte, was mit meinem Körper geschah.

Als Gary fertig war, zeigte er uns, dass er eine Campingtoilette mitgebracht hatte, sodass wir aufs Klo gehen konnten, wenn wir mussten. Das war immerhin besser als der Eimer, den ich bislang benutzen musste, und er gab jeder von uns ein Hemd zum Anziehen. Es war das erste Mal seit drei Tagen, dass ich ein Kleidungsstück trug, und so idiotisch es auch war: Ich fühlte Dankbarkeit. Es war mitten im Winter, und in dem unbeheizten Keller war die Kälte gnadenlos und unerbittlich.

Dann nahm Gary die Schaufel und begann, das Loch weiter auszuheben. Sandra und ich saßen schweigend da und sahen ihm zu.

Unser Leben nahm jetzt eine seltsame neue Routine an. Gleich am Morgen brachte Gary uns ein paar Scheiben Brot und etwas Wasser. Dann hatte er Sex mit uns, und danach, während er weiter das Loch aushob, saßen wir einfach im Keller herum. Er hatte einen batteriebetriebenen Schwarz-Weiß-Fernseher heruntergebracht, und wenn er uns dann wieder in das Loch steckte, stellte er den Fernseher mit hinein, damit wir ein paar Stunden fernsehen konnten – so lange, wie die Batterien liefen.

Einmal saßen wir da und sahen uns das *Glücksrad* an, als ich auf einmal spürte, wie die Luft um mich herum dicker wurde und ich nur noch schwer und mühsam atmen konnte.

»Alles okay mit dir?«, flüsterte ich Sandra zu.

»Nein«, sagte sie. »Ich bekomme keine Luft mehr.«

»Ich auch nicht.«

Die Luft um uns herum schien aus dem Loch zu entweichen, als würde ihm irgendetwas den Sauerstoff entziehen. Binnen weniger Augenblicke schnappten wir beide hektisch nach Luft.

Wir hämmerten gegen die Platte und schrien, aber die Musik des Radios dröhnte natürlich noch immer durchs Haus, sodass Gary uns nicht hören konnte.

Jetzt brach ich in Panik aus, fühlte mich schwindelig und benommen. Ich wollte nicht hier unten sterben und konnte nicht glauben, dass ich meine Kinder nicht wiedersehen und meiner Mom nicht sagen könnte, dass ich sie liebte. Das durfte ich nicht zulassen!

»Los, komm schon!«, drängte ich Sandra, während ich versuchte, mich unter die schwere, mit den Säcken belastete Platte zu stemmen, damit etwas Luft in das Loch kommen könnte. Es gelang uns beiden, unsere Unterarme unter die Platte zu zwängen, gerade weit genug, um etwas frischen Sauerstoff hereinzulassen. Es war eine solche Erleichterung. Mein Kopf wurde prompt klarer, und die kühle Brise ermöglichte es uns, ein paar kräftige Atemzüge zu tun. Um die Luft weiter hereinströmen zu lassen, verharrten wir etwa eine halbe Stunde in dieser merkwürdig verrenkten Position, so lange, bis wir Garys Schritte hörten. Rasch zogen wir die Arme wieder ein, aber die Platte war so schwer, dass sie über unsere Arme kratzte und wir beide brennende, blutige Schrammen davontrugen.

»Hey«, sagte er, während er uns beide aus dem Loch zerrte. »Was ist denn mit euren Armen passiert?«

»Wir mussten sie unter die Platte schieben«, sagte ich zu ihm. »Wir haben keine Luft mehr bekommen und mussten irgendetwas dagegen tun.«

»Hmmm, ich frage mich, woran das liegen könnte.« Gary schaute nachdenklich umher. Dann entdeckte er den Fernseher, der noch immer in unserem Loch stand. »Es ist dieses Ding da«, sagte er und zeigte darauf. »Es muss an den Batterien liegen. Die haben den ganzen Sauerstoff verbraucht. Ihr Mädchen müsst eben lernen, euch eure Zeit mit der Flimmerkiste einzuteilen, sonst werdet ihr ersticken. Und passt gefälligst auf, dass eure Schrammen sauber bleiben! Wenn die sich infizieren und ich sie nicht behandeln kann, habt ihr ein gewaltiges Problem. Niemand hier kommt ins Krankenhaus.«

Und so lernten wir, unsere kostbaren zwei Stunden mit dem Fernseher über den ganzen Tag zu verteilen. Wir schalteten ihn zum Beispiel für eine Sitcom mit dem Titel *Amen* ein, die Sandra gefiel. Schauplatz war eine Kirche, die nicht weit von dort stand, wo Sandra aufgewachsen war. Das war wohl ein Grund, weshalb ihr die Serie gefiel. Aber sie fand sie auch richtig witzig. Leider konnte ich selbst ihr nicht viel abgewinnen. Sie war eine Zerstreuung, nicht mehr. Etwas, um mich auf andere Gedanken, weg von diesem Gefängnis zu bringen. Überhaupt sahen wir uns nichts Ernstes oder Deprimierendes an. Wir schauten nicht einmal die Nachrichten, weil es so schwer war, an die Außenwelt zu denken, wo alles seinen gewohnten Gang ging.

Wenn irgendjemand nach uns suchte, dann hoffte ich, dass sie uns rasch fanden. Und falls wir nicht vermisst wurden, dann wollte ich es eigentlich gar nicht wissen. Und mit der Wettervorhersage konnten wir natürlich auch nichts anfangen. Also sahen wir nur fröhliche, leichte Sachen: Sitcoms, Spielshows, Quizsendungen.

Daneben dachte ich auch viel an meine Kinder: LaToya, Zornae und Ricky. Obwohl ich nur viel zu wenig Zeit mit Ricky hatte verbringen können, hatte ich mir alles von ihm eingeprägt: seine kleinen Finger, die dunklen Locken auf seinem Kopf, seine zarten, rosigen Lippen. Und ich dachte an Zornae und ihr schüchternes, aber einnehmendes Wesen. Obwohl sie noch ein Kleinkind war, zeigte sie bereits eine wahnsinnig ausgeprägte Persönlichkeit. Ich nahm an, dass die beiden in eine Pflegefamilie gekommen waren, und hoffte, dass die Leute sich gut um sie kümmerten. Dann wanderten meine Gedanken weiter zu Toya; mein witziges, freches Mädchen, das jetzt bei seinem Vater war. An meine Kinder zu denken gab mir Hoffnung und einen Grund, hier herauszukommen.

Mehrmals täglich kam Gary herunter, um weiter das Loch auszuheben oder Sex mit uns zu haben.

Dazwischen schliefen Sandra und ich oder wir unterhielten uns miteinander. Sie erzählte mir, dass sie mit ihrer Mom und ihren Schwestern zusammenlebte und gern zum Bibelunterricht oder im Park spazieren ging. Sie schien ein einfaches, unkompliziertes Leben zu führen, dankbar für die wenigen Freunde, die sie hatte. Ich sprach von meinen Kindern und meiner Mom. Wenn wir irgendwann müde vom Reden waren, lagen wir einfach schweigend da.

Spät am Abend kam Gary noch einmal mit zwei Scheiben Brot und etwas Wasser zu uns. Außerdem brachte er uns einen kleinen Wasserkocher, Styroporbecher, ein paar Teebeutel und Zucker, damit wir uns etwas süßen Tee machen konnten, wenn wir nicht in das Loch gesperrt waren. Die Teebeutel teilten wir uns so ein, dass wir nicht mehr als zwei pro Tag verbrauchten, aber wir schütteten ungefähr zehn Löffel Zucker in jeden Becher, um uns irgendwie satter zu fühlen und vor den schlimmsten Hungerattacken zu schützen.

Das Radio dröhnte noch immer durchs ganze Haus. Nach ein paar Tagen flehten Sandra und ich Gary an, einen anderen Sender einzustellen, da auf diesem Sender alle zwanzig Minuten immer wieder dieselben zehn Lieder gespielt wurden. Diesen verdammten Anita-Baker-Song hatte ich inzwischen so oft gehört, dass er mich halb wahnsinnig machte. Das grenzte beinahe an Folter. Bis zu diesem Zeitpunkt war mir nie bewusst gewesen, dass jeder Sender bestimmte Tracks hatte, die immer wieder gespielt wurden. Auch die immer wiederkehrenden Radiomoderatoren konnte ich kaum noch ertragen. Ihr fröhliches, beschwingtes Geplauder klang für mich nur noch gekünstelt und gezwungen.

Die meiste Zeit schien es Gary zu genügen, wenn wir an unseren Ketten gefesselt im Keller saßen. Wenn er aber das Haus verließ, steckte er Sandra und mich zurück in das Loch. Ich hasste es, wenn wir wieder dort hineinkriechen mussten. Zwar gab es darin jetzt etwas mehr Platz, aber immer wenn ich dann von da unten Garys Schritte auf der Veranda hörte und das Vibrieren seines Cadillacs spürte, hatte ich Angst, dass er vielleicht nicht mehr zurückkommen würde.

Nach ein paar Tagen entspannte sich immerhin Sandra ein wenig. Sie machte sich keine allzu Sorgen mehr darüber, ob sie leben oder sterben würde, wohingegen ich die meiste Zeit ziemlich aufgewühlt war. Jedes Mal wenn wir allein waren, fragte ich Sandra über Gary aus, und sie erzählte mir, dass er viele schlimme Phasen in seinem Leben durchgemacht und sogar ein paar Selbstmordversuche unternommen habe.

Einmal hatte sie ihn danach sogar im Krankenhaus besucht. Dort gab man ihm jeden Tag Thorazine, in der Hoffnung, es würde sich positiv auf seine Psyche auswirken, aber statt die Tabletten wirklich einzunehmen, hortete Gary sie, um eine tödliche Dosis schlucken zu können, falls er sich bald wieder selber umbringen wollte.

Die Sache mit den Medikamenten war etwas, das mir sehr zu schaffen machte. Wie soll man innerlich ruhig bleiben, wenn man einem Verrückten auf Gedeih und Verderb ausgeliefert ist? Ich begann Gary zu beobachten, um jedes noch so kleine Detail zu entdecken, das mir helfen könnte, hier herauszukommen. Manchmal konnte ich erkennen, wenn er seine Medikamente nicht genommen hatte. Dann waren seine Bewegungen ruckartig, seine Augen huschten wild umher, und er schien zappelig und nervös.

In diesen Nächten blieb ich immer wach – von Angst gepackt.

Ich stellte mir vor, dass Gary von bösen Gedanken gequält und sein Verstand von Stimmen geplagt wurde, die ihm befahlen, diese Mädchen im Keller endlich zu beseitigen.

»Was sollen wir machen, wenn er herunterkommt und uns loswerden will?«, äußerte ich meine Befürchtungen Sandra gegenüber.

»Wir müssen dann einfach versuchen, ihn zuerst zu überwältigen«, sagte sie auf ihre übliche langsame, nachdenkliche Art.

»Ja, aber er bringt die Schlüssel nie mit herunter. Das heißt, selbst wenn wir ihn überwältigen oder sogar töten, sind wir immer noch hier unten gefangen. Nein, wir müssten versuchen, es ihm auszureden. Wie sollen wir das anstellen?«

»Ich weiß nicht.«

»Hast du ihn je erlebt, wenn er, na ja, völlig weggetreten war?«

»Ich bin mir nicht sicher. Aber, weißt du, Gary mag es nicht besonders, wenn man Nein zu ihm sagt. Er war auf jeden Fall nicht begeistert, wenn seine Frau ihm widersprochen hat – dafür wurde sie oft bestraft.«

»Okay, ich verstehe.« Meine Gedanken überschlugen sich, außerstande, auch nur eine Sekunde stillzuhalten. »Das heißt, wir müssten ihm sagen, dass sein Plan klappen wird, dass er bei der ursprünglichen Idee bleiben muss, uns allen Kinder zu machen. Ihn auf Kurs halten. Wir könnten ihm sagen, dass wir schwanger sind!«

»Das ist eine sehr gute Idee, Nicole. Aber wie willst du ihm das beweisen?«

»Ich war schon mal schwanger, daher werde ich einfach sagen, dass ich das Gefühl kenne und dass eine Frau es einfach spürt, wenn es so weit ist.«

Sandra schwieg. Ich konnte nicht sagen, ob sie eingeschlafen war. War es schon spät? Ich hatte keine Ahnung. Trotzdem ging ich all die verschiedenen Möglichkeiten in Gedanken immer wieder durch, denn egal was als Nächstes geschah: Ich wollte vorbereitet sein. Und so völlig außer Kontrolle alles schien, musste ich einfach versuchen, mich an irgendetwas festzuklammern.

Mein einziger schwacher Trost war Sandras Einblick in Gary, den Mann, der ihren Worten zufolge nach außen hin ein völlig anderer Mensch war – ein sanfter, freundlicher Mann.

Dass es also außerhalb dieses Kellers noch einen anderen Gary gab, einen mit einem Herzen, weckte in mir einen kleinen Funken Hoffnung. Denn wenn dieser Mann noch eine andere, sanftere Seite hatte, dann bedeutete das, dass er durchaus freundliche Gefühle für andere Leute empfinden konnte und nicht nur dieser kalte und berechnende, von Babys besessene Freak war. Er wies trotz allem noch menschliche Wesenszüge auf. Und all diese Leute, die er in seiner Kirche um sich versammelte, diese Unglückseligen, die Außenseiter der Gesellschaft, die geistig und körperlich Behinderten, wie Sandra sie beschrieb, die zu seinen Gottesdiensten kamen, das waren seine Leute. Er umgab sich mit solchen Menschen, da er sich unter ihnen gut fühlte, wie König Gary. Das waren alles Leute, die zu ihm aufsahen, die ihn als Mann und Mensch in der Gesellschaft akzeptierten.

Und genau das brauchte er, um das Gefühl zu haben, normal zu sein.

All die wirklich normalen Leute in seinem Leben – die Ärzte, die Kinderschutzbehörde und die Leute vom Staat – waren die, die sich scheinbar gegen ihn stellten.

Die Tage verstrichen und gingen fließend in die Nächte über. Wenn wir im Radio ein Lied hörten, das uns gefiel, summten oder sangen wir dazu mit – wir mochten beide Prince, und hin und wieder hörten wir *When Doves Cry*, eines meiner Lieblingslieder. Ansonsten versuchten wir den ständigen Lärm auszublenden, der durch den Keller dröhnte.

Sandra erzählte mir von dem einfachen Leben, das sie bis jetzt geführt hatte. Sie hatte im Rahmen eines Sonderschulprogramms ihren Highschool-Abschluss erworben und hatte ihr ganzes Leben zu Hause bei ihrer Mom gelebt, behütet von ihrer liebevollen Schwester Tess und ihren Cousinen.

Obwohl wir beide gleich alt waren, fünfundzwanzig, kam es mir vor, als wäre Sandra im Vergleich zu mir noch ein Kind – ein vertrauensvolles, freundliches kleines Mädchen.

Wenn man sie genauer ansah, bemerkte man auch, dass irgendetwas mit ihrem Kiefer nicht stimmte – der obere und der untere Teil trafen nicht genau aufeinander, wenn sie etwas aß. Daher brauchte sie sehr lange, um ihr Essen zu kauen und zu schlucken. Jede Mahlzeit nahm bis zu eine Stunde in Anspruch, da Sandra so viel Zeit damit verbrachte, ihr Essen immer wieder zu kauen, langsam, wie eine wiederkäuende Kuh.

Als Gary ein paar Tage nach Sandras Ankunft bei uns unten im Keller war, wurde oben plötzlich gegen die Tür gehämmert. Wir waren alle überrascht. In der ganzen Zeit, die ich nun schon hier war, hatte noch nie jemand geklopft. Gary bekam keinen Besuch. Aber diese Person klopfte nicht nur, sie hämmerte minutenlang gegen die Tür. Gary hob dennoch einfach das Loch weiter aus und durchbrach die Erde mit langsamen, schweren Bewegungen. Ich glaube, er hoffte, die Person würde einfach aufgeben und weggehen. Aber wer immer dort draußen war, hatte es damit nicht eilig. Nach zwanzig Minuten seufzte Gary schließlich, warf die Schaufel hin, steckte Sandra und mich wieder in das Loch und ging nach oben. Wir konnten nicht genau mitbekommen, was oben los war, da die Radios so laut liefen, aber wir hörten, dass das Klopfen noch zehn Minuten weiterging, bevor es schließlich aufhörte.

Kurze Zeit später kam Gary wieder und ließ uns aus dem Loch.

»Nur meine Nachbarn«, sagte er beiläufig.

Damals nahmen wir seine Erklärung so hin – wir hatten keinen Grund, irgendetwas anderes zu glauben. Erst heute weiß ich, dass das eine Lüge war. Die Leute an der Tür waren nicht Garys Nachbarn – es waren Sandras Schwester Tess und ihre beiden Cousinen. Binnen weniger Stunden nach Sandras Verschwinden hatte ihre Familie die Suche nach Sandra begonnen. Sie wussten, dass Sandra mit Gary befreundet war. Und von ihrem gemeinsamen Freund Tony Brown, einem anderen von Garys Kirchenanhängern, wussten sie auch, dass das Letzte, was man von Sandra gehört hatte, war, dass sie zu Gary gehen wollte.

Sandras Mutter hatte ihre Tochter daraufhin sofort bei der Polizei als vermisst gemeldet.

Sergeant Armstrong, ein Polizeibeamter, fuhr zur North Marshall Street und bekam, genau wie Sandras Angehörige, keine Antwort, als er klopfte.

Es gelang Armstrong aber, Tony Brown aufzusuchen, um mehr Informationen über Gary zu bekommen.

Als der Sergeant ihn fragte, wie dessen Nachname buchstabiert wurde, sagte Tony: »H-E-I-D-A-I-K-E.«

Als Armstrong sich wieder an seinen Computer setzte, gab er also den falschen Namen ein und fand natürlich nichts. Eine perfekte Gelegenheit, Heidnik aufzuhalten, wurde versäumt – und das alles nur aufgrund eines falsch buchstabierten Namens.

Hätte Armstrong genauer hingesehen, vielleicht andere Schreibweisen ausprobiert, dann hätte er eine ganze Menge beunruhigendes Zeug über Gary Heidnik gefunden. Zum Beispiel Informationen darüber, dass er dafür bekannt war, etwas zurückgebliebene schwarze Mädchen in seinem Keller festzuhalten.

Und Notizen bezüglich Garys geistiger Verfassung.

Aber so dienten die Besuche nur dazu, Gary zu warnen, dass Sandras Familie ihm auf der Spur war. Und das brachte ihn zum Nachdenken.

6

Schraubenzieher

Als Gary am nächsten Abend in den Keller herunterkam, trug er ein Paar Lederhandschuhe, und er hatte ein Blatt Papier, einen Umschlag und einen Stift bei sich. Er legte das Schreibzeug auf den Tisch, auf dem Wasserkocher und Tee standen, und forderte Sandra auf, sich zu setzen.

»Hier, nimm den Stift«, befahl er ihr. Sie tat, was er ihr sagte.

»Und jetzt schreib einfach, was ich dir sage. Sonst nichts. Nur meine Worte. Wenn du es falsch machst, fangen wir noch einmal von vorne an. Hast du verstanden?«

»Ja, Gary.« Sandra nickte gehorsam.

»Okay – und jetzt schreib: ›Liebe Mom‹.«

Sandra beugte sich dicht über ihre Schreibhand und malte mit äußerster Konzentration die Buchstaben auf die Seite.

Gary betrachtete ihr Werk – es war das Gekritzel eines Grundschulkindes, aber er hatte ihre Schrift offenbar schon einmal gesehen, denn er schien zufrieden mit ihren Bemühungen.

»Gut. Okay, und jetzt schreib als Nächstes: ›Es geht mir gut‹.«

Wieder senkte Sandra ihr Gesicht nah über ihre Hand, um die Worte zu Papier zu bringen.

Letztendlich lautete der Brief, den sie schreiben musste, wie folgt:

»Liebe Mom, es geht mir gut. Ich bin in New York, und ich werde mich bald bei dir melden. Mach dir keine Sorgen. Alles Liebe Sandra.«

Dann sollte sie den Brief gründlich in ihren Händen hin

und her wenden, damit überall ihre Fingerabdrücke waren, und den Namen und die Adresse ihrer Mom auf einen Umschlag schreiben.

Wir wussten beide, was das zu bedeuten hatte. Gary versuchte, Sandras Angehörige von der Fährte abzubringen. Nachdem er jeder von uns ein paar Scheiben Brot gegeben hatte, steckte er uns zurück in das Loch, und wir hörten, wie sein Wagen die Garage verließ.

Wir erwarteten, dass er wie üblich in ein paar Stunden wieder da sein würde, und warteten die ganze Nacht, aber wir hörten ihn einfach nicht zurückkommen.

Das machte mich wieder ganz nervös. Was, wenn er einen Unfall hatte?

»Es ist bestimmt alles gut«, meinte Sandra schläfrig. »Mach dir keine Sorgen. Versuch ein bisschen zu schlafen.«

Ich versuchte es, aber meine Gedanken überschlugen sich die ganze Nacht lang, und all meine Sinne warteten angespannt darauf, dieses vertraute Rumpeln im Boden zu spüren, das mir signalisierte, dass sein Wagen wieder in die Garage fuhr. Es kam nicht.

Am nächsten Tag sahen wir Gary überhaupt nicht. Ich war inzwischen außer mir vor Sorge. Als sein Wagen an jenem Abend – über vierundzwanzig Stunden nachdem er uns dort unten eingepfercht hatte – endlich in die Garage zurückkehrte, waren wir daher so erleichtert und glücklich, ihn zu sehen, dass wir beide wild drauflosplapperten. Wir wussten kaum, was wir da sagten, und begriffen nicht, dass unsere Worte für Gary Anlass zur Sorge waren.

»Gott sei Dank bist du wieder da«, rief ich, als er mich aus dem Loch zerrte. »Wir wussten nicht, ob du je wiederkommen würdest. Und dann, als wir deinen Wagen in die Garage fahren hörten, waren wir so erleichtert. Wir waren so froh! Weißt du, wir dachten schon, dass du vielleicht einen Unfall hattest oder so.«

Bei diesen Worten hielt Gary inne und sah mich kalt an.

»Wieso habt ihr meinen Wagen gehört?«, fragte er. Zum ersten Mal wurde mir klar, dass er gar nicht wusste, dass wir ihn kommen und gehen hörten, wenn wir in dem Loch waren.

Er hatte sich solche Mühe gegeben, darauf zu achten, dass ständig die Radios liefen, damit wir nicht hörten, was oben los war, und damit gleichermaßen draußen niemand etwas von uns mitbekam.

Und zu einem gewissen Grad funktionierte das ja auch: Wenn man sich ganz normal im Keller über Bodenniveau befand, hörte man normalerweise nichts, da die Radios jedes andere Geräusch übertönten.

Aber wenn wir unter der Erde in dem Loch saßen, dort, wohin die Radiowellen nicht kamen, konnten wir die Vibrationen schwerer Bewegungen um uns herum wahrnehmen.

Sandra, außerstande, seinen Stimmungsumschwung zu spüren, antwortete Gary: »Wir können den Wagen von dem Loch aus hören.«

Gary stellte uns wortlos etwas Brot und Wasser hin, dann ging er wieder nach oben. Sandra war noch immer erleichtert, sogar froh, dass Gary wieder da war.

»Siehst du, ich habe dir doch gesagt, es wird alles gut«, meinte sie. »Er ist zurückgekommen.«

Doch in mir wuchs das Gefühl, dass uns irgendetwas Schlimmes drohte. Ich spürte deutlich Garys Unmut darüber, dass wir ihn hören konnten.

Später erfuhren wir den Grund für seine vierundzwanzig Stunden Abwesenheit: Er war die ganze Strecke von Philadelphia nach New York und zurück gefahren, um dort Sandras Brief aufzugeben.

Und Garys Rechnung ging auf: Als Sandras Angehörige den Brief erhielten und ihn Sergeant Armstrong vorlegten, tat dieser ihre Sorge um Sandras Sicherheit prompt ab. Er nahm an, dass es sich hier wieder nur um einen weiteren Fall eines weggelaufenen Mädchens handelte.

Damals hatten wir allerdings keine Ahnung von alledem. Ich fragte mich in dem Moment bloß, ob er oben vielleicht noch ein anderes Mädchen versteckt hatte.

Aber nein. Als er wieder herunterkam, brachte er keine Frau mit, sondern eine Handvoll Schraubenzieher.

Und dann machte er sich, wie ein Mann, der ein Heimwerkerprojekt zu erledigen hat, an die Arbeit.

Zuerst schnappte er sich Sandra und drückte sie auf den Boden, sodass er ihren Kopf zur Seite drehen konnte.

»Fang bloß nicht an zu schreien, wenn ich das mache«, warnte er sie. Das Herz schlug mir bis zum Hals. Was hatte er vor?

Er setzte sich rittlings auf sie, nahm einen der Schraubenzieher, richtete ihn genau auf ihr Ohr und begann ihn fest hineinzudrücken.

»Agghhh!« Sandra heulte gequält auf.

Mir klappte vor Entsetzen der Kiefer herunter, und ein lautloser Schrei hing in der Luft.

»HÖR AUF!«, brüllte Gary sie an. »Hör auf zu schreien! Lass mich das einfach machen. Keine Sorge – du weißt doch, dass ich ausgebildeter Krankenpfleger bin. Ich weiß genau, wie weit ich mit dem Schraubenzieher in dein Ohr drücken kann, ohne dass du taub wirst. Ich will dein Trommelfell nur so weit bearbeiten, bis du mich nicht mehr kommen und gehen hörst.«

Aber Sandra konnte nicht anders – sie stieß kläglich erstickte, leise Schreie aus, während der Schmerz durch ihr Ohr schoss. Und als Gary sich sichtlich zufrieden mit seinem Werk gelassen zurücklehnte, strömte sogar Blut aus Sandras Gehörgang.

Langsam drehte Gary Sandra herum, sodass jetzt ihr verletztes Ohr auf dem Boden lag, und wiederholte dieselbe Folter bei ihrem anderen Trommelfell.

Ich war so schockiert, dass ich nichts tun konnte, als vor Angst zu zittern. Schließlich war auch klar, dass ich als Nächste an der Reihe war. Und natürlich: Bald drückte Gary mich auf den Boden und setzte sich mit seinem ganzen Gewicht auf mich. Mein Ohr war schutzlos zur Decke gedreht, bereit, dass Gary den Schraubenzieher hineinbohrte.

Mit der Wange auf dem harten Boden, roch ich die feuchte Erde unter mir. Ich begann vor Angst zu schluchzen.

Als der Schmerz kam, war er so überwältigend, dass ich würgen musste. Ich glaubte, das Bewusstsein zu verlieren, während Gary das Werkzeug immer fester nach unten drückte, um es dann konzentriert und präzise zu drehen. Es war, als würde er ein Loch in mein Gehirn bohren. Ich schrie und schrie und schrie und dachte, er wolle mich umbringen.

Als ein heißer Blutschwall über mein Ohrläppchen sickerte, schien Gary zufrieden, und sein Gewicht hob sich von mir. Meine Hand schoss wie von selbst hoch an mein Ohr, und ich spürte, wie sich dickes Blut in meinem Ohr sammelte und meinen Hals hinunterlief. Gary drückte meinen Arm rasch wieder nach unten und drehte mich herum, um die andere Seite zu bearbeiten.

»Hör auf, hör auf, bitte hör auf!«, flehte ich, aber er zeigte keine Gnade, nur kalte Entschlossenheit, den Job zu Ende zu bringen.

Nachdem Gary fertig mit uns war, lagen Sandra und ich zusammengerollt auf dem Boden und weinten wie Babys – beide mit Blut bedeckt.

Garys Stimme schien jetzt aus weiter Ferne zu kommen, gedämpft, als wäre er in einem anderen Zimmer, obwohl ich wusste, dass er genau neben meinem Kopf stand.

»Ihr solltet besser aufpassen, dass sie sauber bleiben«, warnte er uns. »Wenn sie sich infizieren, kann ich euch nicht helfen. Niemand wird ins Krankenhaus kommen – das steht fest. Ihr werdet euch wie die Indianer selbst heilen müssen: ganz natürlich. Etwas anderes wird es hier nicht geben.«

Und dann ging er.

Sandra und ich krochen aufeinander zu, beide hemmungslos schluchzend, und fielen uns in die Arme. So verharrten wir; weinend und einander haltend. Es gab nichts zu sagen.

Wieder einmal schien unser Leben in eine albtraumhafte Routine abzugleiten, die daraus bestand, dass wir entweder im Keller oder in dem Loch hockten, Brot und Wasser zu essen bekamen, uns hin und wieder eine Sitcom auf unserem Fernseher ansahen und regelmäßig zu Sex gezwungen wurden.

Nur dass Sandra und ich jetzt von unseren schmerzenden Ohren geplagt waren. Wie sich herausstellte, hatte Gary unsere Trommelfelle nicht zerstört, aber der dumpfe Schmerz in meinem Kopf hielt noch lange danach an.

Wir versuchten Garys Regeln zu befolgen, ihn bei Laune zu halten und so zu ihm aufzublicken, wie er es erwartete. Wenn er mit einer von uns nicht zufrieden war, wurden wir bestraft – mit Schlägen oder zusätzlicher Zeit im Loch. Aber nach und nach wurden die Abstände zwischen den Bestrafungen immer länger.

Die Tage verstrichen; allerdings hatten wir kein richtiges Zeitgefühl, da der grelle Schein der Glühbirne unsere einzige Lichtquelle war. Sie ging nie aus, sodass Tag und Nacht eins wurden. Unsere inneren Uhren passten sich einfach diesem Rhythmus an, und wir machten immer wieder für ein paar Stunden ein Nickerchen. Jeder neue Tag bedeutete einen weiteren Schritt fort von meinem alten Leben, ein Lösen von der Normalität, während Garys bizarre Untergrundwelt mich voll und ganz zu verschlucken schien.

Ich versuchte, nicht den Verstand zu verlieren, indem ich an meine Kinder dachte, an die Wohnung, die ich für uns gefunden hatte, und daran, dass wir alle irgendwann wieder beieinander wären. Eine glückliche Familie. Ich wäre ein für alle Mal clean und würde einen neuen Job finden. Aber das Einzige, was wirklich zählte, war, dass wir alle zusammen wären.

Etwa einen Monat nach meiner Ankunft in Garys Haus durfte ich zum ersten Mal baden.

Seit ich in diesem Keller eingesperrt war, hatte ich mich nicht mehr waschen, mir die Zähne putzen, die Haare kämmen oder mich sonst irgendwie säubern können. Wir hatten schlicht keine Möglichkeit dazu.

Ich wusste nicht, warum, aber eines Tages verkündete Gary auf einmal, er würde uns baden lassen.

Ich war zuerst an der Reihe – ich nehme an, weil ich am längsten dort war. Er sperrte das Vorhängeschloss auf und führte mich die Treppe hoch.

Ich war noch immer an die schwere Kette gebunden und zerrte diese langsam und mühevoll hinter mir her. Das Geräusch, mit dem sie über die Dielen kratzte, war quälend, wie Nägel, die über eine Kreidetafel gezogen werden. Das Haus erschien mir jetzt hell und seltsam. Ich war es so gewohnt, den Keller nur von der Glühbirne erhellt zu sehen, dass sich meine Augen nur schwer an das Sonnenlicht gewöhnten, das durch die Fenster hereinströmte. Ich musste blinzeln, damit das Licht nicht in meinen Augen schmerzte.

Gary führte mich in den ersten Stock des Hauses, wo sich ein kleines Badezimmer befand, und ich konnte sehen, dass er bereits ein Bad für mich eingelassen hatte.

Er befestigte die Kette an einem anderen Rohr und forderte mich auf, in die Wanne zu steigen. Ich war nervös. In Garys Nähe war ich immer nervös. Man wusste nie, was für eine neue perverse Foltermethode er sich vielleicht ausgedacht hatte, ob man ihm vertrauen konnte oder ob man wieder nur getäuscht wurde.

Vorsichtig tauchte ich einen Zeh ins Wasser. Das Bad war wunderbar warm.

Ich stieg mit einem Fuß in die Wanne, stützte mich mit einem Arm ab und zog meinen anderen Fuß nach. Ich hockte mich dann ins Wasser und streckte die Beine vor mir aus.

O mein Gott, das Gefühl war unbeschreiblich. Einfach himmlisch. Ich wusste nicht, dass Wasser sich so gut anfühlen konnte. Ich stöhnte unwillkürlich auf, während Gary die Kette so drapierte, dass sie neben der Wanne auf einem Haufen lag. Während er den Toilettensitz herunterklappte und sich neben mich setzte, versuchte ich, ihn nicht anzusehen. Ich wollte mich auf das wundervolle Gefühl konzentrieren, wie das Wasser mich hielt, mich einlullte, jede Zelle meiner Haut besänftigte und den ganzen Dreck und Schmutz des vergangenen Monats von mir wusch.

Ich ließ mich tiefer ins Wasser gleiten, und meine Muskeln entspannten sich in der Wärme. Es war überhaupt das erste Mal seit Monaten, dass ich richtige Wärme empfand.

Ich ließ mein Kinn auf die Brust sinken, sodass mein Gesicht die Wasseroberfläche berührte, dann tauchte ich den Kopf ganz unter und ließ mich von dem Wasser umspülen, als würde ich getauft, um erneuert und wieder gesund zu werden. Es fühlte sich so überwältigend, so reinigend an, dass ich befürchtete, in Tränen auszubrechen. Aber ich wusste, dass mir das nicht helfen würde; daher schloss ich nur die Augen und ließ die ersten aufgestiegenen Tränen sich langsam mit dem Wasser um mein Gesicht vermischen.

»Hier«, Gary reichte mir ein Stück Seife. »Das kannst du benutzen.«

Seine Stimme genügte, um mich wieder in die Realität zurückzuholen. Ich nahm die lindgrüne Seife, tauchte sie ins Wasser und drehte sie in meinen Händen, bis sie schäumte. Dann begann ich mich am ganzen Körper zu waschen, um jedes bisschen Dreck von meinem Körper zu entfernen. Der Geruch war streng, chemisch, aber es hätte genauso gut der süßeste Jasmin der Welt sein können – alles war besser als dieser modrig feuchte Gestank der Erde, den ich den ganzen letzten Monat zu jeder wachen Stunde in der Nase hatte.

Ich wusste nicht, wie lange ich so dort lag. Ich fühlte mich fast wie in eine Art Trance versetzt. Ich glitt langsam mit den Händen systematisch über meine Beine, um die Fußballen herum, zwischen meine Zehen, unter meine Achseln und um die Außenseiten meiner Arme, über den Bauch, an den Hüften hinunter, hoch zu meinem Gesicht, von den Wangen zu den Ohren und dann hinten um den Kopf herum und den Nacken hinunter.

Ich benutzte die Seife auch, um mir die Haare zu waschen. Da ich aber weder Kamm noch Bürste hatte, standen meine armen Haare in alle Richtungen, völlig zerzaust und abgebrochen von den vielen Malen, die Gary an meinem Zopf gezerrt hatte.

Als ich fertig war, stand ich auf, und Gary reichte mir ein kleines graues Handtuch, im Grunde kaum größer als ein Handtuch für die Hände. Aber es reichte aus, und auch wenn es hart und rau auf meiner Haut war, fühlte ich mich neu belebt, nachdem ich mich von Kopf bis Fuß gewaschen hatte.

Ich hatte nichts anderes anzuziehen als dasselbe Hemd, das ich schon die ganze Zeit getragen hatte, daher streifte ich es mir einfach über den Kopf. Dann machte Gary die Kette von dem Rohr los und führte mich aus dem Badezimmer. Aber anstatt gleich wieder in den Keller zu gehen, nahm er mich mit in sein Schlafzimmer und hatte dort, auf seinem seltsam schrägen Bett, Sex mit mir. Seine schweren, kräftigen Gliedmaßen auf meinem Körper, der Geruch seines schalen Atems in meinem Gesicht, sein mechanisches Stoßen und vulgäres Stöhnen – das alles ruinierte fast das herrlich frische Gefühl, das ich von meinem Bad noch hatte. Aber nur fast.

Danach führte Gary mich wieder die Treppe hinunter in den Keller. Er ließ mich die ganze Zeit vorangehen, um mich genau im Blick zu haben. Ich hingegen konnte ihn überhaupt nicht sehen. Mir ging kurz der Gedanke durch den Kopf, dass ich ihn jetzt vielleicht überwältigen könnte. Aber mir war klar, dass er, wenn ich irgendeine plötzliche Bewegung machte, so gnadenlos auf mich einprügeln würde, dass es mich glatt töten könnte. Außerdem konnte ich nichts sehen, was ich mir schnappen könnte, um es als Waffe zu benutzen. Das Problem war, dass Gary kein kleiner Mann war. Er war deutlich über eins achtzig groß und kräftig gebaut. Das hieß, wenn ich ihn angreifen wollte, dann sollte ich mir besser verdammt sicher sein, dass ich ihn umbrachte, und zwar schnell, andernfalls würde *er mich* umbringen.

Als wir zurückkamen, fühlte sich der Keller kalt an, aber davon ließ ich mich nicht herunterziehen. Ich war es mittlerweile gewohnt, hier unten zu frieren, und ändern konnte ich es schließlich nicht. Letztendlich war die Kälte kaum meine größte Sorge.

Am nächsten Tag nahm Gary Sandra zum Baden mit nach oben und kam, genau wie bei mir, etwa eine Stunde später wieder. Während dieser Zeit war ich wieder allein im Keller, und das fühlte sich schrecklich an. Die kahlen Wände machten mir Angst. Meine Gedanken begannen sich zu überschlagen, und ich spürte, wie sich mein Puls beschleunigte und mein Verstand von Panik ergriffen wurde. Was, wenn er Sandra beseitigte, während sie dort oben waren? Was, wenn sie sich zur Wehr setzte und er sie tötete? Würde er dann mich als Nächstes töten müssen? Während ich mir zu überlegen versuchte, was ich in diesem Fall tun würde, lief ich verzweifelt auf und ab. Nichts war mehr unvorstellbar. Nichts war zu extrem für diesen Mann.

Da erst wurde mir bewusst, dass Sandras Anwesenheit in den letzten Wochen vermutlich verhindert hatte, dass ich völlig den Verstand verlor. Sie war im Grunde bloß ein paar Minuten fort, und dennoch war ich fast hysterisch vor Angst. Ohne Sandra hätte ich sicher nicht schon so lange durchgehalten. Als sie wiederkam, lächelte ich sie unwillkürlich an, und sie, ganz die gute Seele, die sie war, lächelte prompt zurück.

Nachdem Gary an diesem Tag gegangen war, gestand ich ihr: »Ich freue mich so wahnsinnig, dass du hier bist. Weißt du, als du dort oben warst, war ich krank vor Sorge.«

»Nicole!«, lachte sie.

»Was denn?« Ich verstand nicht. Ich dachte, es sei nett von mir, ihr zu sagen, wie froh ich war, sie hier bei mir zu haben.

»Na ja, du freust dich vielleicht, aber ich bin nicht unbedingt so glücklich darüber, hier zu sein.«

»Oh, ja«, erwiderte ich lächelnd. »Das habe ich auch nicht gemeint. Ich bin nicht froh, dass Gary dich jetzt auch hier unten festhält. Natürlich nicht! Ich wollte nur sagen, ich würde den Verstand verlieren, wenn du nicht hier wärst.«

»Danke, Nicole«, sagte sie. »Du bist auch schwer in Ordnung.«

Auf einmal wurde ich von Traurigkeit übermannt. Traurigkeit und Mitleid – für sie, für mich, wegen dieser ganzen verdammten Situation. Nach dem Baden hatte ich mich beinahe wieder normal gefühlt – es hatte mich an das Leben erinnert, das ich hinter mir hatte lassen müssen.

»Ich werde uns hier herausholen, Sandra. Versprochen. Ich werde eine Möglichkeit finden.«

»Ich vertraue dir, Nicole. Ich bin sicher, du schaffst das.«

Ein paar Tage vor Weihnachten fragte mich Gary, wann meine Periode fällig sei.

»Welchen Tag haben wir heute?«, fragte ich.

»Den 20.«, erwiderte er.

Den 20. Dezember? Ich konnte es nicht glauben. Ich rechnete rasch nach, und erschrocken wurde mir klar, dass meine Periode ausgeblieben war. Die Vorstellung war entsetzlich. Wenn ich hier je herauskam, wie könnte ich dann ein Baby von diesem Monster neben meinen innig geliebten Kindern großziehen? Andererseits hieß schwanger zu sein vielleicht, dass Gary mich dann besser behandeln würde.

»Sie war am 17. fällig«, sagte ich, um einen möglichst neutralen Ton bemüht.

»Wirklich?« Gary grinste. Zum ersten Mal, seit ich ihn kannte.

Es war ein unheimliches, selbstzufriedenes Grinsen, und dann begann er vor sich hin zu summen, während er die nächsten paar Stunden wieder an dem Loch herumschaufelte. Während die Erdhaufen um ihn herum immer höher wurden, kam er bei der Arbeit richtig ins Schwitzen. Als er ging, stellte er noch fest: »Dann scheint mein Plan ja genau aufzugehen.«

7

Lisa

Ich komme runter!«, rief Gary vom oberen Ende der Kellertreppe.

Es war zwei Tage später, und Sandra und ich lagen im Keller auf der Luftmatratze. Als wir aufblickten, sahen wir, dass Gary ein Mädchen herunterbrachte. Ein nacktes schwarzes Mädchen, die Hände in Handschellen auf dem Rücken, genau wie wenige Wochen zuvor bei Sandra und mir.

Das Mädchen weinte, aber Gary schien das gar nicht zu bemerken, als wäre an der ganzen Situation nichts Ungewöhnliches.

»Das ist Lisa«, sagte er knapp und zeigte auf das weinende Mädchen. Dann machte er sich an die Arbeit, ihr mit dem Krazy Glue Auspuffschellen an den Fußknöcheln zu befestigen, so, wie er es bei uns getan hatte.

Dabei brabbelte er die ganze Zeit vor sich hin: »Ich muss wirklich anfangen meine Brille zu tragen. Ich hätte eben fast einen Mann aufgegabelt! Da ist dieses Mädchen, das in meinen Wagen springt – und sie trägt ein Kleid, daher gehe ich natürlich davon aus, dass es ein Mädchen ist. Na ja, wir fangen an zu reden, und dann schiebt das Mädchen sein Kleid hoch – und der Typ hat einen Schwanz!«

Gary lachte und schüttelte den Kopf bei dem Gedanken daran.

»Oh Mann! Ich schwöre, ich hatte keine Ahnung. Ich habe nur einen Blick auf dieses Ding geworfen und gesagt: ›Oh nein – du musst gehen! Darauf stehe ich nicht. Steig aus meinem Wagen aus!‹ Das war keine angenehme Erfahrung. Zum Glück hat es dann aber nicht lange gedauert, bis ich Lisa hier gesehen habe. Sie war ganz verrückt nach meinem Wagen. Stimmt's, Lisa?«

Inzwischen hatte Gary die Schellen festgeschraubt und die Kette mit dem Vorhängeschloss am Wasserrohr befestigt. Jetzt öffnete er das Loch, um Lisa hineinzustecken.

Wie zu erwarten schluchzte und weinte sie die ganze Zeit. Und sie sah jung aus, viel jünger als Sandra und ich.

Sobald Gary wieder nach oben ging, riefen Sandra und ich durch das Brett zu ihr hinunter.

»Ich bin Nicole, und das hier ist Sandra«, sagte ich. Ich beugte den Kopf nah über die Platte, damit sie mich hören konnte. »Es wird alles gut. Keine Sorge. Er steckt dich nur am Anfang in das Loch, und bald kommst du wieder heraus. Solange du tust, was er sagt, wird es keine Probleme geben. Weine nicht. Ich verspreche dir, es wird nicht allzu schlimm.«

Lisa schniefte noch ein bisschen weiter, aber nach ein paar Stunden beruhigte sie sich, und so dauerte es nicht lange, bis Gary wieder in den Keller kam, um sie zu uns hochzulassen.

Erst gab er uns etwas Brot und Wasser, und dann legte er uns alle hin, um Sex mit uns zu haben. Diesmal nahm er zuerst mich, dann Sandra und schließlich Lisa.

Ich bemerkte, dass Gary jetzt, wo er glaubte, dass ich schwanger war, nicht in mir kommen wollte. Er legte seinen Fokus stattdessen auf Lisa. So hatte er zuerst für kurze Zeit Sex mit mir, dann mit Sandra und endete mit Lisa. Die fügte sich, genau wie wir es getan hatten.

Bevor Gary wieder nach oben ging, gab er Lisa ein Hemd zum Anziehen. Sie nahm es entgegen, ohne Fragen zu stellen, und sah dann misstrauisch zu, wie er die Treppe hochstieg.

»Was ist hier denn eigentlich los?«, fragte sie, sobald er außer Sichtweite war.

Ich legte einen Finger an die Lippen – wir wussten, dass wir besser nicht losplapperten, ehe wir uns sicher sein konnten, dass er nicht oben auf der anderen Seite der Tür stand und lauschte.

Jetzt, wo Sandra und ich nur noch gedämpfte Laute wahrnahmen, stellten wir fest, dass wir ziemlich laut reden mussten, um miteinander zu sprechen, und uns war klar, dass Gary uns reden hören konnte, wenn er sich nahe der Kellertür befand.

Die Dielen oben knarrten, während er sich entfernte, und erst jetzt ergriff ich das Wort. »Er ist durchgeknallt. Er hat diesen Plan, zehn Frauen hier unten festzuhalten, um uns alle zu schwängern. Dann sollen wir alle hier unten in diesem Keller seine Babys bekommen. Er glaubt, dass ich schon schwanger bin. Ich bin am längsten hier, schon ungefähr einen Monat. Sandra ist seit ungefähr drei Wochen hier und kannte Gary schon vorher – sie waren befreundet. Wie gesagt, es ist nicht allzu schlimm, solange du still und gefügig bist. Er mag es gar nicht, wenn man schreit und brüllt. Das heißt also: Du musst tun, was er sagt, sonst wirst du bestraft. Er will nur, dass du bei dem Plan mitmachst, dich nicht beklagst oder dich mit ihm anlegst oder so. Auf diese Weise ist es für uns alle leichter. Wie hat er dich denn geschnappt? Bist du auf den Strich gegangen?«

»Ich bin keine Nutte!«, gab Lisa zurück.

»Nein? Na ja, ich schon. So hat er mich geschnappt.«

»Mir hat einfach sein Wagen gefallen, und er schien ein richtig netter Typ zu sein.«

Lisa war auf dem Weg zu einer Freundin gewesen, als sie sah, wie Garys Cadillac langsam die Lehigh Avenue auf der Nordseite von Philadelphia hinunterfuhr. Er winkte ihr zu, und sie winkte zurück. Das hatte Gary als Ermunterung genügt – er hielt neben ihr an und fragte, ob sie anschaffen ginge.

Als sie ihm sagte, dass sie keine Nutte sei, bot er ihr stattdessen an, sie mitzunehmen.

»Mir hat nur sein Wagen gefallen«, wimmerte sie – jetzt offensichtlich voller Reue, dass sie sich von einem protzigen Schlitten hatte verführen lassen.

»Wie alt bist du?«, fragte ich.

»Neunzehn«, schniefte sie.

»Und hast du Kinder?«

»Zwei. Sie sind zu Hause bei meiner Mom. Wie kann ich denn hier unten bleiben? Was ist mit meinen Kindern? In drei Tagen ist Weihnachten! Und es ist so kalt hier unten. Warum haben wir nicht mehr als ein Hemd anzuziehen? Was ist mit Hosen?«

Lisas Gedanken schossen in alle Richtungen, aber nach einer Weile konnte ich sie dazu bringen, sich wieder auf ihre Geschichte zu konzentrieren.

»Daher dachte ich, es sei nichts dabei, mich von ihm zu meiner Freundin fahren zu lassen, und ich dachte, sie würde richtig beeindruckt sein, wenn ich in diesem tollen Schlitten vorfahre! Er sah nicht gemein aus – eher richtig nett. Jedenfalls, als wir bei meiner Freundin ankommen, muss ich bloß ein Paar Handschuhe holen, die ich bei ihr vergessen habe, und er sagt, er warte auf mich, was mir sehr gut passt. Während er nämlich unten vorm Haus steht, kann ich meiner Freundin diesen schicken Wagen zeigen, der da draußen auf mich wartet. Dann gehe ich zu ihm zurück, und er fragt mich, ob ich irgendwo etwas essen gehen will, und ich sage: ›Na klar, warum nicht?‹ Also fährt er mit mir zu diesem netten Laden, TGI Friday's. Ich bestelle mir einen Cheeseburger und Pommes, und beim Essen fragt er mich, ob ich morgen mit ihm nach Atlantic City fahren will. Ich denke, vielleicht ist dieser Typ ja ein heimlicher Millionär oder so, denn er ist nicht allzu gut angezogen, aber er hat einen tollen Wagen. Außerdem scheint er einen Haufen Geld zu haben, den er für Essen und Reisen verschleudern kann. Ich denke darüber nach, und dann denke ich: Na ja, gut, ich würde schon gern nach Atlantic City fahren. Aber ihm sage ich, dass ich nichts anzuziehen habe. Ich meine, ich habe nur meine normale Jeans an, und ich habe nichts zum Wechseln. Und da zückt er einen Fünfzigdollarschein und sagt mir, dass wir später bei Sears shoppen gehen werden, und dass er mir ein paar Kleider kaufen wird. Na, das ist ein ziemlich nettes Angebot, daher nehme ich es an, und er kauft mir ein paar Jeans und zwei Tops. Und dann sagt er: ›Kann ich sie dir anziehen?‹ Und weil er jetzt ein bisschen Knete für mich ausgegeben hat und ich ihm vertraue, sage ich wohl Ja, und er fährt mit mir zu sich nach Hause. Ich muss sagen, das war ein bisschen enttäuschend, denn inzwischen dachte ich, er würde in einem richtig schönen, großen Haus in einer guten Gegend leben. Jedenfalls, er gibt mir eine Weinschorle, und ich beginne an dem Flipperautomaten in seinem Esszimmer zu spielen. Dann legt er einen Film in den Videorekorder ein – *Splash* –, und ich fange an, ihn mir anzusehen, während er nach oben verschwindet. Aber wisst ihr, ich hatte in dem Restaurant eine Allergietablette genommen, und zusammen mit dem Wein hat mich das richtig schläfrig gemacht. Und dann lag ich auf einmal ganz nackt oben auf seinem Bett, und er hatte Sex mit mir. Da fühlte ich mich bei dieser ganzen Geschichte nicht mehr so gut und sagte ihm, er solle mich zurück zu meiner Freundin fahren. Und ich wollte eben aufstehen, um mich wieder anzuziehen, als er anfing mich zu würgen.«

Bei der Erinnerung fuhr sich Lisa mit den Händen an den Hals.

»Er hat mir den Arm um die Kehle gelegt, ich bekomme keine Luft mehr, und ich kann nur noch hervorstoßen: ›Okay! Okay, hör auf mich zu würgen, ich tue, was du willst.‹ Und dann legte er mir Handschellen an und brachte mich hier herunter.«

Sandra und ich nickten – es war genau so, wie er es mit uns beiden gemacht hatte.

Wir mochten Lisa auf Anhieb. Sie war jung und freundlich und schien sich überraschend gut an ihre neue Situation anzupassen. Ihre beiden Kinder waren bei ihrer Mom, und sie lebten von Sozialhilfe, weil sie, als sie schwanger wurde, die Schule in der elften Klasse abgebrochen und ihren Highschool-Abschluss nie gemacht hatte.

Sie besaß zwar keine Schulbildung, aber sie war nicht dumm. Sie begriff rasch, wie sie mit Gary reden musste, ohne ihn wütend zu machen. Ich nehme an, die Tatsache, dass Sandra und ich da waren und ihr Sicherheit gaben, half ihr sehr. Für uns wiederum war es nett, zusätzliche Gesellschaft zu haben. Und da es inzwischen auf Weihnachten zuging, redeten wir viel von unseren Familien und unseren Kindern. Es war hilfreich, anderen Menschen von denen erzählen zu können, die wir vermissten. Ich liebte es, den beiden von Toyas witziger Art und Zornaes süßer Unschuld zu erzählen. Und ich konnte stundenlang von Ricky erzählen, auch wenn er nicht mehr als ein winziges Baby war, als ich ihn das letzte Mal gesehen hatte. Ich liebte es, über die drei zu reden, aber es war auch schmerzlich: In dieser ersten Zeit verändern Kinder sich mit jeder Minute, und sie wachsen vor deinen eigenen Augen auf! Dass ich das verpasste, war nur schwer zu akzeptieren.

Ich war froh, dass ich so viel mit Lisa und Sandra reden konnte, und war mir sicher, dass ich, wäre ich allein hier unten, vermutlich den Verstand verloren hätte. Hinzu kam die Angst, dass ich jetzt womöglich Garys Kind erwartete.

Ein Baby von diesem grausamen Mann! Der Gedanke war einfach furchtbar.

Inzwischen kam Gary oft herunter und verbrachte viel Zeit mit uns Mädchen. Ich konnte sehen, wie er es genoss, Gesellschaft zu haben, und wir konnten schließlich nirgendwo hin. Die meiste Zeit nickten wir alle nur und ordneten uns ihm unter, sodass er alles bekam, was er wollte.

Jetzt, da wir zu dritt waren, hatte er begonnen, uns in eine Rangordnung zu bringen, je nachdem, wie lange wir schon da waren. Da ich bereits am längsten gefangen war, durfte ich die meiste Zeit außerhalb des Lochs verbringen. Aber Sandra und Lisa steckte er noch immer jedes Mal dort hinunter, wenn er das Haus verließ. Das Loch war sowieso nicht groß genug für uns drei. Und vielleicht hatte er ja auch das Gefühl, dass er mich »gezähmt« hatte. Wer weiß? Da er sich auch keine Mühe mehr machte, mehr Erde auszuheben, nehme ich an, er hatte schlicht keine Lust mehr, noch weiter zu schaufeln.

Um seine Sympathie zu gewinnen, versuchte ich, freundlich mit ihm zu reden. Ein paarmal machte ich ihm Komplimente zu seinem Hemd, worüber er sich tatsächlich zu freuen schien.

Obwohl ich noch nicht sicher wusste, wie mein Plan aussehen würde, war mir schon klar, dass es nur eine Möglichkeit gab, hier herauszukommen: durch ihn. Daher musste ich ihn dazu bringen, mir zu vertrauen.

Sandra legte ihre Hoffnung in mich. Sie war zuversichtlich, dass ich einen Ausweg für uns alle finden würde, und ich wollte sie nicht enttäuschen.

8

Weihnachten

Am Weihnachtsmorgen wachte ich mit schwerem Herzen auf. Ich glaube, ich hatte mich in meinem ganzen Leben noch nie so jämmerlich gefühlt. Weihnachten war für mich immer etwas ganz Besonderes und Wundervolles und erst recht zauberhaft, seit Toya in dem Alter war, in dem sie den Tag, die Geschenke und all die Dinge, die Weihnachten so fröhlich machten, begreifen konnte.

Meine Gedanken kehrten zu dem letzten Weihnachtsfest zurück, an dem ich meine Kinder noch bei mir hatte und das Leben schön war.

Als ich an jenem Weihnachtsmorgen die Augen aufschlug, ließ ich meinen Blick durchs Zimmer schweifen. Toyas Bett war leer. Als ich hinüber zu Zornaes Gitterbettchen blickte, sah ich, dass Toya hineingeklettert war und versuchte, das Baby mit Erdbeerjoghurt zu füttern. Das Kind war besessen von Erdbeerjoghurt!

Das Bettchen war überall mit klebriger rosa Masse bespritzt und beschmiert. Es sah aus, als hätte Toya versucht, das ganze Bett mit dem Zeug zu streichen!

»Wie oft muss ich dir das mit dem Joghurt noch sagen?«, fragte ich sie streng.

»Morgen, Mommy! Frohe Weihnachten!«, erwiderte sie lächelnd, während sie einen tropfenden Löffel an den Mund ihres winzigen Geschwisterchens führte. Zu dem Zeitpunkt war Zornae erst ein paar Wochen alt.

Aber ihre große Schwester Toya liebte sie so sehr, dass sie sich nicht von ihr fernhalten konnte.

»Ja, ja. Frohe Weihnachten, Schatz«, sagte ich seufzend, hob sie aus dem Gitterbett heraus und holte einen Lappen, um das Baby zu säubern. Robert schlief seinen Kater aus, die Geschenke lagen unter einem kleinen Plastikbaum, und ein paar Weihnachtskugeln und Lametta hellten die ansonsten kleine Wohnung auf.

In diesem Augenblick hatten wir so vieles, worauf wir uns freuen konnten: Geschenke, ein Weihnachtsessen mit meiner Mom und einen ganzen Tag voller Spaß und Spiele.

Rückblickend betrachtet, konnte ich kaum glauben, wie gründlich mein Leben binnen eines Jahres aus der Bahn geraten war. Nicht lange nach Weihnachten hatten Robert und ich uns getrennt, und dann stellte ich fest, dass ich mit Ricky schwanger war.

Jeden Tag ging ich arbeiten, um irgendwie für unseren Lebensunterhalt zu sorgen. Währenddessen ließ ich die Kinder in der Obhut meiner Schwester Iris. Das war die Zeit, in der ich Zornae an die Kinderschutzbehörde verlor, die behauptete, das Kind würde nicht angemessen versorgt werden.

Zornae hatte ein Gewichtsproblem, weshalb ich versuchte, sie mit diesen ganzen verschiedenen Babymilchnahrungen aufzupäppeln, aber sie blieb noch immer spindeldürr. Als die Kinderschutzbehörde sah, dass meine Kleine zu dünn war, beschuldigte sie mich, sie nicht anständig zu füttern, und nahm mein Mädchen in ihre Obhut.

Ich musste bis vor Gericht gehen. Dort bestätigte mein Arzt, dass Zornae bereits zu dünn auf die Welt gekommen war und ihre Magerkeit auf medizinischen Problemen beruhte.

Er sagte auch aus, dass ich mit ihr immer wieder zu ihm gekommen war und all diese verschiedenen Babynahrungsmittel, Vitamine und noch andere Möglichkeiten ausprobiert hatte.

Zwar musste die Kinderschutzbehörde zugeben, dass sie sich geirrt hatte, aber trotzdem war sie nicht zufrieden damit, wo ich wohnte. Sie verlangte, ich müsse eine geeignetere Wohnung finden, bevor sie mir mein Kind wiedergeben würde.

Ich war stocksauer auf Iris, aber was konnte ich schon tun?

Jetzt hatte ich also nur noch Toya bei mir, und ich konnte mich nicht darauf verlassen, dass Iris auf sie aufpasste. Ich musste meinen Job aufgeben, und die einzige andere Arbeit, die ich machen konnte, war, auf den Strich zu gehen.

Zu meiner ewigen Schande begann ich nach einem Jahr Pause wieder Crack zu rauchen, um das alles zu bewältigen. Ich versuchte weiterhin, mich um Toya zu kümmern, doch ihr Dad machte es mir richtig schwer, die Umgangszeiten zu regeln. Manchmal überließ ich sie ihm für einen Tag oder so, und dann, anstatt sie rechtzeitig zu mir zurückzubringen, brachte er sie überhaupt nicht oder erst so spät, dass ich stundenlang warten musste. Das machte mich wahnsinnig.

Eines Tages im Juli sollte sie eigentlich wieder bei mir zu Hause sein, doch ihr Dad hatte es natürlich versäumt, sie zurückzubringen.

Daher bat ich Iris, mit mir zu seinem Haus in der Augustus Avenue zu fahren, um Billy zur Rede zu stellen.

Wir kamen zu dem Haus, das er sich mit seiner Mom, Clara, teilte, und während wir die Straße hinuntergingen, sah ich Toya ganz allein draußen auf ihrem Roller spielen. Ich nahm sie beiseite und sah in diesem Augenblick die Straßenbahn die Straße hinunterkommen.

»Fahr du mit Toya zurück zu mir nach Hause«, wies ich Iris an. »Ich muss zu Billy gehen und ihm sagen, dass sie bei uns ist. Ich werde diese Sache ein für alle Mal klären. Er macht mir das Leben zur Hölle.«

»Nein«, widersprach Iris. »Wir haben sie doch jetzt. Du musst da nicht hingehen.«

»Ich muss mit ihm reden!«, beharrte ich. »Schon allein, weil er sich Sorgen machen wird, wenn Toya nicht wiederkommt. Ich muss ihm zumindest sagen, wo sie ist. Steig du mit ihr einfach in die Straßenbahn, und ich komme bald nach.«

Und so ging ich die Straße hinunter und ließ Iris mit Toya dort stehen, in der Annahme, dass sie sie mit der Straßenbahn nach Hause bringen würde.

Ich musste zu Billys und Claras Haus gehen und ihnen sagen, dass ich Toya hatte und dass die Kleine zurück zu mir kam. Aber die beiden waren damit wirklich nicht glücklich, und wir fingen einen Streit darüber an, wie schwer Billy und seine Mutter es mir machten und dass sie Toya nie rechtzeitig zurückbrachten.

Während ich mich mit Clara stritt, schlüpfte Billy aus dem Haus, stieg in seinen Kombi und sah, wie Iris und Toya noch immer an der Straßenecke auf mich warteten. Sie waren nicht in die Straßenbahn eingestiegen.

Billy fuhr zu den beiden hin und schnappte sich Toya. Sie schrie, und Iris brüllte ebenfalls, aber er packte unsere Tochter einfach in seinen Wagen und fuhr davon.

Als ich aus dem Haus kam, war alles schon vorbei.

»Warum hast du nichts unternommen?«, brüllte ich Iris an, die noch immer auf der Straße stand. »Du hättest ihm nachlaufen sollen.«

»Ich hatte nicht die richtigen Schuhe an.«

Sie hatten mir meinen Liebling weggenommen, und jetzt war ich ganz allein. Ich konnte kaum glauben, wie schnell das passiert war, und ich hatte nicht das Geld, um vor Gericht zu gehen. Selbst wenn ich es gehabt hätte, wusste ich, dass die Kinderschutzbehörde zu dem Zeitpunkt nicht auf meiner Seite gewesen wäre. Daher war es so entscheidend, eine neue Wohnung zu bekommen. Wenn ich die gefunden hätte, dann wären Zornae und Ricky zu mir zurückgekommen, und damit hätte ich auch eine gute Chance gehabt, Toya wiederzukriegen.

Und jetzt steckte ich in diesem Höllenloch fest, und es bestand kaum noch Hoffnung, meine Kinder zurückzubekommen. Jeder Schritt, den ich getan hatte, seit ich an jenem Thanksgiving-Abend meine Wohnung verließ, hatte mich weiter von meinen Kindern entfernt.

Alles, was ich wollte, war, ihre Gesichter wiederzusehen.

Ich ließ den Kopf sinken und schickte ein stilles Gebet an all meine Kinder, in der Hoffnung, dass sie irgendwo sicher und gut aufgehoben waren und dass man sich gut um sie kümmerte.

Mommy liebt euch, sagte ich zu ihnen. *Mommy liebt euch wahnsinnig, und ich werde bald zu Hause sein.*

Versprochen.

Ich dachte auch wieder an meine Mom, die inzwischen außer sich vor Sorge sein musste. Normalerweise telefonierten wir jeden Tag – jetzt war unser letztes Gespräch über einen Monat her. Auch wenn ich schon häufiger hin und wieder für ein paar Tage vom Radar verschwunden bin, war noch nie so viel Zeit verstrichen, ohne dass wir Kontakt hatten.

Es tut mir leid, Mom, flüsterte ich. *Es tut mir so leid.*

In meinem Kopf hörte ich ihre Antwort: *Du hast dich selbst in diesen Schlamassel gebracht, Josefina. Jetzt sieh zu, dass du dort wieder herauskommst.*

Zum ersten Mal seit einer Ewigkeit hatte ich einen klaren Kopf, und ich kam zu der entsetzlichen Erkenntnis, dass meine Mutter Recht hatte: Ich war zum Teil selbst schuld daran, dass ich an diesem Ort war. Sicher, dieser Typ war durchgeknallt, aber ich konnte nicht die Augen davor verschließen, dass ich selbst auch meinen Teil dazu beigetragen hatte.

Wenn ich an jenem Abend nicht auf den Strich gegangen wäre, dann wäre ich jetzt nicht in dieser Situation. Ich hatte in den letzten paar Jahren so viele schlechte Entscheidungen getroffen, so viele falsche Wege eingeschlagen, dass ich mich fragte, ob es für mich je wieder einen Weg zurück geben würde. Ich flehte Gott um diese Chance an. Ich wollte nur eine Chance, diese Sache wiedergutzumachen, eine Chance, meine Familie wiederzubekommen.

Vielleicht konnte ich nicht alles zurück ins Lot bringen, aber ich musste es zumindest versuchen. Wenn meine Mom hier wäre, dann würde sie genau das sagen. Und sie hätte Recht.

Ich musste alles tun, was in meiner Macht stand, um hier herauszukommen.

Keine von uns sprach viel, und ich konnte sehen, dass wir alle zu derselben deprimierenden Erkenntnis gelangt waren: Es war Weihnachten, aber keine von uns war bei ihren Liebsten.

Lisa vermisste ihre Kinder, Sandra ihre Mom und ihre Schwester.

Was für ein Weihnachten war das? Eingepfercht in diesem Keller, ohne Tageslicht, halb verhungert und nackt, wund von den Ketten und schmutzig wie die Hunde.

Im Radio wünschte der Moderator uns allen frohe Weihnachten, und dann, fast als wollte er unser kollektives Elend noch unterstreichen, spielte er: *All I Want for Christmas is You.*

Ich musste gegen den Drang, in Tränen auszubrechen, ankämpfen. Ich wollte die anderen Mädchen nicht mit meinen negativen Gefühlen anstecken, wollte nicht, dass sie sich noch schlechter fühlten, als sie es ohnehin schon taten. Aber es war wirklich schwer, den Kopf nicht hängen zu lassen.

Auf einmal hörte ich das Klicken der Kellertür und Garys Schritte, die die Treppe herunterkamen.

»Frohe Weihnachten, Mädchen!«, rief er fröhlich.

»Frohe Weihnachten, Gary« erwiderten wir einstimmig, waren aber nicht mit unseren Herzen dabei.

»Hört zu, weil Weihnachten ist, habe ich beschlossen, euch allen ein chinesisches Essen zu spendieren. Hier sind die Speisekarten; ihr könnt euch alle ein Gericht aussuchen.«

Er sah selbstzufrieden aus, voller Stolz auf seine Großzügigkeit.

Jede von uns nahm sich eine Speisekarte von dem örtlichen

Chinarestaurant, und wir begannen die Liste zu lesen. Es war so lange her, seit ich irgendetwas anderes als schlichtes Weißbrot gegessen hatte, dass mir allein schon beim Blick auf die Speisekarte das Wasser im Mund zusammenlief: süß-saure Schweinefleischbällchen, chinesische Hefeklöße vom heißen Stein, Wan-Tan-Suppe, Hühnchen Chow Mein.

Oh mein Gott, es sah alles so köstlich aus.

Jetzt schauten Lisa, Sandra und ich uns aufgeregt an.

»Was nimmst du?«, fragte mich Lisa.

»Ich weiß nicht. Ich bin noch nicht durch mit der Karte. Es sieht alles so irre gut aus.«

»Ich weiß, ich weiß!«

Meine Augen konnten kaum alles aufnehmen. Wie soll man sich entscheiden, was man essen soll, wenn man am Verhungern ist und eine Speisekarte gereicht bekommt? Man will alles haben!

»Ich mag Chow Mein«, sagte Sandra schlicht. »Kannst du mir bitte das besorgen, Gary?«

Lisa wählte eine Rindfleischpfanne, und ich selbst entschied mich nach langem Überlegen für gebratenen Reis mit Shrimps.

Gary ging wieder nach oben und kam binnen einer halben Stunde zurück; diesmal mit einer Tüte, gefüllt mit Essen, das ich riechen konnte, noch bevor Gary einen Fuß in den Keller gesetzt hatte.

Der Duft war unglaublich, und ich hatte Bauchschmerzen vor Hunger. Jetzt setzten wir uns alle auf, um unser weihnachtliches Festmahl zu verschlingen.

Gary reichte uns Plastikgabeln und unsere Essenkartons mit den Foliendeckeln. Die Deckel rissen wir herunter, und ich wurde von dem Geruch fast überwältigt – es war meine erste richtige Mahlzeit seit einem Monat, und mir wurde schon bei dem Gedanken daran schwindelig.

»Großer Gott!«, rief Sandra aus.

»Ja!«, hauchte Lisa, während sie den berauschenden Duft einatmete. Sie war erst seit drei Tagen hier, aber das war genug Zeit bei Wasser und Brot, um sich krank vor Hunger zu fühlen.

Ich sah zu den beiden hoch. Meinen Reis hatte ich noch immer nicht angerührt, denn ich wollte nicht mit dem Essen beginnen, bevor wir alle bereit waren. Die anderen Mädchen lächelten, und ich lächelte zurück.

In diesem Augenblick fühlte ich mich zum ersten Mal seit einem Monat normal. Einfach normal.

Nun konnte ich nicht länger warten. Ich stach mit der Gabel in den weichen, goldgelben Reis und nahm einen Bissen. Oh mein Gott, der Geschmack explodierte in meinem Mund. Er war anders als alles, was ich je gekostet hatte – süß, salzig, scharf, duftend, sauer, frisch und würzig. Ich fühlte mich, als würde ich zum ersten Mal in meinem Leben etwas essen. Ich nahm noch einen Bissen. Es schmeckte so gut, dass es nicht lange dauerte, bis ich immer wieder gierig mit der Gabel in den Reis hineinfuhr.

Nachdem wir zehn Minuten schweigend gegessen hatten, blickte ich auf. Ich sah, dass Gary am Tisch saß und uns alle beobachtete. Seine Miene war ausdruckslos, unergründlich.

»Gary, das schmeckt einfach wundervoll«, sagte ich dankbar. »Möchtest du etwas kosten?«

»Nein, danke«, sagte er. »Das ist für euch. Ich habe schon gegessen.«

Sandra sah mich an. »Kann ich bitte etwas probieren, Nicole?«

»Na klar.«

Sandra nahm eine Gabelvoll und steckte sie sich vorsichtig in den Mund, und dann, da sie dieses seltsame Problem mit ihrem Kiefer hatte, schob sie den Reis immer wieder, langsam und bedächtig, im Mund herum. Obwohl Sandra für jeden Bissen zehn Minuten brauchte, schien sie in diesem Augenblick glücklich.

Dann bot sie mir etwas von ihrem Chow Mein an, und ich nahm dankbar an.

Wir kosteten alle einen Happen von dem Essen der anderen, bevor wir uns wieder über unsere eigenen Teller hermachten. Mein Bauch war voll, lange bevor ich mit dem Essen aufhörte, aber nichts auf der Welt würde mich davon abhalten, auch noch das letzte Reiskorn in diesem Folienkarton zu vertilgen.

Als wir fertig waren, saßen wir stöhnend da und hielten uns glücklich und gesättigt die Bäuche.

Das Essen war wundervoll gewesen, aber das Beste war, dass allein schon das gewöhnliche Gefühl, eine normale Mahlzeit zu essen, unsere Stimmung hob.

Gary ließ uns noch eine Weile zusammen sitzen, bevor er uns allen befahl, uns hinzulegen, um Sex mit ihm zu haben. Es war das Letzte, was ich wollte, aber ich erhob keinen Einwand.

Als er sich dieses Mal auf mich legte, presste er seinen schweren Körper so hart auf meinen Bauch, dass ich dachte, mich übergeben zu müssen.

»Du siehst dicker aus«, sagte er, als er sich von mir hochstemmte, sichtlich zufrieden mit sich. »Das ist gut. Es steht dir.«

Ich sah an meinen dünnen Armen und Beinen hinunter – ich konnte keinen Unterschied zu dem Moment vor einem Monat sehen, an dem er mich hier hergebracht hatte. Ich war mein Leben lang von Natur aus schlank gewesen, und die Drogen hatten eindeutig noch dazu beigetragen, dass ich eher mager geblieben war. Jetzt sah Gary vielleicht die Wölbung meines Bauches von dem Essen und ging davon aus, dass ich zugenommen hatte.

Vielleicht nahm ich aber auch zu, weil ich keine Drogen mehr nahm, ich wusste es nicht. Vielleicht war es, weil ich tatsächlich schwanger war – immerhin war meine Periode noch immer nicht gekommen. Aber es gab keine anderen Anzeichen dafür.

Es war Garys Einstellung, die mich so ärgerte. Es war unglaublich, dass dieser Mann allen Ernstes dachte, er würde mir einen Gefallen tun! Ich fragte mich, ob er Anjeanette genauso behandelt hatte, als sie schwanger war. Kein Wunder, dass man ihm das Baby weggenommen hatte.

Jetzt redete Lisa, und sie erzählte eine Geschichte von einem Exfreund. Das Essen hatte sie offensichtlich in Plauderlaune versetzt.

»Er wollte mich heiraten«, sagte sie. »Ich habe Nein gesagt. Auch wenn er süß war – ich habe ihn nicht wirklich geliebt. Jetzt wünschte ich, ich hätte Ja zu ihm gesagt und Nein zu Gary. Oh Mann, das habe ich genau falsch herum gemacht. Ich hab echt keine Ahnung, wie man sich den richtigen Mann aussucht!«

Sie lachte über sich selbst, und ich lächelte unwillkürlich.

»Und was ist mit dir, Nicole?«, fragte sie. »Warst du je verheiratet?«

»Na klar«, sagte ich. »Mit Ronnie. Netter Typ; entzückender Typ, um genau zu sein. Er war gut zu mir – hat mir ein schönes Zuhause geschaffen, hat alles bezahlt. Aber weißt du, ich glaube, verheiratet zu sein war einfach nicht das Richtige für mich. Er hat jeden Tag in der Fliesenproduktion gearbeitet, und ich bin zu Hause geblieben; habe mich um Toya gekümmert, das Haus geputzt … Du weißt schon, das übliche, langweilige Zeug. Zweimal die Woche sind wir ausgegangen: einmal ins Kino, einmal in ein Restaurant. Es war Woche für Woche dasselbe. Nicht mein Ding. Ich habe es ein paar Monate lang ausgehalten, aber dann haben wir es aufgegeben. Ich habe ihm gesagt, ich sei nicht glücklich, und er hat das akzeptiert. Er war so gut zu mir; hat keinen Aufstand deswegen gemacht, hat mich nicht am Gehen gehindert. Wir sind einfach getrennte Wege gegangen. Aber für Toya war es schwer. Sie war damals drei und hat ihren Daddy Ron geliebt.«

»Wünschst du dir, du wärst geblieben?«, fragte Sandra.

Ich dachte eine Minute darüber nach.

»Nein. Nein, es war richtig von mir. Ich meine, wäre ich noch länger geblieben, wäre ich nur immer unglücklicher geworden, und dann hätte ich Ron auch unglücklich gemacht. Das wäre viel schlimmer gewesen. So konnten wir uns als Freunde trennen. Es gab keine großen Streitereien oder Auseinandersetzungen. Er hat mich mit einem Lächeln weggeschickt, und ich bin froh, dass es kein böses Blut gab. Ich weiß nicht. Vielleicht bin ich einfach nicht der Typ zum Heiraten.«

Sandra seufzte. »Mich hat noch nie jemand gefragt, ob ich ihn heiraten will«, sagte sie traurig. Ich wusste, was sie nicht laut aussprach: dass es vielleicht nie jemand tun würde.

»Keine Sorge, Sandra«, tröstete Lisa sie. »Eines Tages wird es schon noch passieren.«

Sandra sah dankbar zu Lisa hoch. »Meinst du wirklich?«

»Ganz bestimmt!«, lachte Lisa. »Eines Tages wird dein gut aussehender Prinz vor dir auf die Knie fallen und dir einen so riesigen Klunker schenken, dass dir die Hand abfallen wird, wenn du auch nur versuchst, das verdammte Ding zu tragen!«

Wir alle begannen zu kichern, und Sandra stieß Lisa scherzhaft in die Seite.

Letztendlich wurde es doch noch ein guter Tag.

9

Deborah

Es war spätabends, als Deborah Dudley bei uns ankam, und die Art ihres Auftritts war nur ein Vorgeschmack auf ihr Verhalten während der Gefangenschaft.

Im Gegensatz zu den anderen Mädchen weinte Deborah nicht, als sie nackt und in Handschellen in den Keller heruntergeführt wurde.

Nein, Deborah war verrückt, richtig verrückt, und sie schrie und brüllte und verfluchte Gary, als könne sie nicht glauben, dass er die Frechheit besaß, sie einzusperren.

Deborah war wie die anderen schwarz, aber sie war noch viel dunkler und nicht wirklich so hübsch wie Lisa oder süß wie Sandra. Nein, Deborah schien einfach wahnsinnig hart.

»Was zum Teufel glaubst du eigentlich, das du hier tust, du kleines Stück Scheiße?!«, schrie sie Gary an, während er begann, die Auspuffschellen an ihr zu befestigen.

Er gab keine Antwort und machte einfach weiter.

»Bist du taub? Du gottverdammter Freak?«, brüllte sie ihn wieder an. Dann, als sie keine Antwort bekam, warf sie einen ersten Blick auf uns. Wir saßen alle in Ketten da und sahen sie schweigend an.

»Was gibt's denn da zu glotzen, ihr Schlampen?«, schrie sie. »Oder habt ihr hierzu irgendwas zu sagen? Lass mich hier raus, du Dreckskerl!«, wandte sie ihre Beschimpfungen Richtung Gary, der inzwischen bereits die Kette befestigt hatte und dabei war, die Säcke von der Platte über dem Loch wegzunehmen.

Als er das Loch geöffnet hatte, zeigte er hinein und befahl Deborah: »Rein mit dir!«

»Oh nein.« Sie schüttelte trotzig den Kopf.

»Steig in das Loch!«, sagte er.

»Nein. Ich gehe da nicht rein. Ich will nicht da unten sein.«

Ich wollte ihr sagen, sie solle einfach den Mund halten und tun, was er ihr sagte, und dass sie es sich selbst nur noch schwerer mache. Doch sie schien gar nicht zu begreifen, was hier los war.

Sie weigerte sich stur, bis Gary eine Schaufel nahm und damit begann, hart auf ihren Hintern einzuprügeln. Jetzt kauerte sie auf dem Boden und versuchte sich vor den Schlägen zu schützen, aber ich konnte sehen, dass sie sich noch immer widerwillig zeigte.

Entnervt stieß Gary sie schließlich einfach in das Loch, schob rasch das Brett darüber und beschwerte es wieder mit den Säcken.

»Du dummes Biest«, rief er, eher frustriert als wütend, und ging dann wieder nach oben.

Sobald wir uns sicher waren, dass Gary außer Hörweite war, riefen wir Deborah zu und versuchten, sie zu beschwichtigen und ihr zu erklären, was hier los war.

Es war Silvester, und wir waren nun bereits zu viert in diesem Keller in der North Marshall Street eingesperrt.

Früher glaubte ich immer, so, wie man ein Jahr beginnt, wird man es auch beenden, aber hier drinnen durfte ich mir nicht gestatten, so zu denken. Wenn ich glaubte, dass ich ein ganzes Jahr in diesem Gefängnis verbringen würde, würde ich auf jeden Fall den Verstand verlieren.

In der Zwischenzeit hielt Deborah uns alle mit ihrem ganzen Gebrüll und Geschrei wach. Sie bat uns, sie aus dem Loch zu lassen.

»Wir können dich da nicht rauslassen«, sagten wir zu ihr. »Wenn er dahinterkommt, werden wir alle bestraft. Wenn du es dir möglichst leicht machen willst, entspann dich – sonst machst du ihn nur wütend.«

Aber Deborah beruhigte sich nicht; sie beruhigte sich nie. Und letztendlich handelte sie sich selbst und auch uns einen Riesenhaufen Ärger ein.

Deborah Dudley hatte ein schweres Leben gehabt. Irgendwann später erfuhren wir, dass sie in den Richard Allen Projects aufgewachsen war, einer großen, heruntergekommenen Sozialbausiedlung, in der Verbrechen und Drogen an der Tagesordnung waren.

Deborah war ihr Leben lang missbraucht worden und war daher schnell erwachsen geworden; hatte gelernt zu kämpfen, um zu überleben.

Da Deborah weder hübsch noch besonders schlau war, hatte sie in ihrem Leben nicht viele Optionen gehabt; daher arbeitete sie auf dem Straßenstrich, als Gary sie aufgabelte, auch wenn keiner der beiden sagte, wo genau das gewesen war.

Die Lage war also folgende: Deborah hatte nie etwas anderes gelernt, als zu kämpfen, und als sie sich in Garys Sex-Verlies wiederfand, dachte sie daher, sie könne sich dort herausboxen.

Vom Augenblick ihrer Ankunft an kämpfte sie jede Sekunde jeden Tages gegen Gary. Sie weigerte sich, in das Loch zu klettern, sie wollte sich nicht zum Sex zwingen lassen, und sie schrie und brüllte ihn die ganze Zeit an. Sie schrie und brüllte sogar, wenn er nicht da war.

Normalerweise hätte ich Deborahs Weigerung, sich von Gary unterkriegen zu lassen, bewundert. Sie weigerte sich einfach, sich geschlagen zu geben. Aber für uns andere war es ermüdend, ständig von diesem Ausmaß an Aggression und Wut umgeben zu sein, und wir hatten immer Angst, dass wir alle dafür bestraft werden könnten.

»Er will nur, dass wir uns seinem Plan fügen«, sagte ich zu ihr. Ich skizzierte ihr seine verrückte Idee, dass wir alle in diesem

Keller seine Babys bekommen sollten. »Wenn du einfach tust, was er dir sagt, wird dir nichts passieren.«

Aber Deborah gab nie nach. Dabei war es schon schlimm genug, in diesem Keller eingesperrt zu sein; und jetzt machte Deborah es uns allen noch schwerer.

Sie provozierte Gary immmer wieder, sodass er sie bestrafen wollte, und anstatt sie selber zu schlagen, befahl er es jetzt uns. Ich nehme an, das war ein Teil seiner perversen Idee, eine Art Rangordnung in unsere Gruppe zu bringen; vielleicht hatte er die Idee von seiner Zeit in der Armee, aber sicher wusste ich das nicht. Ich wusste nur, dass es für mich entsetzlich war. Noch nie in meinem Leben hatte ich jemanden geschlagen.

Doch Gary verlangte völligen Gehorsam, er wollte sich absolute Autorität über uns verschaffen, und als er mir befahl, gegen Deborah gewalttätig zu werden, war das eines der schlimmsten Dinge, die ich je tun musste.

»Du schlägst sie jetzt damit«, sagte er und reichte mir den Stock. »Und pass auf, dass du richtig hart zuschlägst. Dieses Mädchen hat einen Arsch wie Leder. Sie wird nichts spüren, wenn du sie nicht anständig verprügelst.«

Ich nahm also den Stock in die Hand, fasste mir ein Herz und näherte mich Deborah.

»Wag es bloß nicht, mich mit diesem verdammten Ding zu schlagen!«, warnte sie mich. »Ich werde dir den Arsch gründlich aufreißen, wenn du mich damit auch nur ein einziges Mal anrührst.«

Ich versuchte sie zu ignorieren, während ich den Stock nahm, mit dem Arm ausholte und ihr einen Hieb auf den Oberschenkel verpasste. Sie begann zu brüllen, aber ich hörte nicht auf, bis ich sie fünf- oder sechsmal geschlagen hatte. Ich wollte es fest und schnell tun; es rasch hinter mich bringen.

Ehrlich gesagt dachte ich auch gar nicht daran, mich zu weigern. Hätte ich mich geweigert, hätte Gary stattdessen mich geschlagen – oder noch Schlimmeres getan. Und ich hoffte ja noch immer, sein Vertrauen zu gewinnen. Seit Deborahs Ankunft konnte ich allerdings nicht mehr einschätzen, ob das klappte. Gary schien jetzt oft wirklich aufgebracht und entnervt, und er versuchte, sich immer wieder andere Möglichkeiten einfallen zu lassen, Deborah zu bestrafen.

»Ich weiß einfach nicht, womit ich sie noch verprügeln soll!«, explodierte er eines Tages. »Ihre Haut ist so verhärtet, dass ihr nichts etwas ausmacht.«

Als Gary wieder nach oben gegangen war, ging ich zu ihr und versuchte sie zu umarmen.

»Es tut mir so leid, Deborah. Wir müssen einfach tun, was er sagt«, erklärte ich. »Siehst du denn nicht, dass du für dich alles nur noch schlimmer machst, wenn du dich ständig gegen ihn zur Wehr setzt?«

Deborah akzeptierte die Umarmung, aber sie war noch immer sauer, stocksauer.

»Warum hast du den Stock denn nicht genommen und *ihn* damit geschlagen?«, fragte sie. »Du hättest mit dem Stock auf seinen Kopf einhämmern können, und dann hätten wir alle von hier verschwinden können.«

Sie gestikulierte jetzt wild und fuhr sich mit den Händen an den Kopf, als könne sie nicht glauben, dass ich so dumm wäre. In ihrer Vorstellung war alles ganz einfach.

»Wir wären hier nicht herausgekommen«, erklärte ich geduldig. Es war, als spräche ich mit einem Kind. »Er bewahrt alle Schlüssel zu den Vorhängeschlössern oben auf; das heißt, wenn er bewusstlos wäre, hätten wir keine Möglichkeit, uns von den Ketten zu befreien. Es wäre sogar noch gefährlicher: Wir könnten alle verhungern.«

»Das stimmt«, schaltete sich Lisa ein. »Gary bekommt nie Besuch. Es würde nur ein paar Tage dauern, bis wir alle verhungert und verdurstet sind.«

»Das ist doch Blödsinn!«, brüllte Deborah. »Ihr Schlampen seid doch alle nur Schisser! Wieso hat denn keine von euch mal eine Idee, wie wir hier herauskommen können? Wenn wir alle einfach weiterschreien, wird uns schon irgendjemand hören, und dann werden sie kommen und uns hier herausholen.«

Ich war inzwischen seit rund sieben Wochen in dem Keller, und ich wusste, dass dieser Plan keine Chance hatte. Ich erzählte Deborah, wie die Radios verhinderten, dass die Nachbarn uns hören konnten, wie ich einmal fast entkommen wäre und zwanzig Minuten in dem Hof gelegen und geschrien hatte, ohne dass irgendjemand zu Hilfe gekommen wäre. Ich erzählte ihr auch, dass Gary alle Drogendealer in der näheren Umgebung geschmiert hatte, damit sie ihn in Ruhe ließen. Trotzdem weigerte Deborah sich noch immer, sich unterzuordnen.

Daher verbrachte Deborah die meiste Zeit im Loch, musste von Wasser und Brot leben, während wir anderen inzwischen eine etwas abwechslungsreichere Kost bekamen. Hin und wieder brachte uns Gary Dosensuppe mit Crackern, Nudeln, Waffeln, Hotdogs oder Käsesandwiches herunter. Für uns war es eine angenehme Abwechslung von dem ewigen Wasser und Brot, aber uns damit zu sehen, brachte Deborah erst recht in Rage. Sie schien durch nichts zu besänftigen, und ständig präsentierte sie uns die unmöglichsten Pläne, um uns aus der Gefangenschaft herauszuholen.

»Überrumpeln wir ihn«, schlug sie ungefähr zum sechsten Mal an jenem Tag vor. »Wenn eine von uns am Fuß der Treppe steht und eine andere auf der anderen Seite, dann können wir ihn leicht überwältigen und mit dem Stock bewusstlos schlagen.«

»Ach ja?«, warf ich ein. »Und was dann? Wie sollen wir hier herauskommen? Ich habe dir schon tausendmal gesagt, dass er die Schlüssel zu den Vorhängeschlössern nie mit herunterbringt. Wie sollen wir denn dann aus diesem Keller herauskommen? Wie oft muss ich es dir noch sagen: Niemand weiß, dass wir hier sind!«

»Uns wird schon etwas einfallen.«

»Das reicht mir nicht. Ich werde es nicht riskieren, bei einem Plan zu verhungern, den wir nicht genau durchdacht haben. Ich riskiere nicht mein Leben für irgendeine idiotische, unausgegorene Idee, die nicht klappen wird.«

»Sie hat Recht«, redete Sandra Deborah zu. »Wie sollen wir uns denn hier heraus befreien? Wenn wir uns einen Fluchtplan überlegen wollen, dann müssen wir auch wissen, wie wir entkommen können. Nicht nur, wie wir ihn k.o. schlagen. Und angenommen, wir schaffen es nicht, ihn zu überwältigen, dann könnte er beschließen, uns alle umzubringen, weil wir ihn angegriffen haben.«

»Halt den Mund, Sandra!«, gab Deborah zurück. »Halt du dich da raus. Das geht nur Nicole und mich etwas an.«

»Ich meine ja nur … Du solltest auf Nicole hören«, sagte Sandra jetzt etwas leiser, eingeschüchtert von Deborahs hitzigem Temperament. »Sie ist nicht auf den Kopf gefallen. Sie sagt, sie wird einen Ausweg für uns finden. Du machst für dich alles nur noch schlimmer.«

»Wenigstens bin ich nicht so schwach und lasse mir nicht alles gefallen, so wie ihr!«, fauchte Deborah. »Wir müssen endlich einen Plan schmieden. Wenn ihr alle auf Nicole hier hört, dann werdet ihr bis an euer Lebensende hier unten bleiben.«

Nicht zum ersten Mal hatte ich das Gefühl, dass Deborah der Ernst unserer Lage nicht bewusst war.

Sie schien zu glauben, sie könnte sich mit bloßen Fäusten einen Weg in die Freiheit boxen. Aber so einfach war das nicht – Gary war ein kalter, berechnender Dreckskerl. Er würde nicht lockerlassen, bis sie sich seinem Willen beugte. So konnte sie nicht gewinnen.

»Wenn du dich weiterhin so gegen ihn zur Wehr setzt, wie du es derzeit tust, werden deine Bestrafungen nur immer härter ausfallen«, sagte ich. »Wer weiß, wozu der noch imstande ist? Er ist nicht richtig im Kopf. Das musst du dir klarmachen.«

»Oh, und ich nehme an, ich werde hier unten sterben, was?!«, gab Deborah sarkastisch zurück.

»Ja, so ungefähr sieht's aus!«, schrie ich sie jetzt an.

Das brachte sie zum Schweigen.

In dieser Nacht bekamen wir alle zum ersten Mal seit einer Ewigkeit etwas Ruhe. Ich hoffte, dass ich zu Deborah durchgedrungen war, schließlich versuchte ich nur stark zu bleiben, um mich darauf zu konzentrieren, Garys Sympathie zu gewinnen. Ich wusste, dass Deborah es mir übel nahm, dass ich nicht mehr geschlagen oder in das Loch gesteckt wurde, aber sie hatte auch nicht gesehen, was ich bis dahin bereits durchgemacht hatte – das hatte keine von ihnen.

Jahre später ging mir dieses Gespräch immer wieder durch den Kopf.

»Ich nehme an, ich werde hier unten sterben, was?!«, hörte ich Deborah sagen.

»Ja, so ungefähr sieht's aus!«, erwiderte ich, womit ich eigentlich sagen wollte: »Wenn du so weitermachst wie bisher.«

Das war alles.

Ich wollte ihr sagen, dass sie dort sterben würde, wenn sie sich weiterhin so aufführte, wie sie es tat. Ich wollte zu ihr durchdringen, ihr klarmachen, dass sie es selbst in der Hand hatte, wie diese Sache für sie laufen würde.

Wie hätte ich zu diesem Zeitpunkt wissen sollen, was mit Deborah passieren würde? Wie hätte *irgendeine* von uns wissen können, wie krank Gary Heidnik tatsächlich war?

Zwar wusste ich im Grunde meines Herzens, dass er zu allem fähig war – aber letztendlich waren die Gräueltaten, die er uns zufügte, schlimmer als alles, was ich mir je hätte vorstellen können.

Am nächsten Tag schmollte Deborah. Gary kam irgendwann zu uns herunter, um Sex zu haben. Da inzwischen Sandras Periode ebenfalls ausblieb, ging er davon aus, sie müsse auch schwanger sein, so kamen jetzt immer entweder Lisa oder Deborah beim Sex als Letzte an die Reihe. Danach gab er uns allen Kekse; billige Supermarktkekse mit Vanille auf einer Seite, Schokolade auf der anderen und Creme in der Mitte, von denen wir jeweils zwei bekamen. Die süße Creme und der knusprige Keks waren wundervoll, aber das reichte bei Weitem nicht, um satt zu werden.

Gary redete nicht mehr viel. Er schien jetzt hauptsächlich von Deborahs andauernden Dramen vereinnahmt zu sein; entschlossen, ihren Willen zu brechen.

Diesmal wollte Gary sie auch wieder in das Loch stecken, bevor er ging, doch sie weigerte sich.

»Dann werde ich dir einfach den Hintern versohlen, bis du nicht mehr sitzen kannst«, schnaufte er und griff wie üblich nach dem Stock.

Der Ablauf war wieder derselbe: Wir mussten sie schlagen, bis sie sich schließlich in das Loch schleppte.

Nachdem er gegangen war, explodierte ich und schrie sie an: »Ich verstehe das nicht, Deborah! Bitte erkläre es mir: Welchen Teil hier hast du nicht verstanden?«

»Wenn du glaubst, ich werde einfach tatenlos dasitzen und mir das alles gefallen lassen, vergiss es!«, brüllte Deborah. »Ver. Giss. Es!«

Sie begann vor sich hin zu murmeln, und ich konnte einzelne Fetzen ihres Gedankengangs aufschnappen. »Diese verdammte dumme Kuh … uns hier herumzukommandieren … glaubt wohl, sie ist etwas Besseres als wir … Blödsinn …«

Dann schrie sie mich wieder an: »Du bist nicht besser als ich, Nicole! Wie eine dumme Kuh lässt du dir das alles gefallen. Hörst du mich? Du lässt dir das alles einfach gefallen!«

»Ja, ja. Ich höre dich, Deborah«, seufzte ich.

Offenbar war es mir wieder nicht gelungen, zu ihr durchzudringen. Ich hörte auf zu reden; ich wusste einfach nicht mehr, was ich zu ihr sagen sollte.

10

Jacqueline

Es war der 18. Januar, der Tag vor meinem Geburtstag, und wir wussten, dass noch jemand anders im Haus war.

Wir hatten Garys vertraute schwere Schritte auf der Veranda gehört, aber dieses Mal wurden sie von anderen Schritten begleitet, leichter und schneller als seine eigenen.

Und natürlich: Zwanzig Minuten später kam er mit einem kleinen, mageren Mädchen in Handschellen herunter, die die Stufen neben ihm fast hinunterhüpfte.

»Das hier ist Jacqueline«, sagte Gary. »Jacqueline – das sind die Mädchen. Nicole, Deborah, Sandra und Lisa.«

Wir alle nickten ihr zu, während sie uns der Reihe nach ansah, verwirrt und aufgewühlt, doch ohne zu schreien.

Gary versuchte jetzt die Auspuffschellen an ihren Knöcheln zu befestigen, aber Jacqueline war so klein, dass ihre Füße einfach hindurchrutschten. Kurzerhand steckte er ihre Knöchel stattdessen in Handschellen und plauderte dabei vor sich hin, als würde er von einem Tag im Büro erzählen.

»Ich war drüben auf der Nordseite auf der Suche nach einem Mädchen, und da sehe ich eine Nutte vor einem der Hotels stehen, weshalb ich anhalte, um sie mitzunehmen. Jedenfalls, sie will gerade schon in meinen Wagen steigen, als Jacqueline hier von der anderen Straßenseite her angerannt kommt und brüllt: ›Nimm sie nicht mit! Sie hat AIDS! Nimm mich!‹ Es ist eiskalt, und sie hüpft auf und ab und ruft mir zu, dass ich sie mitnehmen soll – daher, na ja, lasse ich sie bei mir einsteigen.«

Während Gary die Geschichte erzählte, verdrehte Jacqueline die Augen, ungläubig, dass sie das wirklich getan hatte.

Mit einer Handbewegung befahl Gary Jacqueline, in das Loch zu steigen, und obwohl sie das natürlich nicht wollte, gab sie schließlich doch nach. Zuerst ging sie in die Hocke, um das Gleichgewicht zu finden, schwang dann ihre kleinen Beine hinein und kauerte sich auf den Boden.

Gary schob das Brett darüber, während er weiterredete: »Und dann steigt Jacqueline hier anstelle des anderen Mädchens zu mir ins Auto, und ich bringe sie hierher.«

In diesem Augenblick hörten wir Jacqueline durch das Brett hochbrüllen: »Sie hat kein AIDS! Ich habe gelogen! Sie hat gar kein AIDS!«

Darüber musste Gary lauthals lachen, und ein paar von uns lächelten trotz des Grauens der ganzen Situation mit.

Jacqueline, die uns später erzählte, dass sie achtzehn sei, schien kein Gefühl von Gefahr zu haben und schien auch nicht zu begreifen, dass sie hier in einer albtraumhaften neuen Wirklichkeit gelandet war. Da wir nicht wollten, dass sie sich schlecht fühlte, ließen wir sie erst einmal reden und erzählten ihr nur wenig von den Bestrafungen, denen wir alle immer wieder ausgesetzt waren. Wir erzählten ihr nur von Garys Plan, den sie sich mit entsetzt aufgerissenen Augen anhörte, als würden wir eine Geschichte von jemand anderem erzählen.

»Das gibt's doch nicht!«, rief sie. »Das ist einfach so schräg. Ist das nicht schräg? Was nimmt dieser Typ denn?«

Wir sagten es ihr: Thorazine. Aber das Schlimmste sagten wir ihr nicht. Es kam uns irgendwie gemein vor, und sie würde es noch früh genug herausfinden. Selbst Deborah schwieg, und ich fragte mich, ob sie vielleicht Mitleid mit Jacqueline hatte. Ich selbst hatte es zumindest. Achtzehn ist doch kein Alter.

Auf einmal fiel Jacqueline etwas ein: »Ich habe mir eben erst ein Paar neue Schuhe gekauft!«, rief sie. »Oh verdammt! Ich möchte wetten, jetzt klaut sie mir jemand!«

Ich wollte am liebsten auflachen. Darüber machte sich Jacqueline jetzt Sorgen. Schuhe!

Am nächsten Tag änderte sich für mich alles – und das seltsamerweise ausgerechnet wegen eines Paars Schuhe.

Na ja, Pantoffeln, um genau zu sein.

Wir saßen alle beisammen und redeten, als wir auf einmal hörten, wie die Kellertür aufging: Gary kam wieder mit den chinesischen Speisekarten herunter.

»Da Nicole heute Geburtstag hat, lade ich euch alle ein. Ein Gericht für jede. Alles Gute zum Geburtstag, Nicole!«

Bis zu diesem Augenblick hatte ich völlig verdrängt, dass heute mein Geburtstag war, dass ich sechsundzwanzig wurde, während ich angekettet im Keller eines Verrückten lag. Ich musste Gary irgendwann in meinen ersten Tagen hier davon erzählt haben, auch wenn ich mich nicht einmal daran erinnern konnte. Es waren schon fast zwei Monate vergangen, seit Gary mich entführt hatte, und meine Periode blieb noch immer aus. Ich war mir sicher, dass ich schwanger war.

»Danke, Gary. Das ist so süß von dir«, sagte ich und lächelte ihn warmherzig an.

Immerhin war es ein Anfang, dachte ich. Er erinnerte sich an meinen Geburtstag. Das hieß, dass er an mich dachte. Ich bestellte mir Pork Yuk, Schweinehackfleisch in Salatblättern, und die anderen Mädchen wählten ebenfalls ihre Gerichte aus.

Als er diesmal mit dem Essen wieder zu uns kam, schleppte er noch alle möglichen anderen Dinge an.

»Heute werden wir, weil du Geburtstag hast, eine Party für dich geben!«, sagte er zu mir. »Ich habe einen Kuchen und ein Geschenk mitgebracht.«

Falls ich je einen seltsameren Geburtstag als diesen erlebt hatte, konnte ich mich jedenfalls nicht daran erinnern. Da saßen wir: fünf halb nackte, halb verhungerte Frauen, angekettet in einem Keller – und feierten eine Party! Unglaublich.

Aber letzten Endes war mir das egal. In diesem Augenblick

spürte ich, wie sich irgendetwas veränderte – eine Verschiebung im Machtgleichgewicht.

Gary dachte an mich. Er mochte mich. Dass die anderen Mädchen mir vernichtende Blicke zuwarfen, war mir egal. Ich hätte nichts anderes erwartet. Zum ersten Mal hatte ich das Gefühl, dass Gary mit mir sympathisierte, und das würde ich nicht vermasseln.

Ich ignorierte die Tatsache, dass ich noch immer in seinem Verlies angekettet war, und versuchte mich möglichst normal zu benehmen, eben wie ein Mädchen, das an seinem Geburtstag verwöhnt wird.

»Oh, wow, Gary! Du hättest dir nicht so viel Mühe machen sollen«, sagte ich und lächelte ihn freundlich an. Wir verschlangen unser chinesisches Essen, und danach ließ Gary die Mädchen *Happy Birthday* für mich singen, und wir bekamen alle ein Stück Kuchen.

Der Kuchen war weich und locker, triefend von dicker Buttercreme und Marmelade. Der Zuckerguss war berauschend.

»Und das ist nur für dich«, sagte Gary jetzt mit einem schüchternen Lächeln und überreichte mir eine Schachtel in violettem Geschenkpapier. Sie hatte sogar eine Schleife.

Er hatte sich wirklich viel Mühe gegeben, und ich war aufrichtig überrascht. Dann machte ich mich daran, das Papier von dem Päckchen herunterzureißen.

Als ich den Deckel von der Schachtel nahm, kam ein Paar flauschige rote Pantoffeln zum Vorschein.

Ich zog sie sofort an. Gott, sie fühlten sich so gut an! Bis jetzt waren wir alle barfuß auf dem kalten, harten Beton gelaufen, sodass unsere Fußsohlen wie betäubt und unsere Beine fast ständig durchgefroren waren.

Es war nur ein Paar Pantoffeln, aber ich fühlte mich damit wie eine Königin.

»Oh, wow!«, rief ich noch einmal. »Die sind wunderschön. Sie fühlen sich richtig gut an, Gary. Danke!«

Gary sah zufrieden aus: Er beäugte die Pantoffeln an meinen Füßen und sah dann zu den anderen Mädchen hoch, als wollte er sie schweigend auffordern, die Schuhe zu bewundern.

Natürlich waren sie alle grün vor Neid – bis auf Sandra vielleicht, die einfach froh zu sein schien, dass niemand geschlagen wurde.

Sie murmelten leise: »Hübsch.« »Entzückend.« »Sie sehen richtig bequem aus.«

Ich sah wieder auf meine Pantoffeln, und auf einmal musste ich an einen alten Film denken, den ich einmal gesehen hatte, *Der Zauberer von Oz.* Dorothy und ihre rubinroten Pantoffeln.

Ich schloss die Augen, schlug dreimal die Hacken zusammen und sagte in Gedanken: *Zu Hause ist es doch am schönsten, zu Hause ist es doch am schönsten.*

In dem Film wird Dorothy dadurch zu ihrer innig geliebten Tante Em zurückgebracht, und ich dachte dabei an meine Kinder und meine Mom und wie wundervoll es wäre, sie wiederzusehen. Würde mein Wunsch in Erfüllung gehen? Ich schlug die Augen auf. Gary stand noch immer da und grinste vor sich hin.

Später entkorkte Gary eine Flasche alkoholfreien Apfelwein, und wir tranken davon aus Styroporbechern. Der Wein war unangenehm süß und so scharf, dass ich zusammenzuckte.

Aus dem Radio dröhnte noch immer die Musik. Jetzt spielten sie *Purple Rain* von Prince. Ein paar von uns begannen mitzusummen, und wir sahen uns in die Augen und lächelten – wie es uns schien, zum ersten Mal seit einer Ewigkeit. Während wir die Worte sanft hinaushauchten, kamen unsere Stimmen, wenn auch leise und gedämpft, in diesem Moment zusammen.

Zum ersten Mal seit langer Zeit fühlte sich die Musik sogar wie unser Freund an, nicht wie unser Feind.

Dann lief *Stand by Me.*

»Dieses Lied mag ich«, sagte Gary und sah mich an. »Lass uns tanzen.«

Und so stand ich auf, ging auf die ausgestreckten Arme meines Entführers zu und ließ mich von ihm halten und führen, während wir langsam in seinem Keller tanzten.

Ich in meinen neuen roten Pantoffeln und in Ketten.

»No I won't be afraid.« Der Text des Liedes war seltsam tröstlich. »No, I won't shed a tear …«

Ich spürte die Kraft seines schlanken, muskulösen Körpers und seinen festen Griff um meine Hände, und diesmal lächelte ich nicht. Ich wandte geziert den Blick ab, wie ich es tun würde, wenn ich wusste, dass jemand mich mochte, und ich mich kühl geben wollte. Ich konnte sehen, dass er wollte, dass ich ihn ansah, aber ich hielt mich zurück; nur ein klein wenig, nur so weit, dass er interessiert blieb.

Spielte ich ein Spiel? Natürlich tat ich das – aber da ich um mein Leben spielte, durfte ich mir keinen falschen Schritt erlauben. Ich wusste, wenn ich allzu bemüht erschien, ihm zu zeigen, dass ich ihn mochte, würde er es glatt durchschauen.

Er war durchgeknallt, aber er war nicht dumm.

Ich musste einen aufrichtigen Anschein erwecken, und ich konnte es mir nicht leisten, diese Sache zu vermasseln.

Ich fing seinen Blick kurz auf; die Intensität war stechend. Ich wusste jetzt, warum er dieses Lied ausgewählt hatte: Er wollte tatsächlich, dass ich an seiner Seite stand!

Okay, Gary, dachte ich, während ich ihm genau in die Augen sah. *Du willst einen Freund? Ich werde dein Freund sein. Ich werde an deiner Seite stehen.*

Bis zu diesem Augenblick hatte ich keine Ahnung, ob mein Plan, sein Vertrauen zu gewinnen, aufging. Gary hatte sich nichts anmerken lassen; nichts, was mich vermuten ließ, dass ich zu ihm durchdrang.

Jetzt wusste ich, dass er mich auf seiner Seite haben wollte.

Und hier war ich: sein ganz persönliches Aschenputtel, in seinem Keller angekettet, geadelt mit einem Paar flauschiger roter

Pantoffeln, aus der Finsternis zum Licht erhoben, zur Freiheit, zurück zu meiner Mom, zurück zu meinen Kindern.

Ich wusste noch immer nicht, wie mein Plan genau aussehen würde – es war noch nichts ausgearbeitet, nichts klar umrissen. Ich wusste nur, dass ich etwa in dieser Richtung zum Schein weiter mitspielen musste, damit ich seine Sympathie gewinnen und ihn dazu bringen konnte, mir zu vertrauen.

Wenn er auch nur eine Minute dachte, er hätte mich verloren, dann würde ich mit meinem Leben bezahlen.

11

Wir verlieren Sandra

»Steh auf, Sandra! Komm schon, Mädchen, steh auf! Wach auf!«

Es muss Anfang Februar gewesen sein, aber ich bin mir nicht sicher, welcher Tag es genau war. Sandra hing an einem Handgelenk vom Deckenbalken. Sie hatte jetzt seit ein paar Tagen nichts mehr gegessen, und dafür bestrafte Gary sie.

Er hatte sie daher mit einem Arm an einem der Deckenbalken angekettet, sodass sie gezwungen war, einen Arm über den Kopf zu halten, während sie aufrecht stehen musste.

Mittlerweile stand sie schon seit fast einem Tag so da, und irgendwann hatte sie das Bewusstsein verloren. Ihr ganzer Körper war nach unten gesackt und wurde nur noch von ihrem Handgelenk gehalten.

Gary war an diesem Tag bereits einmal unten gewesen und hatte versucht, sie zum Essen zu zwingen.

Er steckte ihr ein Stück Brot in den Mund.

»Komm schon, kaue es!«, brüllte er sie an. »Kaue das verdammte Brot, Sandra!«

Er nahm den Stock und schlug ihr damit von hinten auf die Beine.

»Schluck es!«, befahl er wütend. »Schluck es!«

Aber Sandra stöhnte nur und spie das Brot prompt wieder aus.

»Verdammt, Sandra!«, schrie er. »Du *wirst* essen! Dafür werde ich schon sorgen. Du wirst so lange dort stehen bleiben, bis du isst.«

Weil er dachte, dass sie rebellierte, dass sie irgendeine Krankheit vortäuschte, ließ er sie so dastehen, einen Arm über den Kopf gestreckt. Aber ich konnte sehen, dass es ihr wirklich nicht gut ging. Sie war so erschöpft, dass sie sich kaum noch aufrecht halten konnte, geschweige denn, sich die Mühe machen, diesen Bissen Brot zu kauen. Für Sandra war Essen immer ein Problem, aber im Moment schien sie dermaßen weggetreten, dass sie nicht die Energie aufbringen konnte, auch nur den kleinsten Happen zu sich zu nehmen.

Ihr Körper war nach vorn gesackt, und sie rührte sich nicht.

Ich ging zu ihr hinüber und fühlte ihren Puls: Er schlug, aber sie war nicht bei Bewusstsein.

Ihr Kopf hing nach unten, ihr Gesicht war schlaff.

Ich wollte sie schütteln, ihr sagen, dass sie aufstehen solle. Ich wusste, dass Gary sie nur noch mehr bestrafen würde, wenn er herunterkommen und sie wieder so vorfinden würde.

»Komm schon, Sandra, steh auf!«, forderte ich durch meine zusammengepressten Lippen. Doch Sandra war zu schwer, als dass ich sie alleine hätte heben können. Selbst wenn ich sie einmal für wenige Momente ein klein wenig hochgestemmt bekam, sah es aus, als würde sie danach einfach wieder in sich zusammensacken.

Die anderen Mädchen riefen ihr auch zu: »Sandra! Hey, Sandra! Wach auf! Steh auf, Sandra!«

In diesem Augenblick hörten wir Garys Schritte die Kellertreppe herunterkommen, und ich entfernte mich von dem aufgehängten Mädchen.

Als Gary sah, wie Sandra kläglich in der Mitte des Raums hing, verriet sein Gesicht pure Wut.

Er stand da und starrte sie eine Sekunde lang an, bevor er sich abrupt umwandte und die Treppe wieder hochstapfte.

Sekunden später kam er mit dem Schlüssel für ihre Handschellen wieder. Er schrie sie an: »Steh auf, du Schlampe!«

Nichts.

»Ich werde dafür sorgen, dass du aufstehst«, murmelte er, während er ihre Handschellen aufschloss. In diesem Augenblick sackte Sandras ganzer Körper zu Boden, und ihr Kopf knallte ungebremst auf den Boden. Rums!

Sie blieb reglos liegen, und ich konnte sehen, dass sie nicht mehr bei uns war. Ihr Mund stand offen, Speichel lief an einer Seite heraus, ein Auge war offen, das andere geschlossen.

»Oh Mann, es ist nur ein Jammer um dieses Baby in ihr«, sagte Gary.

Wir alle saßen in fassungslosem Schweigen da. Sandra war tot. Ich konnte es kaum glauben. In diesen entsetzlichen, beängstigenden Sekunden senkte sich ein mächtiges Gefühl von Trauer über uns. Ich kämpfte mühsam gegen die Tränen an, während Gary Sandra auf den Rücken rollte, sie dann hochhob und schulterte wie einen Sack Kartoffeln, um sie nach oben zu tragen.

Die Tür klickte, und ich ließ den Tränen freien Lauf. Ich konnte nicht glauben, dass sie tot war. Sandra war schließlich fast von Anfang an hier bei mir gewesen.

Wie konnte sie tot sein?

Aber noch schlimmer als die Tatsache, dass Gary sie getötet hatte, war seine kalte, herzlose Reaktion. Er hatte Sandra bereits jahrelang gekannt – sie waren vor dieser Geschichte hier befreundet gewesen, und mit diesem einen Satz sagte er uns, was genau er von uns allen hielt.

Wir waren nicht mehr als Gebärmaschinen, Behälter für seine zukünftigen Kinder. Sandra war ihm völlig egal. Er trug sie einfach nach oben, als wäre sie nicht mehr als ein Stück Fleisch.

Lisa stellte eine Frage in die Stille: »Was meint ihr, wie sie gestorben ist?«

Ich sah auf. Lisas Augen waren rot und verquollen, und sie weinte. Ich sah mich um: Die Mädchen schluchzten alle. Sandra war so sanft, so unschuldig. Im Grunde nur ein Kind. Sie hätte zu Hause bei ihrer Mom und ihrer Schwester sein sollen, die sich um sie kümmerten. Sie hätte irgendwo in Sicherheit sein sollen. Dieses entsetzliche Ende hatte sie nicht verdient.

Kopfschüttelnd versuchte ich, all das zu begreifen.

»Ich glaube, sie hat sich an einem Stück Brot verschluckt«, sagte ich langsam. »Dadurch hat sie das Bewusstsein verloren. Und Gary … Er hat versucht, sie auf die Probe zu stellen. Ich nehme an, er dachte, wenn er ihr die Handschellen abnimmt, würde sie die Hände ausstrecken, um ihren Sturz abzufangen. Ich denke nicht, dass er erkannt oder begriffen hat, dass sie nicht bei Bewusstsein war.«

»Dieser Dreckskerl!«, entfuhr es Deborah. Vielleicht war Deborah doch nicht so eiskalt. Ich konnte sehen, wie sehr Sandras Tod sie mitgenommen hatte. Es war, als hätten Sandras Schwächen und Probleme die weichen Seiten in uns allen, selbst in Deborah, zum Vorschein gebracht.

»Habt ihr ihr Gesicht gesehen?«, sagte Jacqueline mit entsetzt aufgerissenen Augen. »Sie war einfach weg. Ich habe bis jetzt noch nie einen Toten gesehen. Arme Sandra!«

»Ja«, wiederholte Lisa gedankenverloren. »Arme Sandra.«

Doch ich konnte sehen, was sie alle wirklich dachten: *Wir Armen!* Wer von uns würde die Nächste sein?

In dieser Nacht waren alle still – sogar Deborah. Ich war von Trauer erfüllt. Was für ein Tod! Sandra war so jung, so vertrauensvoll. Zu Tode gequält von einem Mann, den sie für ihren Freund gehalten hatte. Sie hatte mir vertraut, dass ich sie aus diesem Gefängnis herausholen würde, und ich hatte sie schwer enttäuscht. Schuldgefühle und Reue quälten mich. Ich hätte mehr tun sollen, mehr tun können, um ihr zu helfen. Ich hätte dafür sorgen können, dass sie etwas aß, wenn ich es wirklich versucht hätte. Sie hätte nicht sterben müssen. Es schien alles so sinnlos und dumm. So verdammt dumm.

Ich schlang die Arme um meinen Körper und rollte mich zu einer Kugel zusammen, die Knie in die Brust gedrückt, um mich zu trösten. In jener Nacht brauchte ich lange, um einzuschlafen.

Am nächsten Morgen wachten wir von einem entsetzlichen Gestank auf.

Er war abscheulich und ekelerregend, der schlimmste Geruch, den ich in meinem ganzen Leben je gerochen hatte.

»Was zum Teufel ist das?« Deborah verzog angewidert das Gesicht.

Ich hielt mir mein Hemd vors Gesicht. »Ich weiß nicht. So etwas habe ich noch nie gerochen. Es ist widerwärtig!«

Uns allen war schlecht von dem Geruch, als Gary die Tür öffnete und mit unserem Frühstück hereinkam – ein paar Scheiben Brot für jede von uns.

Der Geruch war jetzt stärker. Er haftete an Garys Kleidern und hing in der Luft. Sogar in dem Brot konnte ich ihn schmecken. Voller Angst, ich würde mich vielleicht übergeben müssen, hörte ich auf zu essen.

Niemand sprach viel. Wir fragten ihn nicht, was für ein Geruch das war, weil wir es eigentlich nicht wissen wollten.

Damals wussten wir davon nichts, aber tatsächlich war zu dem Zeitpunkt die ganze Nachbarschaft in heller Aufruhr wegen des Geruchs, der von Garys Haus kam. Man rief sogar die Polizei, die gegen die Haustür hämmerte. Das hörten wir zwar alle im Keller, aber natürlich wussten wir nicht, dass das die Polizei war. Wir hörten bloß ein Hämmern gegen die Tür und Gary, der öffnen ging.

Officer Julio Aponte fragte ihn, was das für ein Geruch sei, und sagte ihm, seine Nachbarn würden sich belästigt fühlen.

»Ich habe nur mein Essen verbrannt«, antwortete Gary. Und damit war die Sache erledigt; Officer Aponte war zufrieden und fuhr wieder weg. Schließlich kann man einen Typen nicht dafür festnehmen, dass er ein schlechter Koch ist. Hätte er sich doch die Mühe gemacht, der Sache auf den Grund zu gehen, hätte er vielleicht die vier halb nackten Frauen entdeckt, die im Keller angekettet waren – und auch die eigentliche Ursache des Gestanks.

Wieder einmal war unsere Rettung zum Greifen nah, und dennoch passierte nichts.

Drei Tage später entdeckten *wir* die Ursache des grauenhaften Gestanks.

Gary war unten und verprügelte Deborah. Obwohl er sie, seit sie hier war, die meiste Zeit in dem Loch sitzen ließ, wollte sie sich seinem Willen einfach nicht beugen. Jetzt weigerte sie sich, wieder hineinzuklettern, und er schlug auf ihren Hintern ein, was sie aber inzwischen kaum noch zu beeindrucken schien.

»Ist das alles, was du kannst? Dir einen runterholen?«, spottete sie.

Gary hörte auf. Er warf den Stock in eine Ecke und ging wieder nach oben. Als er zurückkam, trug er einen Schlüssel bei sich und schloss ihre Kette auf.

»Komm mit nach oben«, befahl er ihr. »Ich will dir dort etwas zeigen.«

Sie waren keine fünf Minuten dort oben, doch als Deborah wiederkam, blickte sie völlig verängstigt drein, und sie zitterte.

Gary kettete sie wieder an, und diesmal stieg sie bereitwillig in das Loch.

Wir wollten sie fragen, was los war, aber sie schien so verstört, dass wir lieber nichts sagten, bis sie etwas später wieder aus dem Loch herauskommen durfte.

Nun saß sie in einer Ecke, die Knie bis zur Brust angezogen, die Arme fest um sich geschlungen, und sie wippte sanft hin und her.

»Deborah, was ist los? Was ist dort oben geschehen?«, fragte Lisa.

Deborah sah uns nur ausdruckslos an und schüttelte den Kopf. »Das wollt ihr lieber nicht wissen.«

»Komm schon«, sagte ich. »Erzähl uns, was passiert ist.«

Deborah seufzte und sah uns an, als wollte sie sagen, ihr habt es ja nicht anders gewollt. Dann begann sie mit ihrer grauenhaften Geschichte.

»Er ist mit mir hochgegangen, und er hat mir Sandras Kopf gezeigt. Er liegt in einem Topf, und er kocht ihn auf dem Herd. Danach hat er mir ihre Rippen in einer kleinen Bratpfanne im Ofen gezeigt, und ihre Arme und Beine hat er im Gefrierfach. Er sagt, wenn ich mich nicht zusammenreiße, wird mir bald dasselbe passieren.«

Oh mein Gott. Er kochte Sandra! Mir drehte sich der Magen um bei der entsetzlichen Erkenntnis, dass der Geruch, der die ganze Zeit aus seiner Küche kam, von Sandra herrührte.

Mir wurde das alles zu viel. Auch die anderen waren sprachlos vor Entsetzen. Ich presste meine Finger an die Schläfen, und mein Atem ging in kurzen, flachen Zügen. Wir alle starrten uns mit offenen Mündern an. Keine von uns wollte es glauben, aber wir wussten natürlich, dass Deborah hundertprozentig die Wahrheit sagte.

Deborah schlug sich die Hände vor den Mund, als bereute sie ihre Worte. Als wäre es dadurch, dass sie uns erzählte und laut aussprach, was sie gesehen hatte, erst wahr geworden. Sie begann wieder, hin und her zu wippen.

Oh mein Gott, was würde als Nächstes passieren?

12

Alpo

Als ich klein war, hatte ich Angst vor der Dunkelheit.

Meine Mom ließ mich im Allgemeinen bei eingeschaltetem Licht einschlafen und kam dann irgendwann später am Abend wieder in mein Zimmer, um es auszumachen.

Ein paarmal wachte ich in völliger Finsternis auf und schrie das ganze Haus in Grund und Boden. »Mom! Mom! Es ist so dunkel hier. Das mag ich nicht. Mach das Licht an!«

In einer dieser Nächte kam Mom in mein Zimmer gelaufen. Sie war zwar nicht böse, aber sie erlaubte mir trotzdem nicht, wieder bei Licht einzuschlafen. Ich flehte sie regelrecht an, es anzuschalten, aber sie blieb unnachgiebig.

»Was, wenn du einmal in einer Situation bist, in der alle Lichter ausgeschaltet sind?«, fragte sie mich. »Dann musst du dich einfach anpassen. Wie es den Tag gibt, gibt es auch die Nacht. Das gehört zum Leben dazu und ist etwas, woran du dich einfach gewöhnen musst.«

»Ich kann nicht«, wimmerte ich.

»Doch, das kannst du«, beharrte sie. »Du musst dich einfach damit anfreunden. Und jetzt hör auf zu weinen und schlaf wieder ein.«

Ich war sieben, aber wissen Sie was? Ich passte mich an. Danach schlief ich nie wieder bei eingeschaltetem Licht. Meine Mom gab meinen Schwächen nicht nach. Sie verstand sie, und sie war mitfühlend, aber irgendwann verlangte sie immer entschieden, dass ich mich meinen Ängsten stellte.

»Pass dich an. Gewöhn dich dran«, waren ihre Worte.

Und genau das versuchte ich in Garys beängstigender, neuer Welt zu tun. Ich versuchte mich anzupassen. Mich daran zu gewöhnen.

Inzwischen war es Mitte Februar, auch wenn wir das sicher nicht am Wetter erkennen konnten. Wir hatten seit unserer Gefangennahme nichts von der Außenwelt mitbekommen. Das Einzige, was wir hatten, war die nackte Glühbirne über unseren Köpfen; ein ständiges grelles Licht in unseren Gesichtern, tagein, tagaus.

Wie es den Tag gibt, gibt es auch die Nacht, hatte meine Mom gesagt, nur dass es hier drinnen keinen Tag und keine Nacht gab.

Ich vermisste das natürliche Sonnenlicht, die frische Luft, Regen, Freunde, Familie, Freiheit.

Aber ich versuchte, nicht an diese Dinge zu denken. Ich versuchte mich anzupassen.

Das andere, was ich verdrängte, war die Möglichkeit, schwanger zu sein. Abgesehen davon, dass meine Periode noch immer ausblieb, beobachtete ich keine anderen Symptome. Nichts. Keine Übelkeit, keine wunden Brüste und keines der Anzeichen, die ich bei meinen anderen Schwangerschaften verspürt hatte. Und Gary kümmerte sich jetzt, wo er glaubte, dass ich schwanger war, auch in keinster Weise besser um mich – es war nicht so, dass er mir mehr zu essen oder sonst irgendetwas gab. Wir redeten nicht einmal darüber.

Von Zeit zu Zeit ging Gary mit uns allen, eine nach der anderen, nach oben, um uns baden zu lassen. Ich ließ schweigend zu, dass er mir beim Baden zusah. Ich wusste jetzt, dass er gelegentlich an mich dachte, und ich ließ ihn in dem Glauben, ich wäre auf seiner Seite.

Auch die anderen Mädchen versuchten alle, ihr eigenes Ding zu machen.

Jacqueline schwatzte die ganze Zeit, während sie mit Gary

oben war, und als sie wieder herunterkamen, gab er ihr zwei Kekse extra.

»Wofür kriegt die denn die Kekse?«, fragte Deborah missmutig.

»Jackie hier erzählt mir, worüber ihr alle redet, wenn ich nicht da bin«, sagte Gary.

»Jackie!«, empörte sich Lisa.

Aber Jacqueline schien das gar nicht bewusst zu sein. Es war nicht so, dass sie aus einem bestimmten Grund zu plaudern versuchte – sie war einfach ein redseliges Mädchen. Ich nahm an, dass sie die meiste Zeit gar nicht wusste, was eigentlich hier los war.

Dennoch machte es mich nervös.

Ich kann diesen anderen Mädchen nicht vertrauen, dachte ich. *Ich weiß nicht, was sie ihm dort oben erzählen.*

Jacqueline war im Großen und Ganzen zwar ein recht harmloses Mädchen – sie war einfach sie selbst –, aber wer konnte schon sagen, worüber sie redete, wenn sie mit ihm allein war?

Ich konnte sehen, wie Deborah dasselbe durch den Kopf ging, denn als Gary sie mit nach oben nahm, versuchte sie ebenfalls mit ihm zu reden.

Als er sie wieder herunterbrachte, bekam sie allerdings nichts.

»Hey, bekomme ich keine Kekse?«, rief sie ihm nach. »Ich habe dir doch allen möglichen Scheiß erzählt.«

»Halt den Mund, Deborah«, seufzte er. »Ich habe das alles bereits von Jacqueline gehört. Du musst schon mehr bringen als das, wenn du dich damit aus der Patsche herausmanövrieren willst.«

Deborah fing wieder an, ihn lautstark zu beschimpfen, und er steckte sie zur Strafe in das Loch.

Sie und Jacqueline verbrachten damals die meiste Zeit in dem Loch: Jacqueline einfach deshalb, weil sie neu war und Gary sie gefügig machen wollte. Und Deborah zur Strafe. Immer zur Strafe.

Tag für Tag hockten Jacqueline und Deborah jetzt gemeinsam in der Grube, und Deborah hörte noch immer nicht auf zu brüllen.

Eines Abends, als Lisa und ich zu schlafen versuchten, schrie Deborah sich wieder so sehr die Seele aus dem Leib, dass wir es schließlich leid waren, ihr zuzuhören. Jedes Mal, wenn ich versuchte, an meine Kinder zu denken, und mir ihre lieben Gesichter vor Augen hielt, keifte und brüllte Deborah und zertrümmerte das Bild in meinen Gedanken in winzige Teile.

»Oh, jetzt *halt* doch bitte einfach den Mund!«, rief ich zum x-ten Mal zurück. Ich hatte endgültig genug.

»Ja, halt besser den Mund!«, ertönte Garys tiefe Stimme so unvermittelt hinter uns, dass Lisa und ich erschrocken zusammenzuckten. Wir hatten keine Ahnung gehabt, dass er hier unten war. Er war so leise hereingeschlichen, dass keine von uns beiden ihn bemerkt hatte.

»Gott, du hast mich vielleicht erschreckt«, sagte ich.

»Wir wussten gar nicht, dass du hier bist«, ergänzte Lisa.

»Ich bin nie weit weg«, sagte er düster, während er wieder einen Stock in die Hand nahm und sich daranmachte, das Loch zu öffnen.

Eines Tages saßen Deborah und Jaqueline wieder unten im Loch, und auch Gary war bei uns im Keller, als im Fernsehen ein Werbespot für Hundefutter kam.

»Mann, dieses Alpo sieht aber gut aus«, rief Deborah laut aus.

»Ja«, lachte Jacqueline. »Ich weiß, was du meinst.«

Deborah lachte ebenfalls. »Scheiße, dieses Hundefutter sieht viel zu gut für diese Hunde aus. Sieh mal, da sind Erbsen und Gemüse und was noch alles drin. Oh Mann, davon könnte ich auf jeden Fall einen Happen vertragen.«

Ich spielte mit Lisa auf dem Boden Karten. Da Lisa und ich im Allgemeinen oben waren, während die anderen beiden in dem Loch saßen, hatte Gary uns ein Kartenspiel gegeben. So verbrachten wir viele Stunden damit, Rommé 500 zu spielen.

Jetzt sahen auch Lisa und ich uns an, und wir begannen zu lachen.

»Ach wirklich?«, meinte Gary und neigte den Kopf auf die Seite. »Dir gefällt, wie dieses Hundefutter aussieht, ja?«

Um Himmels willen! Warum hältst du nicht einfach mal deine große Klappe, Deborah?

Diesem Mann brauchte man nicht noch mehr perverse Ideen zu servieren. Davon hatte er selbst schon genug.

Wie zu erwarten, kam er am nächsten Tag mit einer geöffneten Dose Hundefutter und einer Plastikgabel in den Keller. Er öffnete die Grube und beugte sich mit einem verschlagenen Lächeln hinein. Dann reichte er Deborah die Dose samt Gabel.

»Iss das!«, befahl er ihr.

Sie hatte keine andere Wahl. Schließlich hatte sie selbst gesagt, es sähe köstlich aus, und sie hatte sogar gemeint, sie hätte nichts dagegen, selbst etwas davon zu essen.

Jetzt stopfte sie sich das klumpige, gallertartige Fleisch in den Mund. Ich erwartete, dass sie zurückzucken oder sich übergeben würde, aber es hatte tatsächlich den Anschein, als würde es ihr schmecken.

Als Nächstes reichte Gary die Dose Jacqueline und zwang sie ebenfalls, davon zu essen. Sie stach mit der Gabel hinein und zog ein knorpeliges, gräuliches Stück Fleisch heraus.

»Hey, da sind ja gar keine Erbsen drin«, beschwerte sie sich. »Das ist kein Alpo – das ist nur irgendeine Billigmarke!«

»Iss!«, befahl Gary wieder. Sie wusste, dass sie sich besser nicht widersetzte, und steckte sich daher den unappetitlichen Happen in den Mund und kaute.

Mein Gesicht war vor Ekel verzerrt. Lisa konnte nicht einmal hinsehen.

Gary zwang die beiden, die ganze Dose aufzuessen, und sie schienen sich in ihr Schicksal ergeben zu haben. Was hätten sie sonst schon tun können? Sie waren hungrig. Fortan kam Heidnik regelmäßig mit einer Dose Hundefutter wieder, und auch das aßen sie.

Währenddessen tauschten Lisa und ich jedes Mal ängstliche Blicke. Wir hofften, er würde uns nicht auch zwingen, davon zu essen. Zum Glück hatten wir Deborahs Meinung zu der Hundefutterreklame damals nicht laut geteilt, weshalb wir bei unserer üblichen Kost bleiben durften.

Und Gott sei Dank dafür – denn wenn eine von uns damals gewusst hätte, was tatsächlich in der Dose war, hätte keine von uns es angerührt.

Ich dachte viel an meine Mom.

Ich dachte an den Teller mit Limabohnen, dessentwegen wir uns gestritten hatten, als ich acht war. Sie hatte Limabohnen mit Brathähnchen und Kartoffeln zum Abendessen zubereitet, und ich aß das ganze Hähnchen, aß meine Kartoffeln, weigerte mich aber, die Bohnen zu essen.

»Was gibt's zum Nachtisch?«, fragte ich Mom, die Ellenbogen auf den Tisch gestützt, während ich unter dem Tisch die Beinen baumeln ließ.

»Setz dich aufrecht hin, junge Dame«, mahnte sie und nahm meinen Teller fort.

Eine Minute später stellte sie mir denselben Teller wieder hin, mit meinen ungegessenen Bohnen, diesmal mit einem Dessertlöffel.

»Zum Nachtisch bekommst du Limabohnen!«, erklärte sie fröhlich.

Ich war empört.

»Oh nein.« Ich schüttelte den Kopf, schob meinen Stuhl vom Tisch zurück und verschränkte trotzig die Arme. »Nie im Leben. Ich hasse Limabohnen. Nie im Leben werde ich die essen.«

»Na ja, du wirst nichts anderes bekommen, bis du alles aufgegessen hast.«

Also saßen wir eine halbe Ewigkeit einfach da – es kam wir vor wie Stunden –, bis Mom schließlich seufzte: »Okay, du kannst jetzt ins Bett gehen.«

Und ich verschwand nach oben ins Bett, glücklich und stolz, dass ich den Limabohnen-Wettstreit gewonnen hatte.

Doch als ich am nächsten Tag zum Frühstück herunterkam, stellte Mom mir wieder denselben Teller hin. Diese Bohnen!

»Igitt!«, schrie ich. »Ich esse diese verdammten Bohnen nicht!«

»Pass auf, wie du redest!«, gab Mom zurück. »Wie ich schon sagte: Du wirst nichts anderes bekommen, bis du die Bohnen aufgegessen hast.«

An jenem Morgen ging ich mit leerem Magen zur Schule, und als ich zum Mittagessen nach Hause kam, stand wieder derselbe verdammte Teller mit Bohnen vor mir.

Schweren Herzens begriff ich, dass meine Mom nicht scherzte – ich würde nichts anderes zu essen bekommen, bis ich diese Bohnen aufgegessen hatte! Nach achtzehn Stunden Widerstand gab ich mich schließlich geschlagen und aß meine Bohnen.

Diese Geschichte zeigt, dass man, wenn man Hunger hat, so ziemlich alles essen würde. Ich gewöhnte mich an Limabohnen, und irgendwann schmeckten sie mir sogar. Es war wohl eine mentale Umstellung: Um die Limabohnen beim ersten Mal herunterzukriegen, sagte ich mir, dass ich Limabohnen liebte, dass ich auf der ganzen Welt nichts lieber mochte als Limabohnen. Danach ging es mir gut. Ich hatte mich angepasst.

Deborah hingegen passte sich nie an. Sie hörte nie auf, Pläne zu schmieden und Intrigen zu spinnen.

Eines Nachmittags wurden sie und Jacqueline für eine Weile aus dem Loch gelassen, und beide tauchten mit einem breiten, verschlagenen Grinsen im Gesicht auf. Nachdem Gary Sex mit uns allen gehabt hatte und wieder nach oben gegangen war, flüsterte Jacqueline Lisa und mir zu: »Wir haben einen Plan!«

Lisa war nicht beeindruckt: »Ach ja? Was soll das für ein Plan sein?«

»Ihr zwei könnt ihn überwältigen, während wir in dem Loch sind, und dann könnt ihr uns herauslassen, und wir werden ihm mit dem Stock den Rest geben. Und dann verschwinden wir von hier.«

»Und was ist mit den Schlüsseln?«, stellte Lisa die naheliegende Frage.

»Du hast doch gesehen, was mit Sandra passiert ist!«, platzte Deborah dazwischen. »Willst du, dass uns allen dasselbe zustößt? Ihm ist scheißegal, ob eine oder sogar alle hier unten verrecken.«

Lisas Blick war nachdenklich. Sandras Tod hatte uns alle getroffen.

»Was meinst du, Nicole?«, fragte sie mich.

Ich seufzte entnervt auf. Es war, als hätte ich es mit einer Kindergartengruppe zu tun. Seit ich hierhergekommen war und diese ganzen Mädchen der Reihe nach hereingeführt wurden, war mir eines sonnenklar geworden: Sie alle hatten praktisch keine Ahnung von nichts. Ich wollte ihnen sagen, dass ich dabei war, Gary zu beeinflussen, dass ich andere Ideen hatte; aber so, wie diese Mädchen ständig ihre Mäuler aufrissen, wusste ich, dass das töricht und kontraproduktiv wäre.

»Es wird nicht funktionieren«, sagte ich.

»Blödsinn!«, fuhr Deborah mich an. »Das können wir nicht wissen, bevor wir es nicht versuchen. Vielleicht hat er die Schlüssel die ganze Zeit bei sich. Du kannst doch gar nicht wissen, was er in seinen Hosentaschen hat.«

»So dumm ist er nicht«, entgegnete ich. »Wenn er die Schlüssel jedes Mal mit herunterbringen würde, dann würde er damit ja ständig seinen ganzen Plan aufs Spiel setzen. Wir sind zu viert. Natürlich weiß er, dass wir ihn überwältigen könnten. Meinst du etwa, daran hat er nicht selbst gedacht? Was sollen wir denn danach tun? Hier unten gibt es kein Werkzeug, nichts, was wir benutzen könnten, um die Handschellen zu öffnen. Und den Luftschacht hat er wieder versiegelt. Dieser Ort ist ein Gefängnis.«

»Hört nicht auf sie.« Deborah machte eine wegwerfende Handbewegung in meine Richtung. »Sie ist schon zu lange hier. Ihr gefällt es hier unten. Sie und Gary haben ihr eigenes Ding am Laufen.«

»Das ist doch Blödsinn!«, bestritt ich entschieden.

»Wir schaffen das auch ohne dich, Nicole!«, ereiferte sich Deborah immer mehr. »Wir brauchen deine verdammte Zustimmung nicht. Halt einfach den Mund, und ich hole uns hier raus. Du kannst ja gern noch ein Jahr hier unten bleiben, wenn du unbedingt willst.«

Und so fingen sie an, ihre eigenen Pläne zu schmieden: was sie tun würden und wann. Doch sie hatten vergessen, ihre Stimmen zu dämpfen, und wie Gary selbst gesagt hatte: Er war nie weit entfernt.

Am nächsten Tag brachte Gary mich zum Baden nach oben und rückte prompt mit der Sprache heraus: »Ich habe gehört, dass ihr vorhabt, mich im Keller zu überwältigen.«

»Von *wir* weiß ich nichts, Gary, aber ja, es wurde darüber diskutiert«, sagte ich, wobei ich ihm genau in die Augen sah. Da er bloß die anderen darüber hatte reden hören, versuchte ich mich so weit wie möglich von dem Plan zu distanzieren.

Garys Augen durchbohrten mich jetzt – ich konnte sehen, dass er abzuschätzen versuchte, wie weit auch ich in die Sache verstrickt war.

»Du weißt, dass ich die Schlüssel nicht bei mir trage«, sagte er. »Das heißt, ihr würdet alle dort unten festsitzen.«

»Ich weiß. Das habe ich ihnen auch gesagt.« Ich wollte so beiläufig wie möglich klingen. Ich hoffte nur, dass er mich auch vorhin gehört hatte, als ich den anderen riet, ihre Pläne zu vergessen.

»Hör zu. Es liegt doch auf der Hand, dass du damit rechnen musst, dass sie versuchen, sich irgendeine Fluchtmöglichkeit einfallen zu lassen, Gary«, sagte ich selbstbewusst zu ihm. »Du hast sie dort unten eingesperrt; weit weg von ihren Familien. Es ist doch nur natürlich, dass sie hier herauskommen wollen. Das Risiko musst du einkalkulieren. Aber dieser Plan – der war nicht mehr als eine dumme Idee.«

Gary nickte nachdenklich; ich konnte sehen, dass er mich ernst nahm. Und er hatte mich »sie« sagen hören, als würde ich nicht länger zu ihnen gehören. In diesem Moment redete ich wie eine Freundin mit ihm, nicht wie eines der Mädchen, die er gefangen hielt.

Sobald wir wieder unten waren, sagte er zu den anderen: »Ich weiß alles über euren kleinen Plan, mich zu überwältigen. Er wird nicht klappen. Selbst Nicole hier glaubt, dass er nicht funktionieren kann, und das heißt, ihr könnt euch das einfach aus dem Kopf schlagen. Ich trage die Schlüssel nicht mit mir herum. Ohne mich würdet ihr alle hier unten sterben.«

Als er gegangen war, stürzte Deborah sich auf mich, ihr Gesicht vor Wut verzerrt. »Du hast es ihm verraten, du Ratte! Wie konntest du ihm von dem Plan erzählen? Ich wusste doch, dass man dir nicht trauen kann.«

»Er hat euch gehört! Ich musste gar nichts sagen, weil ihr nicht einmal so schlau wart, leise zu sprechen, als ihr darüber diskutiert habt.«

»Du hättest lügen können.« Jetzt war auch Lisa sauer auf mich. »Du hättest ihm sagen können, dass es nicht stimmt.«

»Hey, niemand hält euch davon ab, es zu tun, selbst wenn er von dem gottverdammten Plan weiß«, spie ich zurück. »Wenn ihr drei alle glaubt, dass es so eine tolle Idee ist, nur zu: Bringt den Mann um, der uns hier zumindest am Leben hält!«

In dieser Nacht dachte ich wieder an Mom, an den Tag, an dem sie mir das Fahrradfahren beibrachte.

Ich war sechs Jahre alt. Alle anderen Kinder in meinem Alter hatten Stützräder an ihren Fahrrädern, um nicht das Gleichgewicht zu verlieren, da ihre Eltern Angst hatten, sie könnten stürzen und sich verletzen.

Als mein Dad eines der Fahrräder meiner Pflegeschwester aus der Garage holte, waren auch daran Stützräder befestigt.

»Die braucht sie nicht«, sagte Mom und montierte sie ab.

Ich hatte Angst. Wie sollte ich mich auf dem Fahrrad halten, wenn ich hinten nicht diese kleinen Räder hatte, um mir zu helfen?

Aber Mom tat meine Sorgen mit einer Handbewegung ab.

»Nimm einfach das Rad und finde dein Gleichgewicht«, wies sie mich an, während ich auf mein rotes Fahrrad stieg und unsicher schwankte.

»Du kannst das«, redete Mom mir aufmunternd zu. »Ich werde das Fahrrad hinten festhalten, während du in die Pedale trittst. Je schneller du fährst, desto größer ist deine Chance, oben zu bleiben. Du musst einfach anfangen zu treten und dann immer weiter treten.«

So fingen wir an. Ich stürzte ein paarmal, aber Mom behandelte mich nie wie ein Baby.

»Steig gleich wieder auf«, sagte sie entschieden. »Du lernst es nur, wenn du ein paarmal herunterfällst.«

Also wischte ich die Tränen rasch fort, und binnen einer halben Stunde fuhr ich mit meinem Fahrrad durch den Park wie ein Profi.

Ich war sechs Jahre alt, und alle anderen Kinder in unserem Block hatten noch ein ganzes Jahr lang ihre Stützräder. Mom war darauf vorbereitet, dass ich stürzen würde, aber sie wusste auch, dass ich rasch lernen würde, mich auf dem Fahrrad zu halten.

Wissen Sie, sie vertraute mir. Und sie wusste, dass ich nur besser werden würde, wenn ich hin und wieder fiel.

Ich fühlte mich so anders als all die anderen Kinder, die

noch immer mit ihren kleinen Stützrädern herumradelten – ich fühlte mich größer, älter, schlauer.

Und genau so fühlte ich mich auch jetzt.

Größer, älter und schlauer als diese anderen Mädchen: Ich war in einer Situation, auf die ich nicht vorbereitet war, aber ich lernte mich anzupassen, einen Ausweg zu finden und nicht zu stürzen.

13

Schlaflos

In den stillen, frühen Morgenstunden stieß Lisa mich sanft an, um mich zu wecken. Ich glaube, es muss Anfang März gewesen sein. Frühling. Die Außenwelt würde ihre alljährliche Phase der Erneuerung durchleben, aber für uns schien es keine solche Erneuerung, keine solche Hoffnung zu geben. Ich trug neues Leben in mir, aber es war keines, das ich willkommen hieß. Zum Glück hatte ich keinen dicken Bauch, der mir ständig in Erinnerung rief, dass ich schwanger war.

»Hey, Nicole. Nicole? Schläfst du?« Lisas Stimme durchdrang den Nebel meines Unterbewusstseins wie eine Sirene und riss mich aus einem unruhigen Schlaf.

Meine Träume waren beängstigend in dieser Zeit; verdüstert von dunklen, unheimlichen Gestalten, die ich offenbar nie klar sehen konnte. Es war eigentlich gar nicht wie Schlafen. Es war eher eine passive Form von Wachsamkeit, bei der eine Hälfte meines Wesens ruhte, während die andere Hälfte hellwach blieb, nur für alle Fälle, nur für alle Fälle …

Ich schlug langsam die Augen auf und schützte sie mit einer Hand vor dem Licht. Es war eine Geste, die ich mir angewöhnt hatte, seit ich bei diesem seltsamen Licht einschlafen musste.

Lisa kauerte neben mir; die Arme um sich geschlungen, Angst und Hoffnungslosigkeit in den Augen.

»Kannst nicht schlafen, hm?«, fragte ich sie sanft.

Sie schüttelte den Kopf.

Sie brauchte Trost und musste nur die Stimme eines anderen Menschen hören – ich kannte das Gefühl.

»Erzähl mir von deinem Zuhause, von deiner Mom und deinem Dad«, bat sie mich, wie ein kleines Mädchen, das vor dem Schlafengehen eine Gutenachtgeschichte braucht.

Ich war nicht unbedingt zum Reden aufgelegt, aber ich war ebenso bestrebt wie sie, die Dämonen aus meinem Kopf zu vertreiben. Daher begann ich zu reden.

Und je mehr ich redete, desto mehr genoss ich es. Es tat gut, ihr von meiner Kindheit und den Leuten, die ich auf dieser Welt liebte, zu erzählen. Es rief mir in Erinnerung, dass sie noch immer irgendwo dort draußen waren, und es gab mir Hoffnung, dass ich eines Tages mit ihnen wiedervereint sein würde.

Ich erzählte ihr von Mom und von Althea, von meiner katholischen Schule und all den Geschwistern, die oft bei uns zu Hause waren.

»Was ist mit deinem Dad?«, fragte sie.

»Was soll mit ihm sein?«

»Du erzählst nicht viel über ihn.«

»Da gibt es nicht viel zu erzählen. Für mich gab es immer nur Mom. Wir waren Tag und Nacht mit ihr zusammen. Außerdem war mein Dad, als ich zu ihnen kam, schon im Ruhestand, und ich erinnere mich hauptsächlich daran, dass er die meiste Zeit oben in seinem Zimmer verbrachte. Meine Eltern hatten getrennte Schlafzimmer. Da sie im ersten Stock war und er im zweiten, bekam ich ihn nicht allzu oft zu Gesicht. Und später, als ich älter wurde, bemerkte ich, dass sein Gedächtnis nicht besonders gut war. Von den Mahlzeiten mal abgesehen, lebte er immer zurückgezogen von allen anderen im Haus. Er war viel älter als meine Mom, und als es mit ihm bergab ging, übernahm sie die Rolle seiner Pflegerin. Obwohl er allmählich den Verstand verlor, war Mom fantastisch. Als er zum Schluss nicht mehr laufen konnte, hatten wir in unserem Haus sogar ein Klinikbett stehen. Wir mussten Dad die Windeln wechseln und ihn waschen und füttern. Mom und ich haben uns gemeinsam um ihn gekümmert. Meine Mom hatte immer gern etwas zu tun, daher suchte sie ständig nach Beschäftigung. Dad redete inzwischen gar nicht mehr; die einzige Person, für die er noch Worte hatte, war der Priester. Darüber hat sich meine Mom oft geärgert. Jedes Mal, wenn der Priester kam, um mit Dad zu beten, fragte er: »Mr. Patterson, wie geht es Ihnen?«

Und mein Dad antwortete jedes Mal: »Es geht mir gut.«

Und dann sagte Mom: »Ach, jetzt kannst du auf einmal reden! Aber wenn wir dich irgendetwas fragen, sagst du kein Wort!« Ja, darüber hat sie sich wirklich geärgert. Am Ende ist er zu Hause gestorben, aber Mom war darauf vorbereitet. Zu dem Zeitpunkt war er selbst bereit zu sterben. Er hatte eine Magensonde, und Mom hat ihn bis zum Schluss gepflegt. Ich war erst vierzehn.«

Ich erzählte ihr nicht von meinem leiblichen Vater, den ich dann mit sechzehn gefunden hatte. Iris und ich hatten damals bereits eine Weile darüber geredet, dass wir unsere leiblichen Eltern ausfindig machen wollten.

Wir wollten wissen, wer sie waren, woher sie kamen und ob wir irgendwelche Geschwister hatten.

Unsere Suche begann bei der Meldebehörde, wo wir die Originalberichte der Sozialhilfe einsehen durften, die berichteten, wie man uns als Kinder gefunden hatte. In den Akten stand, die Wohnung sei verdreckt und eiskalt gewesen, und ich hätte nur mit einem T-Shirt bekleidet und mit einer von Urin durchtränkten Windel in einem nassen Bett gelegen. Meine Schwester sei so unterernährt gewesen, dass sie nicht laufen konnte.

Es war seltsam, es schwarz auf weiß vor Augen zu haben. Ich wusste zwar, unter welchen Umständen ich gefunden wurde, seit ich zwölf war – damals hatte meine Mom mir davon erzählt –, aber es in diesen Akten zu lesen war doch etwas anderes. Ich konnte mich nicht mit diesen Kinder identifizieren und fühlte mich von alledem wahnsinnig distanziert. Das Einzige, was ich denken konnte, war: »Diese armen Kinder!« Als handle es sich um die Familie von irgendjemand anderem.

Ich war nicht wütend, ich wollte es nur wissen: Wie hatten sie so enden können? Was hatte meine Eltern verscheucht?

In den Unterlagen gab es ein Dokument mit dem Namen und der letzten Meldeadresse Porfirio Riveras, meines Vaters. Ich erfuhr, dass Porfirio Alkoholiker war, weshalb er den Behörden nicht allzu viele klare Informationen über sich selbst oder meine Mutter Maria gegeben hatte.

Die beiden hatten zunächst in New York gelebt. Dann zogen sie nach Philadelphia, wo sie heirateten und wo ich geboren wurde. Den Unterlagen zufolge waren sie zu dem Zeitpunkt schon nicht mehr zusammen.

Zumindest von meinem Dad fand ich ein Geburtsdatum und frühere Anschriften – zu meiner Mom gab es keine Angaben. Das hieß, wenn wir sie finden wollten, mussten wir zuerst ihn finden.

Iris und ich wandten uns an so viele Behörden, füllten unzählige Formulare aus, legten ständig unsere Ausweise vor. Schließlich landete ich im State-Building-Archiv in Philadelphia. Ein freundlicher, aber viel beschäftigter Mann, der eindeutig Besseres zu tun hatte, sagte mir dort, er würde sehen, was er für mich tun könne, wenn ich meine Geburtsurkunde bringen könnte.

Am nächsten Tag kam ich wieder. Nachdem er meine Unterlagen durchgesehen hatte, erklärte mir der Mann rundheraus: »Ihr Vater wohnt in der 929 North Sixth Street, und falls er nicht da ist, wenn Sie ankommen, geben Sie uns Bescheid. Dann werden wir ihm den Geldhahn zudrehen, weil er dort eigentlich wohnhaft sein müsste. Selbst wenn Sie ihn also nicht antreffen, machen Sie sich keine Sorgen, wir werden Ihren Vater schon finden.«

Letztendlich fuhr ich mit einer Freundin zu der genannten Adresse, mit der Anweisung von Iris, sie anzurufen, falls der

Mann dort sich als der richtige herausstellen sollte. Ich war nervös – natürlich war ich das –, aber ich war auch entschlossen, die Wahrheit zu erfahren. Aber ich war nicht wütend oder aufgebracht, denn ich glaubte wirklich, dass sie mir einen Gefallen getan hatten. Nur dadurch war ich letztendlich bei meiner wundervollen Familie gelandet.

Nein, es ging nicht um Vergeltung. Dass so etwas eben passierte, war mir klar. Ich wollte nur wissen, mit wem ich verwandt war.

Wir fuhren mit der Straßenbahn zur North Sixth Street, einer Straße in einer guten Gegend namens Northern Liberties. Während wir die Straße bis zur Nr. 929 hinunterliefen, schlug mir das Herz bis zum Hals. Aber ich dachte nicht eine Sekunde daran, wieder umzukehren. Am Haus angekommen dauerte es nur ein paar Sekunden, bis ein Mann die Tür öffnete – ein Mann, der genauso aussah wie ich: große, volle Lippen, hohe Wangenknochen und eine kleine, gerade Nase. Aber an den tiefen Falten in seinem Gesicht und den schlaffen, herunterhängenden Augen konnte man erkennen, dass er kein leichtes Leben gehabt hatte.

Der Schock, jemanden zu sehen, der so vertraut aussah und dennoch ein Fremder war, war fast zu viel für mich, und ich schaffte es kaum, meine Worte herauszubringen. Zuvor hatte ich mir meine Rede so sorgfältig zurechtgelegt, doch in diesem Augenblick war alles wie weggeblasen. Jetzt stotterte und stammelte ich und hatte Probleme damit, mich auch nur an meinen eigenen Namen zu erinnern!

»Ähm, Entschuldigung, ähm. Mein Name ist Josefina Rivera«, begann ich. »Man hat mir Ihre Adresse gegeben. Ich glaube, Sie könnten mein Vater sein.«

Das war alles, was ich sagte, und er brach in Tränen aus. Falls es je irgendeinen Zweifel daran gegeben hatte, dass dieser Mann mein Vater sein konnte, dann war er in diesem einen Moment ausgeräumt.

Er wusste, dass es der Wahrheit entsprach; er konnte es selbst sehen.

Porfirio erzählte mir alles über die Familie: Es gab insgesamt siebzehn Kinder, darunter vier Zwillingspaare. Mein Dad hatte schon sechs Kinder, bevor er meine Mom heiratete, und sie hatte bereits vier, bevor sie ihn kennen lernte.

Gemeinsam bekamen beide noch weitere Kinder. Als man uns alle ihnen wegnahm, hatte unsere Mutter nur Ada, ihre Erstgeborene, behalten. Uns, die Babys, hatte sie verlassen.

»Warum habt ihr uns zurückgelassen?«, wollte ich wissen.

Mein Dad begann wieder zu weinen.

»Ich musste mir eine Existenz aufbauen«, meinte er nur.

An jenem Tag blieb ich ein paar Stunden bei meinem Dad, und später stieß auch noch Iris dazu. Danach besuchte ich ihn regelmäßig wieder, um möglichst viel über meine Familie zu erfahren. Maria fand ich allerdings nie – niemand schien zu wissen, was aus ihr geworden war. Sie war wie vom Erdboden verschluckt.

Bald darauf fand Iris ein Haus in der North Sixth Street, und so verbrachte ich unverhofft viel Zeit im Haus meines Vaters. Inzwischen hatte er seine neue Frau Anne Mae geheiratet, die zwei Söhne mit in die Ehe brachte. Einer von ihnen war Robert; Rickys und Zornaes Vater.

Dad war ein Geschichtenerzähler: Er liebte es, seine längst vergangenen Zeiten in Puerto Rico wiederaufleben zu lassen. Damals war er nach einer schlimmen Regenzeit nach New York gekommen, und er wusste noch immer nicht, wo seine Eltern nach diesem verheerenden Naturereignis abgeblieben waren.

Ich konnte gar nicht genug von seinen ausschweifenden Geschichten bekommen, aber jedes Mal, wenn ich ihn nach meiner Mutter fragte, ließ sein Gedächtnis ihn im Stich.

Meine Pflegemom verstand mein Bedürfnis, meinem richtigen Dad näherzukommen, aber das hieß nicht, dass sie es begrüßte. Sie hatte bereits ihr Urteil über ihn gefällt, als er uns vor all den Jahren seinen Besuch abgestattet hatte.

Tatsache war, Dad war ein funktionierender und dennoch absolut hoffnungsloser Alkoholiker. Vom Aufstehen bis zum Schlafengehen trank er fruchtigen Likörwein, den er sich literweise in seinem Stammkiosk an der Ecke kaufte. Er trank, seit er dreizehn war, und ehrlich gesagt glaube ich, hätte er aufgehört, hätte er nicht mehr sehr lange gelebt. Wenn ich mit ihm zusammen war, war ich immer erst recht dankbar dafür, dass ich ein geborgenes und liebevolles Zuhause bei meiner Pflegemutter gefunden hatte.

Irgendwann musste ich eingenickt sein, denn auf einmal wurde ich von einem lauten Brüllen und Klopfen, das aus dem Loch kam, in die Gegenwart zurückgeholt.

Herrgott noch mal! Konnten wir denn nicht einen Moment Ruhe bekommen?!

Zehn Minuten später stand Gary unten bei uns.

»Alles okay?«, fragte er.

»Die Mädchen da unten gehen uns auf die Nerven«, sagte ich. »Sie halten einfach nicht den Mund.«

»Das habe ich gar nicht gehört«, meinte er irritiert.

Also ging er wieder nach oben und führte ein kleines Experiment durch: Er fuhr seinen Wagen aus der Garage, und Deborah und Lisa fingen wieder an zu brüllen und zu klopfen.

Sie konnten die Vibrationen des Wagens hören, als Heidnik ihn aus der Garage fuhr, und nahmen an, dass er das Haus verlassen hatte und sie daher so viel Alarm schlagen konnten, wie sie wollten.

Gary schlich auf Zehenspitzen zurück ins Haus, stellte sich an die Kellertür und lauschte dem Lärm.

Dann fuhr er seinen Wagen wieder in die Garage hinein, und da sie ihn zurückkommen hörten, gingen sie davon aus, dass Gary wieder im Haus war, und hielten den Mund. Als er nun wieder in den Keller kam, war ihm klar, dass sie wussten, dass er zurück sein musste.

Das nächste Mal kam er mit seinen Schraubenziehern zu uns. Er befahl Jacqueline und Deborah, aus dem Loch zu klettern, und bohrte ihnen die Schraubenzieher in die Ohren, genau wie er es bei mir und Sandra getan hatte.

Wäre das nur das Schlimmste gewesen. Wäre es bloß nicht noch weitergegangen. Jahre später blickte ich zurück und fragte mich, ob es auch anders hätte laufen können. Wenn Deborah sich Garys Willen gebeugt hätte, wenn sie sich einfach gefügt hätte, vielleicht hätte er sich dann nicht all diese anderen Formen der Bestrafung einfallen lassen.

Vielleicht. Andererseits war er zu diesem Zeitpunkt womöglich schon so durchgeknallt, dass eine weitere Tragödie unvermeidlich war.

Ich weiß es nicht. Ich wusste nur, dass Garys nächste Idee verheerende Folgen für uns alle hatte. Und perverserweise bedeutete sie den Anfang vom Ende meiner Einkerkerung.

14

Wir verlieren Deborah

Eine Woche später kam Gary mit einem Kabel und einem Schlauch in der Hand in den Keller.

Er hob das Brett von dem Loch und kettete Jacqueline und Deborah darin mit den Handschellen aneinander. Dann nahm er den Schlauch, schloss ihn an einen Wasserhahn in der Nähe an und füllte die Grube mit kaltem Wasser. Wir alle sahen ihm schweigend zu, während wir uns fragten, was zum Teufel er da vorhatte.

Als das Wasser einige Zentimeter tief war, stellte er es ab und schob die Platte wieder über das Loch. Dann nahm er das Kabel, das bis auf das abgeschnittene Ende mit den herausblitzenden Drähten wie ein gewöhnliches Verlängerungskabel aussah, und stöpselte das andere Ende in eine Steckdose ein. Spätestens jetzt wussten wir alle, was kommen würde: Er wollte den Mädchen im Loch Stromschläge verpassen.

Als sie begriffen, was geschehen würde, flehten Jacqueline und Deborah Gary an, es nicht zu tun, aber er war völlig versessen darauf.

»Keine Sorge«, sagte er kühl. »So stark ist der Strom nicht. Es ist nur ein kleiner Stoß. Nicht allzu schlimm. Ich muss euch beide doch ein bisschen auf Zack bringen.«

»Nein, tu es nicht!«, kreischte Deborah.

»Bitte, bitte, bitte!«, schrie und schluchzte Jacqueline.

Gary hielt die blanken Drähte an die Ketten der Mädchen, die aus einer Lücke im Brett hervorschauten, und gellende

Schreie ertönten, begleitet von zappelnden Geräuschen. Mein Herz verkrampfte sich.

Nach ein paar Sekunden nahm Gary den Draht fort. Er wartete und lauschte den Geräuschen, die aus dem Loch kamen; ein schweres Keuchen und Weinen. Heidnik schien zufrieden.

»Okay, und jetzt mach du es.« Er wandte sich zu mir. Oh Gott, nein! *NEIN!* Ich wollte das wirklich nicht tun. Ich war angewidert und verzweifelt und wollte am liebsten weglaufen, aber ich hatte keine andere Wahl. Ich wusste, dass Gary mich als Nächste in das Loch stecken würde, wenn ich ihm nicht gehorchte.

Daher nahm ich die Drähte, versuchte meine zitternden Hände zu beruhigen und hielt die Drähte an die Ketten. Die Mädchen schrien wieder auf.

Das Brüllen und Platschen, das aus dem Loch zu hören war, verriet uns, dass die Strafe Wirkung zeigte. Lisa und ich konnten einander nicht ansehen.

»Und jetzt denkt ihr beide einfach ein bisschen darüber nach«, rief Heidnik in das Loch hinein, während er das Kabel aus der Steckdose zog und wieder nach oben ging.

»Alles okay bei euch?« Ich hielt den Kopf dicht an das Loch, damit sie mein Flüstern hören konnten.

»Scheiße!«, rief Deborah. »Scheiße, Scheiße, Scheiße! Der Dreckskerl versucht uns umzubringen!«

»War es sehr schlimm?«, fragte Lisa.

»Es war nicht schön!«, gab Jacqueline zurück. »Aber es war nicht, du weißt schon, wie ein schwerer Stromschlag. Ich hatte es mir noch schmerzhafter vorgestellt. Es war eher diese Vorahnung, zu wissen, was gleich passiert. Wir konnten durch die Löcher im Brett sehen, was er gemacht hat, und ich hatte höllisch Angst.«

»Das ist auf jeden Fall eine perverse Art, Babys zu machen!«, zischte Deborah.

»Oh ja.« Lisa hockte sich auf ihre Fersen. Garys Verstand

führte ihn auf irgendwelche dunklen Irrwege, und er nahm uns alle dorthin mit.

Zwei Tage später zwang Heidnik die Mädchen erneut, sich in der Grube in eine Wasserlache zu setzen.

Der Ablauf war wieder derselbe: Zuerst hielt Gary den Draht an die Kette, und dann war ich an der Reihe.

Deborah und Jacqueline schrien und zuckten wieder.

Nach einer Weile ging Gary hoch, und bei uns kehrte wieder Ruhe ein.

Er war gut zehn Minuten dort oben, als Jacqueline auf einmal brüllte: »Deborah ist tot!«

Lisa und ich sahen uns entsetzt an, nicht in der Lage oder willens, uns zu rühren.

Ist das ihr Ernst? Ich kann es nicht fassen. Was sollen wir denn jetzt machen?!

Keine von uns rührte sich oder sprach, aber als Gary wiederkam, informierte ich ihn: »Jackie sagt, dass Deborah tot ist.«

»Stimmt das?«

»Ich weiß nicht.«

Gary ging hinüber zu dem Loch und hob das Brett hoch. Die Mädchen saßen beide da, die Beine vor sich ausgestreckt. Ihre Handgelenke berührten sich da, wo sie aneinandergekettet waren, aber Deborahs Beine waren gespreizt, und ihr Körper war nach vorn gesackt, sodass sie mit dem Gesicht im Wasser lag. Zum ersten Mal, seit ich sie kannte, war sie still.

Gary zog sie an den Haaren hoch, und es war offensichtlich, dass sie uns verlassen hatte. Wasser sickerte in kleinen Rinnsalen über ihr ausdrucksloses Gesicht, und ihre Augen und ihr Mund waren zu einem schlaffen, lautlosen Schrei geöffnet.

Er machte Deborah von Jacqueline los, die wie von der Tarantel gestochen aus dem Loch sprang. Dann zog er Deborah heraus und legte sie auf den Boden.

»Gott sei Dank!«, sagte er. »Jetzt sind meine ganzen Probleme gelöst, und in meinen Keller kann endlich wieder Normalität einkehren.«

Wir sahen uns alle an. Es war nicht so wie bei Sandra. Niemand weinte, wir waren alle zu geschockt. Gary ging wieder die Treppe hoch.

»Wie ist sie wohl gestorben?«, fragte Lisa.

Jacqueline zuckte nur die Schultern. Ich konnte es mir selbst nicht erklären. Wenn die Stromschläge nicht allzu schlimm gewesen waren, was hatte Deborah dann getötet? Vielleicht hatte sie einen Herzinfarkt. Vielleicht konnte ihr Körper den Mangel an Essen und das ständige Eingesperrtsein auf engstem Raum zusätzlich zu den Stromschlägen einfach nicht mehr verkraften.

Jacqueline zitterte jetzt, und Lisa legte tröstend einen Arm um sie.

Gary kam bald mit den Schlüsseln zu Deborahs Ketten wieder, machte sie los und trug den leblosen Körper im Feuerwehrgriff die Treppe hinauf.

Zehn Minuten später war er wieder bei uns. Diesmal hatte er ein Blatt Papier und einen Stift dabei.

Er reichte mir beides und wies mich an: »Schreib oben das Datum hin. 18. März 1987.«

Ich tat, was er sagte.

»Und jetzt die Uhrzeit: Es ist achtzehn Uhr dreißig. Okay, und jetzt schreib: ›Ich, Nicole Rivera, und Gary Heidnik haben Deborah Dudley getötet, indem wir ihre Ketten unter Strom gesetzt haben, während sie in einer Wasserlache in einem Loch im Keller der 3520 North Marshall Street saß.‹ Und jetzt unterschreib das.«

Ich befolgte seine Anweisungen, ohne zu hinterfragen, was das alles bedeuten könnte. Als ich fertig war, befahl er Lisa und Jacqueline, auf dem Blatt Papier als Zeugen zu unterschreiben.

»Jetzt habe ich diesen Brief« – er hielt ihn hoch, damit ich ihn sehen konnte – »und falls du je zur Polizei gehen solltest, kann ich das als Beweis dafür verwenden, dass du Debbie getötet hast.«

Mir schwirrte der Kopf. Ich war noch immer schockiert und benommen, aber zugleich versuchte ich verzweifelt, mit der sich rasch verändernden Situation Schritt zu halten. Heidnik hielt mich für schuldig, Deborah getötet zu haben.

Er glaubte, ich trüge dieselbe Schuld wie er.

Als Nächstes bückte er sich und löste die Ketten von meinen Fußknöcheln.

»Und jetzt geh nach oben und leg dich ins Bett.«

Ich konnte es kaum glauben. Dafür, dass ich Deborah zu Tode gequält hatte, wurde ich mit meiner Freiheit belohnt. Es war grotesk.

Es war genau das, worauf ich die ganze Zeit hingearbeitet hatte, aber um es zu erreichen, hatte eine von uns sterben müssen.

Ich sagte kein Wort. Was gab es schon zu sagen?

Ich kehrte den Mädchen im Keller den Rücken und ging nach oben, auf meine Freiheit zu. Die Außenwelt.

Ich konnte kaum glauben, dass es wahr war. *Das könnte alles ein Trick sein*, dachte ich.

Er könnte mich testen. Vermassele das nicht, Josefina!, sagte ich mir. *Sei stark, sei stark. Du hast hier nur eine einzige Chance, und wenn das nicht klappt, könnte alles vorbei sein.*

Ich stand jetzt im Erdgeschoss von Garys Haus und sah mich in den Zimmern um, durch die ich vier Monate zuvor gegangen war. Hier hatte sich in der Zwischenzeit nichts verändert, doch in meiner Welt hatte sich alles verändert – und das vielleicht für immer.

Zwei Mädchen waren tot. Ich war ausgehungert, geschlagen, vergewaltigt, gefoltert und zur Komplizin eines Mannes gemacht worden, dessen Gemeinheit keine Grenzen kannte.

Ich wollte wieder zu den anderen hinunterlaufen und ihnen

sagen: »Keine Sorge. Ich werde einen sicheren Ausweg für uns alle finden. Ich werde uns alle hier herausholen.«

Aber das konnte ich nicht. Meine Maske durfte vor ihm nicht einen Moment verrutschen. Ich war jetzt Josefina, Komplizin und Killerin. Heidnik durfte nur sehen, was er sehen wollte. Alles andere wäre sentimental gewesen. Und Sentimentalität konnte uns alle das Leben kosten.

Ich stieg langsam die düstere Treppe zum Schlafzimmer hoch. Zum ersten Mal seit vier Monaten waren meine Füße nicht von Ketten behindert.

Ich fühlte mich so leicht, dass ich Angst hatte, ich könnte davonschweben. Jeder Schritt war wie ein Aufstieg aus der Finsternis, aus den Tiefen der Hölle.

Ich war frei. *Frei!* Für mich lag nun alles hinter mir, dessen war ich mir sicher. Ich wusste, dass ich ihn jetzt nur fragen musste, und Gary würde mich aus dem Haus lassen, in der sicheren Annahme, dass er mich »hatte«. Ich war auf seiner Seite. Selbst wenn ich weglief, würde ich der Polizei nichts sagen, da ich ebenso tief in das Geschehen verstrickt war wie er. Das war jetzt seine Einschätzung unserer Situation.

In diesem Moment kam Gary hinter mir die Treppe hoch, aber ich hielt nicht eine Sekunde inne. Ich ging einfach weiter. Ich wandte mich nicht um und blieb nicht stehen, um mit ihm zu reden.

Er musste glauben, dass ich genau dasselbe wollte wie er: Daher ging ich in sein Schlafzimmer, schlüpfte unter die Decke seines schrägen Bettes und rollte mich auf die zum Fenster gewandte Seite.

Ich brauchte Zeit zum Nachdenken; Zeit, um das alles zu verarbeiten.

Ich konnte jetzt weglaufen, wenn ich wollte, nur dass noch immer zwei Mädchen in diesem Keller angekettet waren. Und sollte ich meinen Ausbruch in die Freiheit wagen, dann gab es für ihn im Grunde nur noch eine Möglichkeit: Er müsste sie töten.

Also musste ich jetzt einen Ausweg für uns alle finden.

Etwas später stieg Gary neben mir ins Bett. Er versuchte nicht, mich zu vergewaltigen. Er schaltete einfach das Licht aus und legte sich schlafen.

Ich lag die ganze Nacht wach und dachte an Deborah und an die Streitereien, die wir gehabt hatten.

Ich hörte ihre Stimme: »Ich werde hier unten sterben, oder?«

Und dann meine: »Ja, so sieht's ungefähr aus.«

Es tut mir leid, Deborah, es tut mir so leid.

15

Oben

Die Sonne ging über einer neuen Wirklichkeit auf. Irgendwann in der Nacht siegten die Erschöpfung und die Tatsache, dass ich zum ersten Mal seit vier Monaten in einem Bett lag: Ich war eingeschlafen.

Jetzt äugte die Vorfrühlingssonne durch die Vorhänge, und ich war voller Freude über diesen winzigen Blick in die Außenwelt. Sonnenlicht! Ich wollte am liebsten sofort aufspringen und aus dem Haus rennen, aber ich wusste, dass die Situation nicht so einfach war. So sehr ich auch zurück zu meinen Kindern wollte, um sie wiederzusehen, so wenig konnte ich das Jacqueline und Lisa antun.

Der Mann, der neben mir lag, war ein kaltblütiger Killer. Der Mann, der neben mir lag, würde nicht zögern, die beiden Frauen unten im Keller zu töten, wenn er den Verdacht hatte, dass ich ihn verraten würde. Also spielte ich jetzt meine Rolle, und ich musste sie perfekt spielen. Ich schlüpfte leise aus dem Bett und ging nach nebenan ins Badezimmer, um mir ein Bad einzulassen. Während ich darauf wartete, dass sich die Wanne mit Wasser füllte, sah ich mich um. Es war ein kleines Bad – mit einem Rasierer und Rasierschaum auf einer Seite des Fensterbretts, einer Zahnbürste und Zahnpasta auf der anderen.

Ich nahm Garys Zahnpasta und drückte ein klein wenig davon auf meinen Zeigefinger. Dann steckte ich ihn in meinen Mund und verrieb die minzige Creme auf meinem Zahnfleisch und meinen Zähnen. Er schmeckte so gut, mein erster

Geschmack von Zahnpasta seit vier Monaten. Heidniks Zahnbürste wollte ich lieber nicht benutzen. Ich war mir noch nicht sicher, wie weit meine Freiheit tatsächlich reichte.

Ich stieg in das warme Wasser und schrubbte mich immer wieder ab. Dann kletterte ich wieder heraus, wickelte mich in ein Handtuch und ging von einem Zimmer zum nächsten, auf der Suche nach ein paar Anziehsachen.

Ich warf einen Blick ins Nebenzimmer: nur Gerümpel, alte Fernseher, Sofas, Stühle; nichts, was ich anziehen konnte. Ich ging zurück ins Schlafzimmer, wo Gary inzwischen auf dem Bett saß und sich ein Shirt über sein Unterhemd streifte.

»Was kann ich anziehen?«, fragte ich ihn.

Er stand langsam auf, trat an die Kommode und entnahm ihr ein Shirt und eine schwarze Jeans.

»Zieh erst mal das hier an«, sagte er. »Wir werden dir bald ein paar andere Sachen kaufen.«

Ich schlüpfte in die Jeans, aber die war so riesig, dass ich mir sie mit einem Gürtel um die Hüfte schnallen musste, der auf einem Stuhl neben mir lag. Dann krempelte ich noch die Hosenbeine hoch, um nicht darauf zu treten.

Heidnik ging nach unten, und ich folgte ihm. Er machte eine Kanne Kaffee und nahm ein paar Scheiben Weißbrot aus einer Packung auf dem Küchentresen: Frühstück für Lisa und Jacqueline. Ich nahm mir selbst auch eine Scheibe und aß sie im Stehen.

Ich wollte nicht mit ihm in den Keller gehen. Ich konnte es nicht ertragen, diesen Mädchen in die Augen zu sehen.

Während er unten war, sah ich mich um. Ich befand mich in einer ganz gewöhnlichen Küche. Auf dem Tresen standen Müsli, Tee, eine Kaffeekanne und ein Mixer, und im Schrank eine Auswahl an Snacks und Dosen: Cracker, Suppe, Hundefutter, Nudelpackungen.

Als Gary wiederkam, machte er uns beiden eine Tasse Kaffee, und dann, nach ungefähr zehn Minuten, begann er zu reden. Es war fast, als würde er ein Selbstgespräch führen.

»Deborah … wir müssen irgendeinen Ort finden, wo wir Deborah loswerden können«, begann er nachdenklich.

Ich sah mich um.

»Wo ist sie denn jetzt?«

»Ich habe sie gestern Abend eingepackt und in die Gefriertruhe gesteckt. Mit Sandra hatte ich schon einen Haufen Probleme. Die Leute wussten, dass sie bei mir war, verstehst du? Ich konnte ihre Leiche nicht einfach irgendwo abladen, sonst hätten sie gleich bei mir vor der Tür gestanden. Daher musste ich mir andere Möglichkeiten einfallen lassen.«

Oh mein Gott, dachte ich. Ich hatte eine entsetzliche Ahnung, was das für »andere Möglichkeiten« gewesen sein könnten – nach dem, was er Deborah vor all den Wochen in der Küche gezeigt hatte …

Gary ging zu einem großen Kochtopf, der auf dem Herd stand, nahm den Deckel ab und winkte mich herüber, um es mir zu zeigen. Der Geruch überwältigte mich prompt. Deborah hatte zwar bereits erzählt, was ich zu erwarten hatte, aber dennoch war dieses Grauen schlimmer, als ich mir hätte vorstellen können.

In dem angebrannten Aluminiumtopf lag ein kahler weißer Schädel in einer Lache gelbbrauner Flüssigkeit. Es war so krass, so hässlich. Der bleiche, glänzende Knochen schien in dem fauligen dunklen Wasser fast zu schimmern.

»Ich habe ihren Kopf gekocht«, erklärte er nüchtern. »Und dann habe ich ihre Rippen in den Ofen gesteckt und sie gebraten, so, siehst du?«

Mir drehte sich der Magen um. Beißende Galle stieg mir die Kehle hoch, aber nach außen hin gab ich mich ruhig und gefasst. Das musste ich. Dann riss Gary die Kühlschranktür auf, griff hinein und nahm eine Bratpfanne mit den unverkennbaren verbrannten Überresten eines menschlichen Brustkorbs heraus. Es war weit über einen Monat vergangen, seit Deborah uns erzählt hatte, was sie gesehen hatte, und hier waren die Rippen, die sie beschrieben hatte: verkohlt und mit ein paar letzten Fleischresten, die daran verrotteten.

Sandras Rippen.

Sandra.

Mir wurde schwindelig, und mein Magen rumorte heftig. Garys Stimme drang nur in Wellen zu mir durch, die Geräusche kamen und gingen, und ich hatte das Gefühl, gleich ohnmächtig zu werden. Ich suchte am Tresen Halt, aber Gary schien gar nichts von meiner Bestürzung zu bemerken. Er redete einfach weiter.

»Ich musste das hier in den Kühlschrank stellen, weil es richtig schlimm gerochen hat und die Nachbarn sich beschwert haben. Ein paar andere Teile habe ich noch in dem Gefrierfach hier oben.« Er öffnete das Gefrierfach des Kühlschranks. Es war bis oben hin vollgestapelt mit ordentlichen, kleinen Päckchen mit Fleisch, genau wie in einer Metzgerstheke.

Das erste Paket, das er in die Hand nahm, war Sandras Unterarm. Er zeigte ihn mir, während er redete.

»Deshalb hatte ich diese Idee, das Fleisch zu entfernen und dann die Knochen an die Nachbarhunde zu verfüttern. Aber die Hunde haben die Knochen nicht vergraben oder weggeschleppt. Ich habe immer wieder einen Blick in den Hof geworfen und riesige Teile von Hüftknochen dort draußen liegen sehen, und das war nicht gut. Irgendwann hätte jemand diese Dinger gesehen und erkennen können, dass es sich um keine normalen Knochen handelte.«

Mir drehte sich alles. Die Vorstellung, dass Sandra sich zerstückelt und in Beutel gestopft in dieser Küche befand, war zu viel für mich. Aber es sollte noch schlimmer kommen.

»Und dann hat Deborah mich auf diese Idee mit dem Hundefutter gebracht.«

»Dem Hundefutter?« Ich versuchte einen kühlen und gemäßigten Ton zu bewahren, um meinen Ekel zu verbergen, aber das fiel mir wahnsinnig schwer. Alles, was Gary mir erzählte und zeigte, war einfach so unvorstellbar.

»Ja, weißt du, sie hatte doch gesagt, sie würde gern Hundefutter essen. Daher habe ich ein paar Dosen besorgt, etwas von Sandras Leiche klein gehackt und mit dem Hundefutter vermischt. Dann habe ich alles wieder in die Dosen gestopft, damit keiner etwas mitkriegt. Das haben sie gegessen. Ich dachte, irgendwann würden sie Sandra schon ganz aufgegessen haben, und ich wäre meine Sorgen los. Ich habe die Idee aus einem Film. *Eating Raoul.* Ist ein guter Film. Ich zeige ihn dir irgendwann mal.«

Ich dachte zurück an all die Zeiten unten im Keller, als Heidnik Deborah und Jacqueline das Hundefutter zu essen gab; wie sie mit den Gabeln in die weichen Fleischstücke stachen und Jacqueline sich beklagte, dass keine Erbsen dabei waren.

Es war einfach zu viel.

Ich versuchte mich auf Gary und das, was er sagte, zu konzentrieren.

Ich musste mich zusammenreißen.

Er erzählte das alles, als wäre es völlig normal. *Nichts von alledem ist normal,* wollte ich schreien. *Du hast zwei Frauen getötet, und jetzt verfütterst du sie an andere Menschen? Das ist pervers. Streich das. Das ist mehr als pervers. Ich habe keine Worte dafür, was das ist.*

»Niemand wusste, dass Deborah hier bei mir war«, fuhr er fort, während er in tiefen, langen Zügen seinen Kaffee schlürfte. »Das heißt, wir können einfach losfahren und eine Stelle suchen, an der wir ihre Leiche abladen können, und solange es nicht zu offensichtlich ist, gibt es für die Cops keinen Grund, sie mit dem Haus hier in Verbindung zu bringen.«

Inzwischen war mir aufgefallen, dass er die ganze Zeit von »wir« redete. Was immer er tat, ich würde mitmachen müssen.

Ich wollte am liebsten weinen. Ich wollte mich in einer Ecke zusammenrollen und wegen dieser entsetzlichen, widernatürlichen Dinge, die dieser Irre getan hatte, bitterlich weinen. Aber ich konnte mich nur am Tresen festklammern, um nicht das Gleichgewicht zu verlieren, während Gary weiterredete.

»Ich glaube, ich weiß eine Stelle, zu der wir fahren können. Sie liegt drüben in den Pine Barrens. Aber wir müssen vorsichtig sein. Wir können nicht an irgendwelchen Mautstellen oder so anhalten; wir müssen dafür sorgen, dass wir das Kleingeld passend haben. Also: Wir suchen uns zuerst eine geeignete Stelle, und dann kommen wir zurück und holen die Leiche.«

Er schlenderte ins Wohnzimmer, und auf einmal wurde mir bewusst, dass ich die ganze Zeit den Atem angehalten hatte. Ich wollte nicht eine Sekunde länger in dieser Küche verbringen. Ich folgte Gary und atmete dabei endlich lautlos aus.

Er warf mir einen fleckigen, beigefarbenen Pullover zu, und ich zog ihn an. Er roch nach ihm.

»Ich muss dich nicht noch einmal an den Brief erinnern, oder?«

Es war weniger eine Frage als vielmehr eine Drohung.

Ich schüttelte den Kopf und sah ihn an, als wollte ich sagen: Soll das ein Witz sein?

Er verschwand kurz nach oben, und in dieser Zeit sah ich mich gründlich um: Alle Fenster waren vergittert, und die Türen waren verschlossen, sodass ich ohne Schlüssel nicht hinauskonnte, und ein Telefon sah ich auch nirgends.

Als Gary wieder zu mir kam, hielt er ein Paar abgewetzte und zerschlissene Turnschuhe in der Hand. Sie sahen aus, als kämen sie aus einem Wohlfahrtsladen.

Schweigend zog ich sie an. Ich wollte mir lieber nicht vorstellen, wie ich aussah: ein viel zu großer Pullover, Jeans, die an mir schlabberten, und die Haare in einem katastrophalen Zustand.

Allerdings war mein Aussehen im Moment auch das Letzte, was mir wichtig war, denn schließlich würde ich gleich zum ersten Mal seit Monaten ins Freie treten.

Gary nahm den Haustürschlüssel aus seiner Hosentasche, um uns hinauszulassen. Dabei fiel mir auf, dass der Schlüssel irgendwie nicht richtig aussah. Die vordere Spitze fehlte.

»Was ist denn mit deinem Schlüssel los?«, fragte ich.

»Nichts, ich habe ihn extra so gemacht«, antwortete er stolz. »Ich habe den normalen Schlüssel halb in das Schloss gesteckt und dann abgesägt. Die vordere Hälfte bleibt ständig drin.«

»Warum hast du das getan?«

»Damit kein anderer Schlüssel als meiner passt.«

Das klang einleuchtend.

Ich staunte – und nicht zum ersten Mal – darüber, wie bizarr es war, dass solch ein offensichtlich intelligenter Mann so absolut unmenschlich sein konnte. Gary war auf eine erschreckende Weise schlau, denn das, was uns als Menschen ausmacht, ein natürliches Gefühl für Recht und Unrecht, eine instinktive Abneigung gegen Schmerz und Leid, war bei ihm nicht vorhanden.

Unter der Oberfläche war nichts: keine Emotion, kein Mitgefühl, kein Verständnis. Er war wie ein Roboter, der in Menschenkleidung herumlief. Und genau das machte ihn so gefährlich. Wenn man ihn ansah, würde man nicht eine Minute denken, dass er anders war als man selbst. Bevor man nicht jemanden wie Gary kennen gelernt hat, kann man sich gar nicht vorstellen, dass ein anderer Mensch sich so verhalten könnte. Erst wenn man einer solchen Person begegnen muss, begreift man, dass alles, was man zu wissen glaubte, möglicherweise falsch war. Wie viele andere Garys gab es noch dort draußen? Der Gedanke war erschreckend.

Die Tür schwang auf, und ich spürte, wie eine Brise mir sanft über mein Gesicht strich. Es war wundervoll.

Frische Luft!

Kalte, klare Luft! Sie drang in meine Nasenlöcher, dann in meinen Mund, meine Kehle und meine Lungen. Ich trank sie wie Wasser. Für einen Moment vergaß ich Gary, stand einfach nur da und ließ die Sonne meine Haut erwärmen und den Wind durch meine Haare wehen. Aber ich durfte nicht lange innehalten. Gary war bereits auf dem Weg zur Garage, und ich folgte ihm.

Ich sah in beide Richtungen die Straße hinunter. Die Gegend war ärmlich, schmuddelig und heruntergekommen. Ich wusste, dass ich es geschafft hätte wegzulaufen, aber was würde dann passieren? Er würde einfach zurück ins Haus gehen und die anderen beiden Mädchen töten.

Und danach würde er alles abstreiten.

Einmal, als Sandra und ich im Keller waren, prahlte er vor uns: »Ich werde nie verurteilt werden. Ich bin verrückt, wisst ihr? Wenn sie mich schnappen und vor Gericht stellen, werde ich einfach aufstehen und vor allen salutieren.«

Er hatte freudlos gelacht.

»Ich kann diese dämlichen psychiatrischen Tests austricksen, die sie mit mir machen. Ich kenne sie in- und auswendig. Sie werden mich einfach von einem Krankenhaus zum nächsten schicken, während ich weiter meine Schecks kassiere. Und bis die dahinterkommen, was mit mir nicht stimmt, bin ich schon wieder verschwunden.«

Nein, solange er in der Nähe war, war es unmöglich, die Mädchen aus ihrer Gefangenschaft herauszuholen. Mein Verstand arbeitete auf Hochtouren und versuchte so viel wie möglich aufzunehmen.

Jetzt gingen wir in seine Garage, und ich sah den Rolls-Royce, den er neben dem Cadillac stehen hatte. Er stieg in den Cadillac und öffnete die Beifahrertür, sodass ich neben ihm einsteigen konnte. Dann ging es los, und wir fuhren am helllichten Tag mitten durch die Stadt.

Josefina Rivera und Gary Heidnik.

Wir fuhren Richtung Osten, einmal quer durch die Stadt, auf der Ben-Franklin-Brücke über den Delaware River und weiter nach New Jersey. Es war unglaublich, andere Leute auf dem Gehsteig und in ihren Autos zu sehen – ich konnte nicht aufhören, sie anzustarren und bei jedem Einzelnen darüber nachzugrübeln, was er tat, wohin er fuhr und wen er treffen würde. Ich fühlte mich inzwischen so abgeschnitten von der Welt, als würde ich gar nicht mehr dazugehören. Ich war nur eine Besucherin, hinausgelassen für einen Tag, um die gewöhnlichen Leute bei ihrem gewöhnlichen Leben zu begaffen.

Die Fahrt dauerte etwa eine Stunde, und unterwegs hielten wir sogar bei einem Diner am Straßenrand, in dem Gary sich einen Burger und Pommes holte.

Dort am Tisch saß ich ihm gegenüber und schlürfte an einer Cola, während er sein Essen verschlang.

Ich war zum ersten Mal seit Monaten unter Leuten. Es war unwirklich.

Ich beneidete diese Menschen, die alle ihrem ganz normalen Leben nachgingen, mit keinen anderen Sorgen als der Frage, was sie zum Abendessen kochen sollten, oder wie ihre Pläne fürs Wochenende aussehen würden.

Es schien so weit entfernt von meiner Existenz. Ich fühlte mich, als wäre ich auf eine andere Ebene der Realität versetzt worden, wo tagtägliche Gräuel die Regel waren, wo Leute starben und zu Hundefutter verarbeitet wurden.

Ich sah Gary beim Essen zu: Er schien völlig unbekümmert.

»Noch Kaffee, Süßer?« Die Bedienung war eine verwelkte alte Wasserstoffblondine mit einer weltverdrossenen Miene.

»Füll auf.« Gary schob seine Tasse in ihre Richtung, und sie schenkte randvoll ein.

»Möchtest du irgendwas?«, fragte sie mich.

»Nein, danke«, antwortete ich. Ich war zu verängstigt, um sie um irgendetwas zu bitten. Um genau zu sein, wollte ich sie nicht einmal ansehen, nur für den Fall, dass Gary irgendetwas in meine Miene hineindeutete, das ihn wütend oder misstrauisch machte.

Es kam mir nicht einmal in den Sinn, zu schreien oder wegzulaufen. Das wäre einfach zu riskant gewesen.

Nach einer weiteren halben Stunde fuhren wir auf der Route 676 in die dicht bewaldeten Pine Barrens. Alles sah gleich aus, meilenweit nichts als Kiefernwald, nichts, um einen Punkt vom nächsten zu unterscheiden. Unvermittelt fuhr Gary mit dem Wagen von der Straße ab und einen kleinen Feldweg hinunter, der in den Wald hineinführte.

Wenn man noch nie dort war, hätte man glatt an ihm vorbeifahren können, ohne ihn je zu bemerken. Es gab keinen Wegweiser, kein Straßenschild, keinen Orientierungspunkt, nichts, was einem verriet, wo man war. Nur dieser schmale Feldweg, dem wir in den Wald folgten. Nach ein paar hundert Metern hielt Gary den Wagen an und stellte den Motor ab.

Er stieg aus und sah sich kurz um, bevor er wieder in den Wagen stieg.

»Hier ist es gut«, sagte er.

Und dann fuhren wir nach Hause.

16

Die Pine Barrens

Bis wir zurück zum Haus kamen, war es Nachmittag. Gary brühte wieder Kaffee, und ich machte im Wohnzimmer den Fernseher an.

Während dort die Spielshows und Werbepausen ineinander übergingen, schaltete ich innerlich ab. Die Minuten dehnten sich zu Stunden, und ich saß einfach nur da, zu erschöpft und abgespannt, um mich auch nur von der Stelle zu rühren. Ich stand lediglich ein paarmal auf, um zur Toilette zu gehen und mir ein Glas Wasser zu holen.

Die meiste Zeit saß ich einfach nur da, in meine eigenen Gedanken verloren. Ich fragte mich, was für Arzneimittel man Gary verschrieben hatte und ob er sie überhaupt einnahm. Ich dachte an die Medikamente, die ihm die Armee, wie er behauptete, vor all den Jahren gegeben hatte. Konnten diese Pharmaka ihn zu seinen Taten getrieben haben, oder war er so geboren? Wie kann man seine ganze Moral verlieren und wie in der Lage sein, Leute zu töten, als wäre es etwas ganz Alltägliches? Wenn ich daran dachte, wie er uns seine Pläne dargelegt hatte, in seinem Haus einen Harem mit Frauen und Kindern zu gründen, erschien es mir regelrecht grotesk, dass er auf Sandras und Deborahs Tod so gleichgültig reagiert hatte. Ursprünglich wollte er Leben in die Welt setzen – uns zu töten war doch sicher kein Teil dieses Plans. War es ihm egal? Mir ging der Gedanke durch den Kopf, dass ich möglicherweise nicht die Erste war, die bei ihm gelandet war. Vielleicht hatte er vor mir schon eine oder mehrere andere Frauen hier gehabt und sie am Ende getötet, so wie Sandra und Deborah. War ich wirklich die Erste, oder ersetzte ich schon jemanden? Da ich keine Ahnung hatte, konnte ich nichts anderes tun, als diesen Typen beim Wort nehmen. Nach allem, was ich wusste, hätte er schon ein Dutzend Leichen in den Pine Barrens abladen können. Er kannte sich auf jeden Fall ohne Karte in einigen abgelegenen Ecken des Waldes aus! Was, wenn er uns letztendlich alle tötete? Garys Pläne lösten sich allmählich an den Rändern auf, aber das schien er gar nicht zu bemerken, oder es kümmerte ihn nicht. Er passte sich an jede neue Entwicklung an, als gehörte es einfach zum Leben, junge Frauen zu entführen und zu ermorden. Wie ich meine Situation auch betrachtete, sie war in jedem Fall beängstigend. Falls Heidnik noch nie getötet hatte, hatte er aber offenbar keine Hemmungen, es zum ersten Mal zu tun. Und falls er doch schon einmal getötet hatte: Wer konnte dann schon sagen, wer als Nächste dran sein würde?

Ich konnte hören, wie er sich im Haus bewegte, Post und Papiere durchging und Tassen und Teller vom Esszimmertisch räumte.

Einmal ging er zurück in den Keller und blieb eine Weile dort unten, daher nahm ich an, dass er mit den anderen Mädchen Sex hatte. Er hielt noch immer an seinem Plan fest, sie zu schwängern, aber jetzt, wo er dachte, dass ich bereits ein Kind erwartete, ließ er mich in Ruhe. Der Gedanke, sein Baby zu bekommen, war so ekelerregend, dass ich ihn einfach beiseiteschob. Ich wusste, wenn es wirklich so sein sollte, würde ich es wegmachen lassen. Außerdem hatte ich über dringendere Angelegenheiten nachzudenken, zum Beispiel darüber, eine Fluchtmöglichkeit für uns alle zu finden.

Es war Nacht, als Heidnik ins Wohnzimmer zurückkehrte und mich ansah. »Komm mit.«

Er öffnete die Tür zum Keller und verschwand nach unten,

aber diesmal kam er mit Deborahs tiefgefrorener Leiche – zusammengekrümmt in einer durchsichtigen Mülltüte – wieder. Ich wandte den Blick ab.

»Schau sie dir an!«, befahl er mir. Ich wollte nicht. Erst musste ich die beiden sterben sehen, dann musste ich Sandras zerstückelte Leiche angucken, und jetzt wollte er, dass ich mir Deborah in einer Tüte anschaute? Es war ein weiteres grauenhaftes Bild, das ich nicht auf Dauer in meinem Kopf eingebrannt haben wollte. Aber im Grunde hatte ich keine andere Wahl.

Also wandte ich mich wieder um. Und da war sie: ihre straffe Haut an ihren Knochen festgefroren, ihr Körper genau in der Mitte gefaltet. Zum Glück steckte ihr Kopf zwischen den Beinen, sodass ihr Gesicht von ihren Haaren verdeckt war.

»Und jetzt steig in den Wagen«, befahl er mir. In seiner Stimme lag weder Wut noch sonst irgendeine Emotion.

Ich ging hinaus und setzte mich auf den Beifahrersitz des Wagens. Ich hörte hinter mir ein Klicken, als er den Kofferraum öffnete, und dann folgte ein dumpfer Aufprall von der Leiche, die er hineinwarf. Der Kofferraum knallte wieder zu, und Heidnik stieg neben mir ein.

Jetzt fuhren wir erneut durch die Stadt, über die Ben-Franklin-Brücke und zurück in die Pine Barrens.

Die Lichter rauschten vorbei, Reklametafeln schrien mir ihre begeisterten Slogans entgegen. Ich lehnte mich an die Beifahrertür und stellte mich auf die lange Fahrt ein.

Es muss spät gewesen sein, als wir den Feldweg erreichten, den wir tagsüber gefunden hatten. Es waren nicht viele Autos auf der Straße unterwegs, und die meisten Diners waren bereits geschlossen.

Gary fuhr langsam in den Wald hinein, hielt dann den Wagen an und stieg aus. Ich hörte, wie der Kofferraum aufschnappte, rührte mich aber nicht.

Wieder spürte ich einen Ruck vom hinteren Teil des Wagens, als Deborahs Leiche erneut in den Kofferraum fiel – ich nahm an, dass er sie aus der Tüte geholt hatte.

Ich hörte ein Knacken und ein Knirschen, als die Zweige und Blätter auf dem Waldboden unter Heidniks Schritten nachgaben. Dann sah ich ihn mit Deborah, die noch immer einmal mittig zusammengeklappt war, seitlich ums Auto gehen. Er stapfte in den Wald, auf eine kleine Lichtung zu, und jetzt konnte ich meinen Atem in kurzen, abgehackten Zügen hören.

Dort draußen war es völlig finster, und völlig still.

Präge dir das ein, befahl ich mir. *Präge dir diesen Ort ein.*

Ich wusste, falls ich je lebend hier herauskommen sollte, dann würde irgendjemand hierherkommen wollen, um Deborah zurückzuholen, weshalb ich verzweifelt versuchte, diesen Ort fest in meinem Gedächtnis zu verankern.

Aber die ganze Zeit über war ich starr vor Angst.

Was, wenn er beschließen sollte, mich zusammen mit Deborah hier draußen zu beseitigen? Niemand wusste, dass wir hier waren. Man würde mich niemals finden. Ich war wie gelähmt, krank vor Entsetzen.

In der bedrückenden Finsternis des Waldes überwältigte mich meine Paranoia, er könne mich hier draußen einfach töten, und niemand würde es je erfahren, gänzlich. Was sollte ich tun? Wie sollte ich von hier wegkommen?

Ich blickte mich panisch im Inneren des Wagens um, konnte aber nichts sehen, was ich als Waffe benutzen könnte. Die Autoschlüssel hatte er mitgenommen, sodass ich auch nicht einfach wegfahren konnte. Der einzige mögliche Ausweg wäre es, in den Wald zu rennen und zu beten, dass Gary mich nicht finden würde. Doch dann wäre ich ganz allein im Dunkeln im Wald, frierend, verängstigt und allein.

Obwohl er nicht länger als drei Minuten fort war, kam es mir vor wie eine ganze Stunde.

Zu meiner großen Erleichterung knallte Heidnik einfach den Kofferraum zu und stieg neben mir in den Wagen. Er sprach kein Wort.

Wir fuhren rückwärts aus dem Feldweg und zurück in Richtung Philadelphia.

Unterwegs hielten wir an einer Tankstelle, um eine Ausgabe des *Philadelphia Inquirer* mitzunehmen.

»Um nach meinen Aktien zu sehen«, erklärte Gary, während er die Zeitung auf die Rückbank warf.

Er hielt an der Ecke 52nd und Walnut, in einer grell erleuchteten, heruntergekommenen Gegend, die mit ihren vielen Einkaufspassagen und Fastfoodrestaurants in den frühen Morgenstunden zum Leben zu erwachen schien.

Wir fuhren mit dem Wagen auf den Kundenparkplatz eines McDonald's, und mir war klar, dass wir wieder eine Essenspause einlegen würden.

Auf dem Weg in das Restaurant warf er etwas in den Mülleimer – es war die Tüte, in der er Deborahs Leiche transportiert hatte.

Das Licht und der Lärm prasselten auf mich ein, als ich das Restaurant betrat. Es war voll besetzt, richtig voll besetzt. Rings um mich herum waren Menschen, die schubsten und drängelten, während wir in der Schlange standen. Andere Kunden hielten ihre Tabletts und bahnten sich mit den Ellenbogen einen Weg zu ihren Plätzen.

Das Gebrüll, Gelächter und Geplauder all dieser Leute war so laut, dass ich kaum noch Luft bekam.

Ich sah mich staunend um. War diesen Leuten eigentlich bewusst, was wir eben getan hatten?

Wir hatten gerade erst eine Leiche im Wald abgeladen, und hier standen sie alle und benahmen sich, als sei alles in bester Ordnung.

Ich fühlte mich hundeelend.

Gary holte sich wieder einen Burger mit Pommes, diesmal

mit einem Milchshake. Er fragte mich, ob ich irgendetwas wollte. Nein, ich schüttelte nur benommen den Kopf.

Dann wählte Heidnik einen Tisch in der Ecke, und wir setzten uns. Ich musste mich zusammenreißen, um nicht am ganzen Körper zu zittern, aber Gary aß in aller Ruhe sein Menü, als sei rein gar nichts vorgefallen.

Er legte die aufgeschlagene Zeitung auf sein Bein und konzentrierte sich angestrengt auf die Seiten, während er das weiche, teigige Brötchen Bissen für Bissen verschlang. Von Zeit zu Zeit tastete er geistesabwesend mit einer Hand über sein Tablett, um sich eine Handvoll Pommes zu nehmen.

»Sieht aus, als wären meine Crazy-Eddie-Aktien noch immer im Keller«, murmelte er kopfschüttelnd. »Verdammt, das ist ja mal gründlich danebengegangen. Da habe ich 16 000 Dollar verloren.«

Die ganze Szene war surreal, unglaublich. Wenn mir jemand vor sechs Monaten erzählt hätte, ich würde eine Leiche in New Jersey abladen und anschließend bei einem McDonald's halten, hätte ich es niemals geglaubt. Jetzt passierte genau das, und ich konnte es noch immer nicht fassen.

Meine Nerven waren zum Zerreißen gespannt. Ich versuchte verzweifelt, einen normalen Eindruck zu erwecken. Ich hatte einen Ellenbogen auf den Tisch gestützt und den Kopf auf die Fingerknöchel gelegt. Meine andere Hand klemmte zwischen meinen übereinandergeschlagenen Beinen. Ich war bis zum Äußersten angespannt. Aber ich wusste auch, dass ich schon morgen tot sein könnte, wenn ich es nicht schaffte, diese Nummer durchzuziehen und entspannt zu wirken.

Garys Reaktionen waren so anormal, so weit entfernt von allem, was ich je erlebt hatte, dass es eine Weile dauerte, bis bei mir der Groschen fiel. Auf einmal sah ich alles deutlich vor mir: Er hatte sich seit Monaten benommen, als sei das alles völlig normal!

Um so weit zu kommen, musste er seinen gewohnten Geschäften nachgehen, als sei alles in bester Ordnung, während er uns alle die ganze Zeit in seinem Keller angekettet hatte.

»Ich kann jeden zum Narren halten«, hatte er vor mir und Sandra geprahlt. »Die Leute glauben, dass sie wissen, wie ein Verrückter aussieht, also zeige ich ihnen den Verrückten, den sie wollen. Genau darum geht es – die Leute können nur das sehen, was man ihnen zeigt. Wenn man sich nichts anmerken lässt, woher sollen sie dann wissen, was wirklich los ist?«

Daher benahm er sich jetzt also wie ein ganz normaler Typ, da er wusste, wie ein ganz normaler Typ aussah. Er zeigte der Welt, was sie sehen wollte – und den wirklich Verrückten hielt er versteckt.

Ich muss dasselbe tun, begriff ich jetzt. *Ich muss ihm zeigen, was er sehen will – mehr nicht.*

Die Geräusche und Bewegungen der Leute um uns herum verschwanden im Hintergrund. Es gab nur noch mich und Gary.

Ich sah ihn an, während er seinen Milchshake schlürfte und die Zeitung überflog.

Hast du das schon einmal getan?, überlegte ich. *Du wusstest wahnsinnig gut, was du mit einer Leiche tun musstest. Und du hast zwei Mädchen verdammt kurz nacheinander getötet, ohne mit der Wimper zu zucken.*

Wenn du das erste Mal jemanden tötest, zeigst du doch sicher irgendeine Reaktion; egal, wer du bist.

Gibt es noch mehr Deborahs dort draußen? Mehr Sandras?

Ich sah ihn noch einmal an. Sein ganzer Körper hing ausgestreckt auf dem billigen Plastiksitz. Dieses Auftreten, diese Lässigkeit, mochte die ganze Welt zum Narren halten, aber mich täuschte es nicht. Ich wusste, was sich dahinter verbarg.

Es läuft nicht alles nach Plan, stimmt's, Gary?, sagte ich in Gedanken zu ihm. *Es klappt nicht. Es ist Zeit aufzuhören.*

Ich spürte, wie meine Kraft zurückkehrte. Ich würde mich von diesem Freak nicht besiegen lassen.

Wenn er eine Komplizin suchte, dann würde ich ihm eine geben. Ich würde ihm genau das zeigen, was er sehen wollte. Und dann … Na ja, dann würden wir weitersehen.

17

Draußen

Hey, lass uns heute ein paar Kleider für dich kaufen«, schlug Gary am nächsten Morgen vor, während er Kaffee kochte. Er hatte mir eine große Schale Cheerios hingestellt, die ich mir roboterartig in den Mund stopfte. Ich konnte Essen kaum noch schmecken. Für mich war es nur Brennstoff, um einen Tag nach dem anderen zu überstehen.

Normalerweise ging ich gern shoppen. Es gab für mich nichts Schöneres, als stundenlang im Einkaufszentrum zwischen den Kleiderständern zu stöbern und in aller Ruhe von einem Geschäft zum nächsten zu schlendern, das eine oder andere Teil anzuprobieren und zu sehen, welche neue Mode mir stand, doch der Gedanke, mit Gary shoppen zu gehen, erfüllte mich ganz und gar nicht mit Vorfreude. Aber das würde ich mir natürlich nicht anmerken lassen.

»Ja, das hier ist eindeutig nicht mein Lieblingsoutfit«, sagte ich mit einer abschätzigen Geste auf den ausgeleierten Pullover und die weite Jeans, deren Hosenbeine um meine Füße schlackerten. »Als Erstes könnte ich ein bisschen Unterwäsche gebrauchen!«

Ich war nicht mehr Garys Sklavin, ich war seine Partnerin – das dachte er zumindest –, also redete ich mit ihm wie eine Partnerin.

Ich zeigte keine kriecherische Dankbarkeit, keine sklavische Hingabe. Der einzige Grund dafür, dass ich überhaupt hier oben war, war, dass er dachte, ich sei ein Teil seines perversen

Unternehmens. Ich würde daher auf keinen Fall so tun, als wäre sein Angebot, mir Kleider zu kaufen, irgendeine tolle Geste der Großzügigkeit.

»Okay«, willigte er ein. »Gib mir ein paar Minuten, und dann fahren wir los.«

Ich nahm mir eine Tasse Kaffee und ging zurück ins Wohnzimmer, um zu Ende zu frühstücken. Gary brachte den Mädchen ein paar Sandwiches und war ein paar Minuten später wieder da.

Ich konnte sehen, dass er auf eine seltsame Weise Gefallen an dieser ganzen Geschichte fand. Genau das hatte er sich die ganze Zeit gewünscht: jemanden, mit dem er sein Leben teilen konnte; und jetzt hatte er, was er wollte. Er hatte mich. Selbst wenn er insgeheim leise Zweifel an mir hegte, würde er sich davon nicht beirren lassen. Er wollte, dass wir zusammen waren.

Wir stiegen in den Wagen und fuhren zu einem Wohlfahrtsladen um die Ecke, wo die Schilder über den Kleiderständern mit lächerlich niedrigen Preisen warben. Und die Kleider passten zu den Preisen.

Gary fuhr vielleicht in einem Rolls und einem Cadillac durch die Gegend, aber er gab auf keinen Fall mehr Geld aus als unbedingt nötig. Das Essen auf seinem Küchentresen war von den Eigenmarken der Supermärkte; das billige Zeug. Abgesehen von der braunen Lederjacke mit den Fransen war seine Kleidung von schlechter Qualität und hässlich. Und nun waren wir gemeinsam hier und wollten Ständer mit den abgelegten Kleidungsstücken anderer Leute durchsehen.

Wir gingen zusammen hinein, und ich blieb eine Minute stehen, um mich zu orientieren. Ich war völlig auf die Aufgabe, den Einkauf, konzentriert; ohne mich umzusehen, ohne an Flucht zu denken.

Ich wusste noch immer nicht, wie mein Plan aussehen könnte. Ich überlegte mir alles von einer Minute zur nächsten, und ich wusste, dass jetzt nicht der richtige Zeitpunkt war. Heidnik musste mir völlig vertrauen, er musste glauben, dass ich ihn nicht verraten würde, das sagten mir meine Instinkte – und an diesem Punkt befanden wir uns nicht. Noch nicht.

Daher suchte ich zunächst den Gang mit der Unterwäsche und schnappte mir ein paar Schlüpfer in meiner Größe. Dann fand ich die Jeansabteilung und nahm mir ein paar Hosen in Größe 38. Gary blieb die ganze Zeit an meiner Seite, und ich achtete darauf, so zu tun, als wäre er mein Freund, der mich auf einer ganz normalen Einkaufstour begleitete. Nicht zu schnell, nicht zu langsam. Beiläufig, als würden wir das alles nicht zum ersten Mal tun.

Ich warf ihm die Jeans zu, und er hielt sie gehorsam. Dann folgte er mir zum nächsten Ständer, wo ich mir ein paar T-Shirts aussuchte, die ich ihm ebenfalls in die Arme legte.

Schließlich fand ich eine braune Jacke und einen blauen Rollkragenpullover.

»Das genügt«, sagte ich zu ihm.

Er nickte, und wir gingen zur Kasse.

Ich hielt mich nicht damit auf, nach einem BH zu suchen – meine Brüste waren so klein, dass ich nicht unbedingt einen brauchte, und ehrlich gesagt war ich inzwischen erschöpft von der Konzentration und Anstrengung. Ich wollte nur noch von dort verschwinden.

Er konnte es nicht sehen, aber ich war die ganze Zeit zum Zerreißen gespannt. Ich wusste, ein Blick in die falsche Richtung, ein falsches Wort würde genügen, und ich könnte wieder unten in diesem Keller landen. Ich wandte der Kassiererin den Rücken zu, während sie die Gegenstände eintippte, und lehnte mich gegen den Tresen, die Arme vor der Brust verschränkt, als wäre mir alles egal.

Offen gestanden wollte ich einfach nicht, dass sie mit mir redete oder mich auch bloß ansah. Das allein hätte gefährlich sein können.

Gary bezahlte mit einem Zwanzigdollarschein, und wir verließen den Laden mit unseren zwei Plastiktüten, gefüllt mit Einkäufen. Es war die absolut grässlichste Shoppingtour meines Lebens.

Als wir zurückkamen, verschwand ich nach oben, um meine neuen Kleider anzuziehen. Alles passte gut, und es war eine große Erleichterung, endlich nicht mehr diese seltsame ausgebeulte Hose und das viel zu große Hemd dieses Mannes tragen zu müssen.

Danach ging ich ins Bad und sah in den kleinen runden Gesichtsspiegel über dem Waschbecken. Zuvor hatte ich bereits versucht, meine Haare zu bändigen: Ich hatte sie zu einem strengen Pferdeschwanz nach hinten gekämmt und mit einem Gummiband zusammengebunden, das ich im Wohnzimmer gefunden hatte.

Jetzt spritzte ich mir noch etwas Wasser übers Gesicht und strich mir die Haare glatt.

Ich stand einen Moment bloß da und sagte in Gedanken meinen Namen: *Josefina Rivera.*

Josefina Rivera. Du wirst das überleben, Josefina. Du bist stark. Du bist eine Kämpferin. Du passt dich an.

Dann stieß ich einen tiefen Seufzer aus, drückte die Schultern durch und ging nach unten.

Gary sah vom Sofa im Wohnzimmer auf, wo er fernsah.

»So ist's besser«, sagte er bewundernd. »Du siehst gleich viel flotter aus.«

»Das will ich aber auch meinen«, gab ich zurück. »Jetzt kann ich wenigstens wieder meine Taille sehen!«

Ich ließ jetzt die Muskeln spielen und legte zusätzlich zu meinem leicht schnippischen Ton eine Prise Verachtung in meine Stimme. *Soll er doch froh sein, mich überhaupt hier zu haben,* dachte ich. *Ich will nicht, dass dieser Typ auch nur auf die Idee kommt, mich wieder anzuketten.*

Später machte ich in der Küche Kaffee. Jedes Mal, wenn ich jetzt dorthin ging, wandte ich den Blick vom Herd ab, wo noch immer der Topf mit Sandras Kopf stand.

Ich konzentrierte mich auf meine Bewegungen. Ich mied das Gefrierfach und sah nicht in den Kühlschrank. Diesen grässlichen Anblick wollte ich mir ersparen.

Gary betrat die Küche. »Ich muss den Rolls in die Werkstatt bringen«, sagte er. »Du kannst mir mit dem Caddy folgen, damit wir danach wieder nach Hause fahren können.«

»Na klar«, stimmte ich zu.

Eine Pause trat ein.

Und dann: »Bist du eine gute Autofahrerin?«

Ich verschluckte mich fast an meinem Kaffee.

Er machte sich Sorgen um seinen kostbaren Wagen! *Na klar, töte zwei Frauen, aber Hauptsache, du kümmerst dich um deinen Schlitten!* Dieser Typ war wirklich total durchgeknallt.

»Ich bin eine hervorragende Autofahrerin«, antwortete ich ihm selbstbewusst. Es war ein weiterer Schritt in die richtige Richtung. Er vertraute mir genug, um mir die Schlüssel zu seinem Wagen auszuhändigen, also musste er glauben, dass ich damit nicht prompt zur ersten Polizeiwache fahren würde, die ich sah. Und natürlich hatte er recht. Was hätte mir das schon gebracht? Wenn er wusste, dass ich ihm nicht mehr hinterherfuhr, könnte er zurück zum Haus fahren, die Mädchen töten und dann flüchten. Und was hätte ich letztendlich davon? Ich würde bis an mein Lebensende ängstliche Blicke über meine Schulter werfen und mich fragen, wann er das nächste Mal wieder auftauchen würde, in dem ständigen Wissen, dass mein Leben nur so lang war wie der Abstand zwischen uns.

Wir gingen in die Garage, und er reichte mir die Schlüssel für den Cadillac. Ich rutschte auf den Fahrersitz, den ich erst einmal neu in Position bringen musste. Gary war viel größer als ich, und so, wie er ihn eingestellt hatte, konnte ich nicht einmal die Pedale erreichen.

Währenddessen stieg Gary in den Rolls ein und fuhr langsam aus der Auffahrt. Ich legte den Gang ein und ließ mich von dem starken Motor gleichmäßig vorwärtsschieben. Es war ein schöner Wagen, und der Motor surrte leise unter mir. Ich versuchte nicht an all die anderen Male zu denken, die ich Auto gefahren war. All die anderen Anlässe, bei denen ich ungehindert fahren konnte, wohin und wann ich wollte. Jetzt saß ich zwar auch auf dem Fahrersitz, aber ich hatte in keinster Weise die Kontrolle. Gary fuhr auf die Straße hinaus, und ich rollte hinter ihm her, immer darauf bedacht, einen kleinen Abstand zwischen uns zu halten.

Ich bemerkte, wie sein Blick nach oben gen Rückspiegel huschte, um sich zu vergewissern, dass ich noch da war. *Keine Sorge, Gary*, dachte ich. *Ich fahre nirgendwohin. Noch nicht.*

Als wir durch das Armenviertel von Philadelphia kurvten, zogen wir einige Blicke auf uns: Ein Rolls-Royce, gefolgt von einem Cadillac, beide in tadellosem Zustand – das war in dieser Gegend sicher kein alltäglicher Anblick.

Dennoch behielt ich die Nerven und vermied es, Blickkontakt zu den Prostituierten und den Moms mit Kinderwagen auf dem Gehsteig aufzunehmen.

Wenige Minuten später bogen wir in die Werkstatt ein. Gary kurbelte sein Fenster herunter, einen Arm auf die Wagentür gestützt.

Er rief dem Mechaniker, der unter der Motorhaube eines Chevy herumwerkelte, zu: »Hey, Mike!«

Mike tauchte in einem schmuddeligen blauen Overall hinter der Motorhaube auf und wischte einen Schraubenschlüssel an einem schwarz fleckigen Tuch ab.

»Hey, Gary!« Mike schien ein ganz normaler Mensch zu sein, der Gary in der wirklichen Welt kannte, der Welt, in der Gary ein- und auscheckte wie ein Hotelgast. Mike konnte mich eindeutig hinter Gary in seinem Cadillac sehen, und ich nehme an, dass er auch Garys Wagen erkannte.

»Der Rolls ist auch ihrer!«, rief Gary freundlich, während er mit dem Daumen nach hinten auf mich zeigte.

»Die Glückliche!«, gab Mike zurück. *Ja*, dachte ich, *ich Glückliche.*

Gary stieg jetzt aus dem Rolls-Royce aus und ging hinüber zu Mike, um mit ihm zu reden. Sie unterhielten sich, standen allerdings zu weit von mir entfernt, als dass ich sie hätte hören können. Ich nutzte die Zeit, um vom Fahrer- auf den Beifahrersitz zu wechseln. Gary ging jetzt vielleicht davon aus, dass ich seine Partnerin war, aber ich wusste, dass er noch nicht so weit war, mich auf den Fahrersitz zu lassen, während er nur Beifahrer war. Und ich würde mein Glück nicht herausfordern.

Wenig später stieg Gary in den Cadillac ein und fuhr aus der Werkstatt. Ich fragte mich, ob an dem Rolls tatsächlich etwas gemacht werden musste oder ob Gary nur vorausschauend ein Alibi konstruierte.

Er wollte, dass andere Leute mich mit ihm zusammen sahen, er wollte, dass sie glaubten, ich wäre seine Freundin und ich wäre aus freien Stücken bei ihm. Wenn die Cops je bei ihm vor der Tür stehen sollten, dann würde meine Anwesenheit jeden potenziellen Verdacht von ihm ablenken.

All diese Mädchen wurden vermisst, aber er konnte es doch nicht sein, oder? Er hatte schließlich eine Freundin. Mich.

Gary ging früh zu Bett und stand spät auf.

Mir war ständig bewusst, dass im Keller unter unseren Füßen noch immer die Mädchen angekettet waren, wohingegen Gary sich benahm, als existierten sie kaum. Wenn er hinunterging, um ihnen Essen zu bringen oder Sex mit ihnen zu haben, blieb ich oben. Ich fragte mich, was sie wohl dachten.

Was vermuteten sie, tat ich hier oben?

Ich wurde jetzt von Tag zu Tag stärker und selbstsicherer, und Gary versuchte erst gar nicht, abends Sex mit mir zu haben. Er glaubte noch immer, ich sei schwanger. Und ich ebenfalls. In der ganzen Zeit, die ich nun schon hier war, hatte ich nicht ein Mal meine Periode bekommen. Ich versuchte nicht an das Baby zu denken, das in mir heranwuchs. Es war nichts, was ich wollte, und ich wusste, dass es niemals zur Welt kommen würde. Ausgeschlossen, dass ich ein Baby behalten könnte, das aus dieser entsetzlichen Situation heraus geboren wurde.

Ich verbrachte die meiste Zeit im Wohnzimmer und in der Küche und duschte jeden Morgen, um meinen Körper von dem Gestank von Garys muffigem Bettzeug zu befreien.

Dann, sechs Tage nachdem ich von meinen Ketten befreit wurde, hörte ich sie. Ich hörte meine Chance.

An jenem Tag sagte Gary zu mir: »Ich will noch ein Mädchen holen.«

18

Poker

Bei jedem Pokerspiel gibt es einen Punkt, an dem du entscheiden musst, ob du bluffst. Vielleicht bist du im Begriff zu verlieren, oder du hast nach einem vielversprechenden Start eine starke Hand erwartet, diese aber nicht bekommen. Die Karten sind einfach nicht auf deiner Seite. Trotzdem brauchst du einen Gewinn, und wenn weder du noch jemand anders die Karten dazu hat, dann hast du zwei Möglichkeiten: wegwerfen oder bluffen.

Ich war schon immer eine gute Pokerspielerin. Ich hatte zwar erst als Teenager die Grundregeln des Spiels erlernt, aber das Geschick, die Kunst des Pokerns, das lag mir im Blut. Man kann niemandem beibringen, wie man blufft oder wie man den richtigen Zeitpunkt abschätzt, um all-in zu gehen.

Es ist mehr als nur ein Spiel, es ist eine Lektion im Beobachten. Kann man die Karten der anderen Spieler daran ablesen, wie sie setzen? Verraten ihre Mienen oder kleinen Zuckungen irgendetwas? Es geht nicht nur darum, die richtigen Karten zu haben, man muss wissen, wie man in anderen Leuten liest.

Und man muss wissen, wie man sie austrickst.

Früher habe ich mit meinen Freunden oft gepokert, und ich habe selten viel Geld verloren. Ich hatte ein gutes Gespür dafür, wann ich hoch setzen musste und wie ich bluffen musste, um einen großen Pot abzuräumen.

Wenn man den Augenblick erkennt, in dem die anderen Spieler darüber nachdenken, ob sie wegwerfen oder bluffen sollen, dann muss man all-in gehen.

Das ist der Moment, der Moment, in dem du weißt, dass du alles verlieren könntest. Aber auch der Moment, in dem du den Einsatz erhöhen musst. Unerreichbar hoch. Du machst es deinen Mitspielern zu gefährlich, mitzugehen.

Du machst ihnen weis, dass es ausgeschlossen ist, dass dieses Mädchen irgendetwas Geringeres als eine tolle Hand hat. Um aber herauszufinden, ob das der Wahrheit entspricht, haben sie nur eine Möglichkeit: dafür zu zahlen, deine Karten zu sehen.

Und da das viel zu teuer zu werden droht, steigen sie aus.

Bis zu diesem Zeitpunkt hatte ich keine Ahnung, wie ich meine Flucht bewerkstelligen sollte. Ich nahm jeden Tag, wie er kam, Stunde für Stunde, Minute für Minute.

Ich flehte Gott um Beistand an, und dann, als es geschah, als meine Chance kam, zögerte ich nicht. Ich ging all-in.

»Okay«, sagte ich. »Ich werde mitkommen, um ein Mädchen für dich zu holen. Und danach will ich meine Familie sehen. Allerdings kann ich dich nicht dorthin mitnehmen, weißt du, denn es wird eine ganze Menge Fragen geben, weil ich so lange weg war, und sie werden alle völlig aufgelöst sein. Gib mir eine Gelegenheit, mit ihnen zu reden und ihnen zu erklären, was los ist: dass ich einen älteren Mann kennen gelernt habe und dass wir verreist waren. Die Wogen ein bisschen glätten. Und dann komme ich zurück, hole dich, und du kannst sie alle kennen lernen.«

»Okay, gut.«

Und das war's. Ich musste nicht mehr sagen. Er war einverstanden. Obwohl ich alles über Gary und seine Herkunft wusste, hatte er bisher nicht viel über mich erfahren. Er wusste nur, dass ich Kinder hatte, aber dass sie nicht bei mir lebten oder wen genau ich meinte, wenn ich »meine Familie« sagte, hatte ich ihm nicht gesagt.

Dennoch musste ich ihm keine weiteren Details geben. Er sagte Ja, und mehr brauchte ich nicht.

Seither habe ich mich oft gefragt, warum er sich so schnell dazu bereit erklärte. Wollte er womöglich geschnappt werden? War er bereit dafür, dass das alles endlich vorbei war? Ich weiß es nicht. In mancher Hinsicht glaube ich, dass er einfach so überzeugt war, dass wir gemeinsame Sache machten, dass er gar nicht auf die Idee kam, ich könnte mich seinen Anweisungen widersetzen.

Er hatte, was er wollte: jemanden, der für ihn da war, jemanden, der seine Zwangslage kannte und verstand.

Ich hingegen hätte mich an seiner Stelle niemals dazu bereit erklärt. Ich hätte mir genau ins Gesicht gesehen und gefragt: »Für wie dumm hältst du mich eigentlich?«

Ob er mir nun vertraute oder möglicherweise wollte, dass diese ganze Geschichte ein Ende hatte – ich für meinen Teil war auf jeden Fall bereit dafür, dass sie endlich aus und vorbei war. Im November war ich entführt worden, und jetzt war Ende März. Ja, ich war bereit dafür, dass das alles aufhörte.

Es war gegen sieben Uhr abends, als wir mit dem Cadillac losfuhren. Es war ein kühler, windiger Abend, und wir fuhren langsam die Front Street hinunter, als wir ein Mädchen, das mir bekannt war, an der Straßenecke stehen sahen. Ich kannte sie als Vickie aus einer Zeit, als wir beide in einem Stripclub namens Hearts and Flowers arbeiteten. Erst später erfuhr ich, dass ihr richtiger Name Agnes Adams war.

»Hey, Gary! Gary!«, rief sie und winkte von der anderen Straßenseite. Offenbar kannte sie auch Gary.

Gary hielt den Wagen an. Als sie auf die Rückbank kletterte, bemerkte sie mich neben Gary: »Oh, Nicole! Wie geht's?«

Ich brachte nur ein schwaches »Hey, Vickie« zustande, und dann unterhielten Gary und Vickie sich kurz. Sie waren schon einmal zusammen gewesen, und er bot ihr denselben Deal an wie beim letzten Mal: dreißig Dollar, um mit zu ihm zu fahren, wozu sie sich prompt bereit erklärte.

Das ist nicht gut, dachte ich. *Das ist überhaupt nicht gut.*

Aber ich versuchte mich nicht zu sehr auf Vickie zu konzentrieren. Ich spielte vorausschauend, und wenn alles gut ging und mein extrem hohes Risiko sich auszahlte, dann würde sie nicht allzu lange in diesem Keller sein.

Vorläufig versuchte ich einen kühlen Kopf zu bewahren und in der Rolle zu bleiben, die Gary bislang überzeugt hatte, dass ich auf seiner Seite war. Wir hatten einen Deal. Ich half ihm dabei, ein Mädchen zu holen, und er ließ mich meine Familie sehen. Solange es dabei blieb, müsste Vicky eigentlich heil aus dieser Sache herauskommen.

Aber das Risiko hätte nicht höher sein können. Ich wusste, dass ein falscher Schritt, irgendein falsches Wort genügen würde, um alles aus dem Ruder laufen zu lassen. Es war ein Spiel, das zu verlieren ich mir nicht leisten konnte. Um meiner selbst und auch der anderen Mädchen willen.

Gary fuhr mit uns beiden zurück zur North Marshall Street. Während er mit Vicky hoch ins Schlafzimmer ging, blieb ich unten im Wohnzimmer. Es dauerte nur ungefähr eine Viertelstunde, bis er sie nackt und in Handschellen wieder herunterbrachte.

Vielleicht fühlte sie sich etwas beruhigt, weil ich ebenfalls dort war und mich ganz ruhig gab oder auch weil sie Gary von früher kannte. Auf jeden Fall schien Vickie völlig unbekümmert, als er sie die Treppe hinunter in den Keller führte.

Sie weinte nicht und schien auch nicht wütend zu sein. Gary warf mir einen Blick zu und nickte mit seinem Kopf Richtung Keller. Ein stiller Befehl: *Komm mit.*

Und so folgte ich ihm zum ersten Mal, seit ich nicht mehr angekettet war, in den Keller hinunter. Die anderen Mädchen sahen auf, als wir herunterkamen. Es war eine seltsame, beklemmende Begegnung. Sie starrten mich mit weit aufgerissenen Augen an, voller Verwirrung und Misstrauen.

Ich war prompt nervös, als ich mich wieder dort unten in diesem Keller befand: der vertraute moderige Geruch, das grelle

Licht und die kahlen Wände. Klaustrophobische Beklemmungen nagten an mir und machten es mir schwer, normal zu denken und zu atmen.

In der Zwischenzeit machte Gary sich an seine übliche Arbeit mit den Auspuffschellen. Vickie blieb dabei seelenruhig, stand einfach nur da und nickte den anderen zu.

Dieses Mädchen hat keine Ahnung, dachte ich.

»Steig in das Loch«, befahl er ihr. Sie stieg lammfromm hinein, setzte sich, und Gary schob das Brett darüber.

Die anderen Mädchen sahen mich genau an, aber ich konnte ihre Blicke nicht erwidern. Ich konnte ihnen nicht in die Augen schauen, da ich wusste, was sie dachten: *Sie hat sich auf seine Seite geschlagen. Jetzt sind wir alle verloren.*

Ich wollte sie am liebsten packen und ihnen sagen: *Es ist okay, wir sind fast frei. Vertraut mir einfach. Haltet durch.* Aber natürlich konnte ich kein Wort von alledem sagen. Ich durfte mein Pokerface nicht für eine Sekunde verlieren.

Die Freiheit war zum Greifen nah, auch wenn niemand außer mir davon wusste.

Es musste klappen. Es musste einfach. Scheitern war keine Option.

Als Gary und ich wieder oben waren, war es fast neun.

»Okay«, sagte Gary. »Dann lass uns jetzt dein Ding durchziehen.«

Er schien damit zufrieden zu sein, dass ich meinen Teil der Abmachung erfüllt hatte. Also stiegen wir wieder in den Cadillac und fuhren hoch zur Ecke Six und Gerard, nicht weit von dort, wo Gary mich aufgegabelt hatte.

Ich zeigte auf eine Tankstelle an der Ecke.

»Fahr dorthin«, sagte ich zu ihm. »Da kannst du warten, während ich zu meiner Familie gehe und mit ihnen rede. Hol dir einen Kaffee, und ich bin so in zwanzig Minuten wieder da.«

Mein Herz hämmerte so heftig, dass ich mich wunderte, dass Gary es nicht hören konnte. Er schien zufrieden mit dem Plan.

In seiner Vorstellung war ich jetzt seine Partnerin. Ich würde einen Weg finden, um meine Familie zu überzeugen, dass alles in bester Ordnung war, und dann könnte er mit seinen verrückten Plänen einfach weitermachen.

Ich stieg aus dem Wagen und ging langsam die Straße hinunter. Es durfte nicht so aussehen, als hätte ich es eilig, damit er keinen Verdacht von dem schöpfte, was ich vorhatte. Wenn ihm Zweifel an mir kämen, dann konnte binnen Sekunden alles platzen.

Ich ging erst die Gerard Street hinunter und bog nach einem Block um eine Ecke, wo, wie ich wusste, eine Telefonzelle stand. Ich ging jetzt schneller, mit langen, entschlossenen Schritten, und fiel fast in die Telefonzelle; wie ein Ertrinkender, der nach einem Rettungsfloß greift.

Meine Hände zitterten, als ich den Hörer abnahm und den Notruf wählte. Ich wusste genau, was ich sagen würde; ich hatte es wochenlang einstudiert. Sobald ich mit der Polizei verbunden war, begann ich schnell, aber klar zu sprechen: »Hören Sie, ich habe nicht viel Zeit. Ich bin entführt und vier Monate im Keller dieses Typen gefangen gehalten worden. Ich wurde gefesselt, geschlagen und gefoltert. Einige Mädchen sind noch immer dort. Der Kerl, der das getan hat, wartet an der Tankstelle an der Ecke Six und Gerard auf mich. Es muss unbedingt jemand hierherkommen und ihn festnehmen, damit er nicht zu diesen anderen Mädchen zurückfahren kann. Wenn er das tut, wird er sie umbringen.«

Am anderen Ende der Leitung trat eine Pause ein.

»Ähm, können Sie uns das noch einmal sagen, Miss?«

Oh Gott! Ich wusste, dass jede Sekunde, die ich hier telefonierte, zählte. Wie lange war ich jetzt schon fort? Drei Minuten, vielleicht mehr?

Sie glaubten mir nicht. Sie verstanden mich nicht einmal, daher erklärte ich meine Geschichte noch einmal, und diesmal fügte ich hinzu: »Bitte schicken Sie einfach sofort jemanden hierher. Ich bin in der Telefonzelle an der Ecke 5th und Gerard. Bitte! Es geht um Leben und Tod.«

Die Stimme am anderen Ende der Leitung klang noch immer skeptisch, aber der Mann stimmte zu: »Okay, was haben Sie an?«

Ich beschrieb meine Kleidung, und er sagte: »Bleiben Sie an genau dieser Ecke. Wir schicken sofort einen Wagen los.«

»Okay.« Ich legte auf. Meine Hände zitterten noch immer, und ich presste sie unter dem Kinn zusammen. Ich verließ die Telefonzelle und blieb an der Ecke stehen. Ich sah in beide Richtungen die Straße hinunter, hielt sowohl nach dem Streifenwagen als auch nach dem Cadillac Ausschau. Ich rechnete mit beiden.

Die Sekunden verstrichen so langsam, dass ich am liebsten geschrien hätte: *Kommt schon, kommt schon, kommt schon!* Ich stampfte mit den Füßen auf und hüpfte von einem Fuß auf den anderen, um mich warm zu halten oder um nicht den Verstand zu verlieren – ich war mir nicht sicher, was von beidem.

In diesem Moment sah ich einen Mann, den ich kannte, mit ein paar Freunden um die Ecke biegen. Sein Name war Vincent Nelson. Wir lebten früher in demselben Wohnblock und waren oft zusammen high, aber das war nichts Ungewöhnliches: In diesem Teil der Welt waren alle zusammen high. Er entdeckte mich prompt.

»Nicole! Wie geht's?« Er schien sich zu freuen, mich zu sehen, und nach seinen Bewegungen und seinem Gang zu urteilen, nahm ich an, dass er auch in diesem Augenblick drauf sein musste. Es war schon witzig: In der ganzen Zeit, die ich in diesem Keller gefangen war, hatte ich nicht einen Moment an Drogen gedacht.

»Wo hast du denn gesteckt?«, fragte er gedehnt. »Wir haben dich seit Monaten nicht mehr gesehen.«

»Ich kann jetzt nicht reden, Vincent. Ich erzähle es dir später«, murmelte ich verärgert. Ich wollte ihn loswerden.

»Scheiße, Nicole! Du bist für Monate verschwunden, und wir wollen einfach wissen, was los ist!«

»Hör zu.« Jetzt verlor ich die Beherrschung. »Ich wurde entführt, okay? Ich bin in einen Riesenschlamassel geraten, und wir werden ein andermal darüber reden. Bitte lass es einfach gut sein.«

Vincent zuckte die Schultern, und inzwischen zerrten seine Freunde ihn schon weiter die Straße hinunter. »Wir sehen uns!«, rief er, während er davonschlenderte.

Die Minuten verstrichen wahnsinnig langsam. Mein Herz raste. Ich war nervös und atmete schwer. Würden sie je kommen? Würde ich sie noch einmal anrufen müssen?

Schließlich, nach zehn Minuten, kam ein Polizeiwagen um die Ecke und hielt neben mir an.

Zwei Cops stiegen aus.

»Okay, Miss. Wir haben einen sehr seltsamen Anruf von Ihnen bekommen. Können Sie uns noch einmal sagen, was eigentlich los ist?«

Oh mein Gott!

»Hören Sie, ich werde Ihnen das nur noch einmal erklären«, sagte ich, während mir die Panik allmählich anzuhören war. »Denn das alles … dieses ganze Gerede! Das schadet nur. Es sind noch andere Mädchen dort. Dieser Typ, Gary Heidnik, hat mich entführt und vier Monate lang in seinem Keller angekettet und gefesselt. Mich und ein paar andere Mädchen. Zwei hat er bereits getötet. Wir wurden alle vergewaltigt, gefoltert und geschlagen. Sehen Sie!«

Ich zog die Hosenbeine meiner Jeans hoch, um ihnen meine Beine zu zeigen, wo die Fesselspuren noch immer rot und wund zu sehen waren.

Das überzeugte sie.

»Okay«, sagte er. »Sie bleiben hier. Wir fahren dorthin und nehmen ihn fest, und wir schicken einen anderen Wagen hierher, der Sie abholt.«

Er stieg wieder in das Auto, während sein Partner das Polizeirevier anfunkte, um für mich einen anderen Wagen kommen zu lassen. Sobald er da war, fuhren sie los.

Diesmal stieg eine schwarze Polizistin aus dem Wagen.

»Das ist einfach unglaublich!«, beklagte sie sich laut, während sie ihre üppige Gestalt vom Fahrersitz stemmte. »Ich wollte eben Feierabend machen, und jetzt muss ich hierherkommen und mit *Ihnen* herumsitzen?«

Sie war so sauer, dass es fast lächerlich war.

Wir standen erst ein paar Minuten gemeinsam da, als sie angefunkt wurde.

»Steigen Sie ein.« Sie forderte mich mit einer Handbewegung auf, hinten einzusteigen. »Ich muss Sie zu der Tankstelle bringen. Meine Kollegen wollen sichergehen, dass sie den richtigen Typen haben.«

Ich nickte. Darauf war ich vorbereitet. Daher setzte ich mich auf die Rückbank des Wagens, und wir fuhren das kurze Stück zur Tankstelle. Als wir dort ankamen, konnte ich sehen, dass Garys Cadillac noch immer am Rand parkte, aber er saß nicht darin. Oh nein! Hatten sie ihn verloren? War er geflüchtet?

Panik und Angst ergriffen von mir Besitz.

Aber dann sah ich hinüber zu dem Polizeiwagen, und die Cops öffneten die Wagentür, und da saß er: die Hände in Handschellen auf dem Rücken. Ich lächelte fast vor Erleichterung.

»Ja, das ist er«, sagte ich. Gary sah mich genau an, sagte aber kein Wort. Ich konnte sehen, was er dachte: *Ich weiß, ich hätte dir nicht vertrauen sollen.*

Ich atmete, wie es mir schien, zum ersten Mal an jenem Abend aus. Erleichterung durchflutete mich. Es war vorbei. Es war endlich vorbei. Ich hatte gewonnen.

Die Polizistin fuhr mich zur Abteilung für Sexualdelikte auf dem Polizeirevier, wo sich eine Spezialistin um mich kümmerte: eine wunderbare Frau namens Mary, jemand, der mich nicht wie ein Ärgernis oder eine Zeitverschwendung behandelte. Mary bot mir zunächst ein Käsesandwich und eine Limonade an und führte mich dann zu einem Vernehmungsraum, wo eine Ermittlerin an einem Schreibtisch saß.

»Wir müssen mit Ihnen alles im Detail durchgehen«, erklärte sie mir. »Wir müssen genau wissen, wo alles ist, um keinen Fehler zu machen. Wir werden einen Durchsuchungsbeschluss bekommen, damit wir in jeden Teil des Hauses gehen können, in den wir gehen müssen. Daher ist es sehr wichtig, dass Sie uns alles erzählen. Von Anfang an.«

Und so begann ich zu reden, und sobald ich einmal damit angefangen hatte, konnte ich nicht mehr aufhören. Es sprudelte alles aus mir heraus. Ich erzählte ihnen alles, was mir in den letzten vier Monaten zugestoßen war, alles, was ich gesehen, gehört und erlebt hatte. Ich erzählte ihnen von Sandra. Wie Heidnik sie zerstückelt und ihren Kopf auf dem Herd gekocht und ihre Rippen im Ofen gegrillt hatte. Ich berichtete von dem Hundefutter und wie er Teile von Sandra den anderen Mädchen zu essen gegeben hatte, erzählte weiter von den Stromschlägen, wie Deborah Dudley gestorben war, von dem Brief, den Gary mich unterschreiben ließ, und wie mir dieser Brief den Weg in die Freiheit geebnet hatte. Ich verriet ihnen, wie Gary Deborahs Leiche in den Pine Barrens abgeladen hatte, und von den drei Mädchen, die noch immer lebend in seinem Keller waren. Ich beschrieb das Haus bis ins kleinste Detail und sagte ihnen, wo die Mädchen gefangen gehalten wurden. Und während ich sprach, konnte ich den Schock auf ihren Gesichtern erkennen. Das war unglaublich, dachten sie. Je länger ich mir selbst beim Reden zuhörte, wurde mir bewusst, dass ich dasselbe dachte. Es war auch für mich unglaublich. Obwohl ich alles selbst durchlebt hatte, schien es dennoch zu verrückt, zu unvorstellbar, um es wirklich zu begreifen.

Bis ich meinen Bericht beendet hatte, war es früher Morgen, und die Polizei hatte den Durchsuchungsbeschluss, den sie benötigte, um ihr Team in das Haus zu schicken, erhalten.

Eine Stunde später erstatteten sie mir Bericht.

»Das Haus wirkte so normal, dass wir kaum glauben konnten, dass dort drinnen irgendetwas Irres geschehen sollte, aber es war genau so, wie Sie sagten. Die Mädchen gaben nicht einmal einen Laut von sich, als wir hereinkamen. Sie dachten, es sei Heidnik, der ihnen irgendeinen Streich spielte. Wir haben sie mit Bolzenschneidern von den Ketten befreit, und dann haben wir sie zur Untersuchung ins Krankenhaus gebracht. Dorthin werden wir Sie jetzt auch bringen.«

Während die Sonne eben über einem neuen Tag aufging, meinem ersten Tag in Freiheit, wurde ich ins Krankenhaus gefahren. Ich hatte nicht geschlafen, ich hatte kaum etwas gegessen, aber ich war weder müde noch hungrig.

Im Krankenhaus wurde ich gründlich untersucht und bekam Blut abgenommen. Ich saß in der Empfangshalle und wartete auf die Ergebnisse, als ich Vickie aus einem der Räume kommen sah.

»Das ist sie!«, kreischte sie und zeigte auf mich. »Das ist die, die mich entführt hat! Ich habe Ihnen gesagt, dass es ein Mädchen war, und da ist sie!«

Ich saß nur kopfschüttelnd da.

Nach ein paar Minuten wurde ich wieder in das Sprechzimmer des Arztes gerufen.

»Nun ja, Sie haben Glück gehabt«, sagte er. »Sie sind nicht schwanger.«

Gott sei Dank! Ich wollte lächeln, konnte die Aussage des Arztes aber noch nicht ganz verstehen.

»Aber ich habe seit vier Monaten keine Periode mehr gehabt«, sagte ich.

»Das lag vermutlich an dem Stress der ganzen Situation«, erklärte der Arzt. »Der verbunden mit der Tatsache, dass Sie sehr wenig gegessen haben. Keine Sorge, Ihr Zyklus wird sich schon wieder erholen.«

Nur ein paar Stunden später bekam ich meine Periode. Ich war über die Maßen erleichtert, dass ich nicht die emotionalen

Turbulenzen einer Abtreibung durchmachen musste. Und ich fühlte mich auch siegreich.

Es hatte nicht funktioniert. Keiner seiner Pläne hatte funktioniert.

Selbst mein Körper hat einen Weg gefunden, dich zu besiegen, Gary Heidnik!

19

Freiheit

Meinen Sie, Sie können sich noch erinnern, wo er die Leiche abgeladen hat?«, fragte mich ein Cop. Wir waren inzwischen wieder zum Polizeirevier zurückgekehrt. Ich hatte zwar immer noch nicht geduscht oder geschlafen, war aber trotzdem so aufgekratzt, dass an Schlaf ohnehin nicht zu denken war.

»Ich werde mein Möglichstes tun«, versprach ich ihm. Ich hatte mir von Anfang an gedacht, dass die Polizei die Leiche würde sicherstellen wollen, und ich hatte versucht, im Kopf eine Karte zu skizzieren, als Gary mit mir in die Pine Barrens fuhr. Ich war also auf diesen Moment vorbereitet.

Auf dem Polizeirevier war inzwischen die Hölle los. Cops liefen mit Beuteln über Beuteln voller Zeug hin und her. Später erfuhr ich, dass es sich um die ganzen Beweise handelte, die sie in Heidniks Haus sichergestellt hatten. Diese Cops gingen kein Risiko ein: Sie nahmen alles mit und erstellten eine Liste, die so lang war, dass sie elf Tage dafür brauchten.

Jetzt saß ich in einem Vernehmungsraum bei einer Tasse starkem Kaffee, und der für den Fall zuständige Beamte kam, um mich abzuholen.

»Okay, los geht's«, sagte er.

Als wir zum Parkplatz gingen, wurden mir die Ausmaße der ganzen Situation erst richtig bewusst.

Überall war die Presse! Wegen des Dröhnens der Nachrichtenhubschrauber über uns konnten wir kaum etwas hören. Auf dem Parkplatz wimmelte es von Reportern und Übertragungswagen aller Art.

Sobald ich ins Freie trat, wurden die ersten Rufe laut, und eine Million Kameras blitzten vor meinem Gesicht auf. Für einen Moment war ich geblendet.

»Nicole! Nicole!«, brüllten sie mir zu. Mikrofone wurden mir hingehalten, und selbst die Detectives schienen überrumpelt.

Die Presse war überall, und alle drängelten miteinander, um mit mir zu reden. Ich sagte kein Wort. Das war alles zu viel für mich. Die beiden Detectives traten prompt in Aktion. Einer von ihnen bahnte uns einen Weg durch das Gedränge und brüllte: »Lassen Sie uns durch! Aus dem Weg!«, während mich der andere mit seinem massigen Körper abschirmte, um mich vor den Händen und Stimmen und Gesichtern und Fragen zu schützen, die aus allen Richtungen auf mich einprasselten.

Es schien eine Ewigkeit zu dauern, wie wir uns langsam durch das Getümmel schoben, doch schließlich konnte ich mich von den Polizisten in den Wagen bugsieren lassen. Sobald wir darin saßen, ich auf der Rückbank und die beiden Detectives vorn, lehnten wir uns alle in fassungslosem Schweigen zurück. Ich hätte nie damit gerechnet, dass auch nur ein Reporter da sein würde, geschweige denn Tausende. Ich hatte bei dieser ganzen Geschichte einfach nie an die Medien gedacht.

Ich hörte die Hubschrauber über uns kreisen.

Die Detectives ließen den Wagen an, aber wir waren völlig eingekeilt. Wir brauchten ewig, um uns durch das Meer von Autos und Leuten zu schieben.

»Das ist einfach lächerlich!«, rief der Detective, der am Steuer saß.

Jetzt sahen wir alle zu den Hubschraubern hoch – einer, zwei, drei. *Wie viele von diesen verdammten Dingern haben sie denn noch dort oben?*, fragte ich mich.

Mir fiel auf, dass alle Hubschrauber auf den Seiten mit den

Logos der Fernsehsender markiert waren – Channel 6, Channel 3, CNN, CBS.

Wir schoben uns langsam auf die Straße hinaus, und jetzt fuhren wir in einem riesigen Konvoi – Dutzende von Wagen folgten uns, und auch die Hubschrauber flogen uns hinterher.

»Warum ist denn die ganze Presse hier?«, fragte ich fassungslos und benommen.

Der Polizist antwortete mir: »Ihnen ist gar nicht bewusst, was für eine Wahnsinnsstory das ist, oder?«

»Nein.«

»Na ja, das wird vermutlich noch eine ganze Weile so weitergehen. Achten Sie am besten gar nicht darauf.«

Ich wusste gar nicht, wie man so eine Schar eifriger, lautstarker Presseleute ignorieren kann – sie folgten uns den ganzen Weg über die Brücke. Es war eine riesige Kolonne von Fahrzeugen: Presseautos, noch mehr Polizeiwagen, Hubschrauber.

Ich hoffte nur, dass ich mich noch erinnern konnte, wo Gary Deborahs Leiche abgeladen hatte. Gerade waren wir unterwegs nach New Jersey. Die Pine Barrens sind rund 4500 Quadratkilometer groß, womit sie ein Viertel des Bundesstaates bedecken. Ich wusste, dass die Chance, sie in diesem riesigen Waldgebiet zu finden, praktisch gegen null ging, aber trotzdem, ich würde mein Bestes geben.

Jetzt fuhren wir auf derselben Straße, auf der ich erst vor ein paar Tagen mit Gary unterwegs gewesen war, und die Schilder schienen mir vertraut. Doch sobald wir draußen in den Barrens waren, gab es keinerlei Orientierungspunkte mehr, nichts, was mir verriet, wo wir angehalten hatten.

Trotzdem, meine Sinne waren in erhöhter Alarmbereitschaft. Ich wollte hier nichts falsch machen. Normalerweise habe ich einen ausgesprochen schlechten Orientierungssinn! Aber ich war so aufgewühlt von dem Gedanken, dass Deborah einfach dort im Wald lag, weggeworfen wie eine Ladung Müll, dass ich entschlossen war, mein Bestes zu versuchen.

Die Meilen flogen an uns vorbei, und der Lärm über uns war noch immer ohrenbetäubend. Auf einmal hatte ich das Gefühl, dass wir uns der Stelle näherten. Ich bat die Cops, langsamer zu fahren.

»Okay, okay«, murmelte ich, während ich nervös auf den Nägeln kaute und die Baumreihen absuchte. Irgendwo hier musste es sein. »Hier! Es ist hier!«

Wir bogen, wie es aussah, auf dieselbe Lichtung ein, auf der ich zuvor mit Gary angehalten hatte.

Ich bat die Polizisten, noch ein kleines Stück weiter zu fahren, und dann hielten wir an.

Hinter uns kam ein anderer Streifenwagen mit quietschenden Reifen zum Stehen, und zwei Cops stiegen aus, um der Medienmeute zu befehlen, sich zurückzuhalten.

Ich deutete in die Richtung, in die Heidnik nur wenige Tage vorher gegangen war. »Dorthin hat er sie gebracht. Nicht weit, vielleicht zehn, zwanzig Schritte.«

Ich konnte es nur grob schätzen – schließlich war es dunkel gewesen, als wir mit Deborah hierherkamen.

»Sie warten hier«, befahl mir der Cop, und sie stiegen aus.

Sie gingen zu Fuß in die Richtung, in die ich gezeigt hatte, und kurz darauf hörte ich sie rufen: »Wow! Wow! Wir haben sie! Wir haben sie!«

Ich schickte ein stilles Gebet zum Himmel: *Ruhe in Frieden, Deborah. Ruhe endlich in Frieden.*

Hinter uns fuhr noch ein Streifenwagen heran, und zwei weitere Cops gingen zu der Leiche hinüber. Ich selbst stieg nicht aus. Ich wollte sie nicht sehen. Ein paar Minuten später fuhr ein Krankenwagen vor, und die Detectives kehrten zu ihrem Wagen zurück.

»Ich würde jetzt gern meine Familie sehen, bitte«, sagte ich zu ihnen.

Auf dem Rückweg funkte einer der Detectives das Polizeirevier an, und man sagte ihm, er solle mich zum Büro des stellvertretenden Bezirksstaatsanwalts bringen, eines Mannes namens Charles Gallagher.

Gallagher war für mich zuständig – er begrüßte mich ernst, aber mit aufrichtiger Wärme.

»Ich werde tun, was in meiner Macht steht, damit Sie sich wohlfühlen«, versprach er mit besorgter Miene. »Wir lassen Ihre Kinder hier herbringen, damit Sie sie sehen können, und dann werden wir Sie erst einmal in einem Hotel unterbringen. Der genaue Ort ist geheim, damit die Presse Sie nicht belagern kann. Tatsache ist: Zum jetzigen Zeitpunkt wissen wir noch nicht, ob Heidnik irgendwelche Komplizen hatte. Daher werden wir Ihnen so viel Schutz wie nötig zukommen lassen.«

»Danke«, sagte ich. Es ging alles so schnell. »Was ist mit meiner Wohnung?«

»Die gibt es nicht mehr.« Er schüttelte den Kopf. »Als Sie ein paar Wochen lang nicht aufgetaucht sind, hat der Vermieter Ihre Sachen entfernt und die Wohnung neu vermietet. Sie gehört Ihnen leider nicht mehr.«

»Oh.« Ein Teil von mir war angesichts dieser Neuigkeit tief betrübt. Diese Wohnung war als Neuanfang für mich gedacht. Für mein neues Leben. Jetzt gab es sie nicht mehr, und mir wurde allmählich bewusst, dass ich *jetzt* im Begriff war, ein neues Leben zu beginnen, allerdings ein völlig anderes als das, was ich mir vorgestellt hatte.

Auf einmal verzehrte mich die Wut auf Heidnik. Er hatte alles über den Haufen geworfen. Ich hatte einen Plan gehabt. Ich wollte mein Leben wieder in den Griff bekommen, doch das hatte er mir genommen. Doch in diesem Moment gab es keine Zeit, um darüber nachzudenken.

»Möchten Sie jetzt vielleicht mit Ihrer Mom sprechen?«, fragte Gallagher sanft. »Sie kann es kaum erwarten, Ihre Stimme zu hören.«

Ich weinte fast vor Glück. Meine Mom! So viel Zeit war verstrichen, und so lange hatte ich mich gefragt, ob ich sie je wiedersehen würde. Ich nickte und fuhr mir mit einer Hand an den Mund, um ein leises Schluchzen zu unterdrücken.

Gallagher führte mich in sein Büro. Er war ein kleiner, entschlossen blickender Mann, erst um die vierzig, aber man konnte sehen, dass er von starken und tiefen Überzeugungen getrieben war.

Er ließ mich an seinem Schreibtisch Platz nehmen, und Minuten später wurde meine Mom zu seinem Telefon durchgestellt.

»Josie?« Allein schon beim Klang ihrer Stimme musste ich schluchzen.

Ein paar Sekunden lang brachte ich kein Wort heraus.

Dann sagte ich: »Mom. Ich bin's. Es geht mir gut.«

»Na, da hast du dich ja in einen schönen Schlamassel hineinmanövriert!«

Ich musste unwillkürlich lachen. »Wem sagst du das!«

»Wir hatten keine Ahnung, was mit dir passiert war! Erst hast du Thanksgiving, dann Weihnachten und dann LaToyas Geburtstag versäumt. Ich wusste, dass du ihren Geburtstag nie freiwillig verpassen würdest, daher bin ich zu deiner alten Wohnung gefahren, um nach dir zu suchen, aber niemand hatte dich gesehen. Ich bin zu deinen Freunden gegangen; habe sie gebeten: ›Ihr müsst mir nicht sagen, wo sie ist, aber verratet mir einfach, ob es ihr gut geht.‹ Und sie antworteten: ›Ehrlich, Mrs. Patterson. Wir machen uns wirklich Sorgen. Wir haben sie auch nicht gesehen.‹ Daher habe ich dich bei der Polizei als vermisst gemeldet. Aber niemand hatte auch nur eine Ahnung, wo du sein könntest. Erst als man dich gefunden hatte und ich die Berichte in den Nachrichten sah, habe ich alles erfahren. Ich war in der Küche, habe den Abwasch gemacht, und auf einmal sah ich im Fernsehen diesen Hubschrauber, der einem Streifenwagen hinterherflog. Ich hörte den Reporter sagen:

›Josefina Rivera führt die Cops zu der Leiche des Opfers.‹ Und dann wechseln sie zu einem Bild von dir auf der Rückbank des Streifenwagens, und ich lasse fast den Teller fallen, den ich gerade abgetrocknet habe! Oh, Schatz! Ich bin so froh, dass es dir gut geht!«

»Kannst du herkommen, Mom?«, fragte ich leise. Ich musste sie einfach wiedersehen und sie in meinen Armen halten.

»Ich komme, Schatz. Keine Sorge, Momma kommt.«

Die nächsten paar Stunden zogen in einem verschwommenen Nebel an mir vorbei. Irgendjemand brachte mir Toast, ich redete mit Mary, die für die Opferentschädigung arbeitete, und dann ging sie mit mir los, um Kleidung zu kaufen. Als wir zum Büro des Staatsanwalts zurückkehrten, lächelte Charles Gallagher mich an.

»Ihre Familie ist schon auf dem Weg hierher«, sagte er.

Ich war so aufgeregt, dass ich kaum still sitzen konnte und in dem Büro auf und ab ging. Dann öffnete sich die Tür, und Billy trat mit Toya im Schlepptau ein.

»Oh Bookie, Bookie!«, sprach ich Toya mit meinem Kosenamen für sie an. Ich drückte sie fest an mich, atmete den Duft in ihrem Nacken ein und ließ den Tränen freien Lauf.

Sie erwiderte meine Umarmung und wollte mich gar nicht mehr loslassen.

Schließlich löste ich ihre kleinen Finger von meinem Hals, nahm sie bei der Hand und setzte mich mit ihnen auf die Couch.

»Geht's dir gut, Bookie?«

Sie nickte. »Mmmh. Mir geht es gut. Ich hatte ein paar seltsame Träume, Mom. Ich habe geträumt, dass du irgendwo in einem Loch warst, umgeben von Geld. Und du konntest nicht mehr herauskommen.«

Ich starrte sie ungläubig an. Woher konnte sie das wissen? Schließlich wusste auch niemand anders davon.

Doch ich sagte ihr nichts. Sie war bloß ein Kind, und sie musste nicht wissen, was mit mir passiert war.

»Na ja, jetzt ist Mommy ja wieder da, und es geht ihr gut. Aber mir tut es so leid, dass ich deinen Geburtstag versäumt habe, Schatz. Ist bei dir alles in Ordnung? Bist du gut in der Schule? Bist du für deinen Daddy ein braves Mädchen?«

Ich löcherte sie mit Fragen, während ich die ganze Zeit sanft über ihr Haar strich und versuchte, meine Tränen in Schach zu halten.

Als Nächstes trat ein hispanisches Paar, das ich noch nie gesehen hatte, zu uns. Sie wurden von einer Frau begleitet, die sich als Rickys und Zornaes Sozialarbeiterin vorstellte.

»Diese Leute hier sind die Pflegeeltern Ihrer Kleinen – Mr. und Mrs. Sepulveda«, sagte sie. »Sie werden gleich die beiden anderen Kinder hereinbringen, damit Sie sie sehen können.«

Ich nickte stumm. Es war alles ein bisschen viel für mich.

Mrs. Sepulveda verschwand wieder Richtung Lobby und hielt, als sie wiederkam, ein pummeliges Baby in dem einen Arm und ein kleines, verängstigt blickendes Mädchen neben sich an der anderen Hand.

»Oh, meine kleinen Lieblinge!«, rief ich. Die Dame reichte mir das Baby. Es war natürlich Ricky, doch es fiel mir beinahe schwer, ihn wiederzuerkennen. Als ich ihn das letzte Mal gesehen hatte, war er erst ein paar Wochen alt, ein Neugeborenes, und nun war er bereits ein richtiges kleines Baby. Fünf Monate alt.

Damals war er hell karamellfarben, und jetzt war er tiefdunkelbraun. Vollkommen anders. Ich war schockiert. Bevor ich verschwunden bin, hatte ich ihm zuletzt noch seine Kleidung gewechselt, ihm über den Kopf gestrichen und ihm zugeflüstert, was für ein wundervolles Leben ich uns aufbauen würde. Wir waren Mutter und Sohn, innig verbunden.

Ich wollte diese Liebe, diese Verbundenheit, wieder spüren, aber es ging nicht. Zu viel war passiert, und ich war nicht mehr dieselbe Frau.

Und er schien auch nicht mehr mein Baby zu sein.

Alles, was ich fragen wollte, war: »Sind Sie sicher, dass das wirklich mein Baby ist?«, während ich ihn sanft hielt.

Zornae kauerte in ihrem blau-weiß getupften Spielanzug hinter dieser hispanischen Dame, die sie inzwischen offenbar schon Mom nannte. Die Kleine war zu verängstigt, um hervorzukommen und mich zu begrüßen.

»Na komm, sag Hi zu deiner Mom!«, forderte die Frau sie auf. »Das ist deine Mutter.«

Doch mein Mädchen zog sich daraufhin nur noch weiter hinter die Beine der Dame zurück und wickelte sich nun völlig in deren Rock ein. Ich wurde von Traurigkeit übermannt.Zornae erkannte mich nicht, wusste nicht einmal, wer ich war. Dieses Baby, das ich geliebt und gefüttert und umsorgt hatte, das sich ein Bett mit Toya geteilt und uns stundenlang mit seinem Gekicher und Gegluckse zum Lachen gebracht hatte, war nun eine Fremde für mich.

Es zerriss mir das Herz. Meine Wut auf Heidnik kehrte geballt zurück. *Er hat mir das angetan. Er hat mir meine Kinder weggenommen.*

Ich hasste diese Situation. Hasste sie mit all meiner Kraft. Aber ich verstand auch, warum Zornae so reagierte. Ich erinnerte mich, dass ich damals als Kind genauso empfunden hatte, als mein Dad kam, um mich zu sehen.

»Na komm schon, Kleines.« Die Dame wechselte in ein fließendes Spanisch über, das ich nicht verstand, während sie sich zu Zornae hinunterbeugte und sie sanft in meine Richtung schob. Ich versuchte etwas von dem, was sie sagte, zu verstehen, aber mit meinem Schulmädchen-Spanisch fühlte ich mich von ihrem Wortwechsel ausgeschlossen.

Die Kleine streckte die Arme nach der Frau aus, die sie zu sich hochhob und die eindeutig völlig vernarrt in das Kind war. Ich fühlte mich dabei wie eine Außenstehende, die eine glückliche Familienszene betrachtet.

Meine Familie. Diese Kinder waren meine Familie, und dennoch suchten sie die Umarmung einer Fremden.

»Schon gut«, sagte ich. »Keine Sorge. Setzen Sie sie nicht unter Druck.«

Warum sollten diese Kinder noch mehr leiden müssen? Ich hatte ihnen schon genug Schmerz und Verwirrung zugefügt, und sie brauchten sicher nicht noch mehr Druck in ihrem Leben. Schuldgefühle und Reue bahnten sich in mir quälend ihren Weg.

Ich wandte meine Aufmerksamkeit wieder LaToya zu, und wir begannen gemeinsam ein Spiel zu spielen, das sie mitgebracht hatte. Zehn Minuten später schoss meine Mom zur Tür herein.

Ich warf mich in ihre Arme, und sie flüsterte mir ins Ohr: »Ich liebe dich, mein Schatz.«

Und auf einmal konnte ich all den verworrenen Gefühlen der vergangenen Stunde freien Lauf lassen und mich von meiner Mom halten lassen.

Ich schluchzte wie ein Kind, und wir standen eine Zeit lang eng umschlungen da, bis meine Mom ein Stück zurückwich, um mich kurz zu mustern.

»Du siehst gut aus, richtig gut«, meinte sie, während ich meine Tränen wegwischte. Ob ich es tat, um sie oder um mich selbst zu beruhigen, konnte ich nicht sagen.

»Mit mir ist alles in Ordnung, Mom«, sagte ich, auch wenn ich mir nicht wirklich sicher war, ob das stimmte.

Ich wollte ihr alles erzählen: alles über den Schmerz, die Folter, die Vergewaltigungen und die Todesfälle, aber ich tat es nicht. Es wäre nicht richtig gewesen, vor den Kindern im Detail zu schildern, was mir zugestoßen war.

Eine Weile spielten wir mit den Kindern, und Mom berichtete mir von all den Geschehnissen, die ich versäumt hatte.

Dann fragte sie: »Hast du denn einen Ort, wo du jetzt wohnen kannst?«

»Sie bringen uns in Hotels unter«, sagte ich.

Mom nickte anerkennend. »Dann sieh jetzt zu, dass du ein bisschen Schlaf bekommst, hörst du? Du siehst aus, als könntest du etwas Ruhe gebrauchen.«

Ich lächelte dankbar. Eine Stunde später kamen die Cops wieder und teilten mir mit, dass die Dame vom Sozialamt jetzt da sei, um mich zu sprechen. Ich verabschiedete mich rasch von meiner Familie und begab mich dann wieder in die Hände der Polizei.

Ich hatte kaum Zeit, darüber nachzudenken, was da eben zwischen mir und meinen Kindern geschehen war. Es war aufwühlend und verwirrend, aber ich versuchte, den Gedanken erst einmal beiseitezuschieben. *Keine Zeit jetzt*, sagte ich mir. *Reiß dich einfach zusammen, Josefina. Du bist frei. Es wird später noch Zeit dafür sein.*

Mary hatte das Sozialamt bereits über meine Entführung informiert, sodass mein Anspruch auf Unterstützung jetzt neu beantragt werden konnte. Aber da ich nicht selbst zum Amt fahren konnte und im Revier bleiben sollte, schickten die Beamten jemand anders zum Büro des Staatsanwalts, damit meine Akte wieder geöffnet wurde.

Es war zwar nur eine kleine Verwaltungsangelegenheit, mir einen Lichtbildausweis auszustellen, damit ich meine Sozialleistungen wieder beziehen konnte, aber sie war wichtig. Zu diesem Zeitpunkt hatte ich überhaupt kein Geld, nicht einen Cent oder sonst irgendetwas, das ich mein Eigen nennen konnte.

Dann, am frühen Abend, wurde ich durch die Hintertür zu einem Streifenwagen hinausgebracht, der mich zu einem nahe gelegenen Hotel brachte, und jedes Mal, wenn ich ins Freie trat, staunte ich aufs Neue. Allein schon den sachten Windhauch auf meinem Gesicht zu spüren und das Licht der untergehenden Sonne eines ansonsten trüben Tages mit einem warm bernsteinfarbenen Schimmer zu sehen – es war herrlich. Ich war frei!

Aber doch nicht frei genug: Da noch immer Hunderte von Reportern auf die nächste Entwicklung der Story warteten und mir auflauerten, konnte die Polizei es nicht riskieren, mich zum Vordereingang hinauszulassen. Sobald ich im Streifenwagen saß, verloren wir keine Zeit mehr. Wir schossen wie eine Rakete los und rasten, nur für den Fall, dass wir verfolgt wurden, mit Blaulicht durch die hektische Rushhour, bis wir ein kleines Hotel am Stadtrand erreichten.

Dort gingen wir ein paar Treppen hoch, und ich wurde in eine große Suite geführt. Ich bat um ein paar Augenblicke für mich allein, und die Cops warteten vor meinem Zimmer. Genau danach hatte ich mich gesehnt – nach Platz und Stille.

Ich war zum ersten Mal seit Monaten allein. Ich war hier, in Freiheit und am Leben.

Zum ersten Mal seit meiner Flucht duschte ich, und das warme Wasser perlte an meiner Haut ab, während mir eine Million Bilder durch den Kopf wirbelten: die Pine Barrens, Deborahs Leiche, meine Kinder, die sich von mir zurückzogen, Moms Gesicht, besorgt, aber bemüht, es sich nicht anmerken zu lassen, die Polizei, Gallagher, die Hubschrauber …

Ich trat aus der Dusche und trocknete mich ab. Ich musterte meinen Körper – ich hatte noch immer die Narben von den Ketten an meinen Knöcheln.

Wo ist Heidnik jetzt?, fragte ich mich. *Ich hoffe, dieser Dreckskerl liegt in Ketten.*

Ich zog die Kleider an, die ich zuvor mit Mary gekauft hatte.

Eine Stunde später klopften die Cops an die Tür. »Wir haben hier Ihre Schwester, die Sie sehen will. Sie hat darauf bestanden, zu kommen.«

Er hatte kaum zu Ende gesprochen, als Iris schon an ihm vorbeischoss und wir uns in die Arme fielen.

»Oh mein Gott!«, sagte sie. »Geht es dir gut? Wir haben uns alle solche Sorgen um dich gemacht. Weißt du, was man sagt? Man sagt, dass du geschlagen und gefoltert und gezwungen wurdest, andere Leute zu essen und lauter so 'n Scheiß. Mann, ist das pervers!«

»Ich selbst musste nicht davon essen«, erklärte ich, »aber die anderen Mädchen hat er dazu gezwungen. All das andere Zeug stimmt allerdings. Es ist zu viel, Iris. Einfach zu viel.«

»Hör zu, jetzt bist du in Sicherheit. Du schaffst das schon.«

Ich war erleichtert, dass sie jetzt hier bei mir war. In ihrer Gegenwart fühlte ich mich stärker und sicherer.

Ehrlich gesagt fühlte ich mich durch sie auch endlich wieder ein klein wenig normal – sie war eine lebende Erinnerung an meine Vergangenheit und an die Person, die ich war, oder die ich zumindest früher einmal gewesen bin.

In diesem Augenblick war ich mir nicht sicher, wie viel von meiner Vergangenheit noch übrig war.

»Übernachtest du bei mir?«, fragte ich. »Ich will heute Nacht nicht allein sein.«

»Na klar«, willigte sie ein.

Wir saßen in meinem Zimmer auf dem Bett, und ich erzählte ihr alles, was mir passiert war. Irgendwann brachte uns der Zimmerservice Burger und Pommes; und auch die Polizei kam immer wieder herein, um mir Fragen zu stellen.

Ein Detective war mehr oder weniger ständig an meiner Seite, erhielt Anweisungen vom Revier und machte sich Notizen.

Um zehn Uhr abends schaltete ich den Fernseher ein, um noch die Nachrichten zu sehen – ich musste wissen, was zu alledem gesagt wurde.

»... und jetzt schalten wir zu dem Hotel, wo wir mit einem der Opfer sprechen werden«, übergab der Nachrichtensprecher glatt an den Reporter vor Ort, den ich deutlich vor dem Erdgeschoss unseres Hotels sehen konnte.

»Ach du Scheiße!«, rief ich. Jetzt starrte der Detective neben mir ebenfalls auf den Bildschirm, das Gesicht von Wut verzerrt.

Agnes Adams – Vickie – stand am Fenster ihres Hotelzimmers und plauderte mit dem davor stehenden Reporter.

»Wie kann es sein, dass sie mit ihr reden?«, wollte ich wissen. »Ich dachte, das hier sollte ein geheimer Ort sein!«

»Ja, das war es auch!«, sagte der Detective mit zusammengebissenen Zähnen. »Was zum Teufel glaubt sie eigentlich, das sie da tut?«

Die Kamera schwenkte jetzt herum, und man konnte deutlich sehen, dass sich noch Dutzende weiterer Reporter vor Agnes' Fenster drängelten.

Der Detective stand vom Bett auf und schob meinen Vorhang ein wenig zur Seite, nur so weit, dass er einen Blick hinauswerfen konnte.

»Scheiße!«, sagte er. »Sie sind dort unten. Hören Sie, seien Sie unbesorgt, wir werden keinen von denen hereinlassen. Sie sind hier im zweiten Stock, und da kann Ihnen nichts passieren. Bleiben Sie heute Nacht einfach hier. Morgen früh müssen wir Sie dann woanders hinbringen.«

Wenn Iris nicht da gewesen wäre, ich glaube, dann hätte ich in dieser Nacht kein Auge zugetan. Alles war so schnell passiert. Das schiere Ausmaß und das Interesse der Presse waren überwältigend. Schon in dieser ersten Nacht hatten sie uns aufgespürt. Und sie sollten es in den vielen langen und schwierigen Monaten, die danach folgten, immer wieder tun.

Heidnik war ich immerhin bereits nach vier Monaten entkommen – mit der Presse sollte dieser Spießrutenlauf noch jahrelang weitergehen.

20

Eine neue Wirklichkeit

Ich kam im Dunkeln zu mir.

Im Dunkeln, während eine Klimaanlage im Hintergrund leise surrte. Wo war ich? Ich sah mich um: ein anonymes Hotelzimmer, eine Frau, die in dem Bett neben meinem schlief, eine neutrale Einrichtung, frisches weißes Bettzeug, der Geruch von Raumspray und, von irgendwo anders, der Duft von in der Pfanne brutzelndem Speck.

War das hier echt? Oder war ich noch immer in Heidniks Keller in der North Marshall Street angekettet und schlief, während ich von diesem seltsamen Ort träumte? Ich war mir sicher, dass ich jeden Augenblick mit Ketten an meinen Knöcheln aufwachen würde.

Mein Kopf sank zurück aufs Kissen, und ich schloss wieder die Augen. Als ich das nächste Mal aufwachte, war ich noch immer an demselben Ort, nur dass jetzt Sonnenlicht durch die hauchdünnen Vorhänge flutete. Iris war schon auf den Beinen und machte mit dem winzigen Wasserkocher in der Ecke Nescafé.

Die Wirklichkeit war auf den Kopf gestellt worden. Ich wusste nicht, wo ich war oder was ich hier tat. Ich blieb noch eine Weile liegen, während langsam alles zurückkam: die Flucht, das Polizeirevier, wie wir Deborah fanden, meine Familie.

Die Erleichterung hielt nur ein paar Minuten an, bis jemand laut an die Tür klopfte. Ein selbstbewusstes, lautes und beharrliches Hämmern: Wumm wumm wumm!

Die Tür erbebte von den Schlägen. Iris warf einen Blick auf mich, und ich nickte: Ja, ich bin wach.

Sie ging zur Tür, um zu öffnen. Ich hörte vom Bett aus schwach die Stimme des Polizisten: »Wir müssen sie bald wegbringen. Können Sie dafür sorgen, dass sie aufsteht und etwas frühstückt? Wir haben nur eine halbe Stunde.«

Ich schleppte meinen erschöpften Körper ins Bad. Das ganze Adrenalin der letzten vierundzwanzig Stunden war auf einmal verflogen. Ich hatte Schmerzen am ganzen Körper, und ich wollte nur noch zurück ins Bett, um eine ganze Woche zu schlafen, aber dazu war keine Zeit.

Obwohl ich jetzt frei war, war es nicht das, was ich als Freiheit kannte. Ständig war ich von Leuten umgeben, und meine Bewegungen waren auf die Orte beschränkt, an denen die Polizei mich haben wollte.

Man brachte mich für noch mehr Papierkram und noch mehr Fragen zum Büro des Staatsanwalts und dann zurück zum Polizeirevier, um noch mehr Aussagen aufzunehmen. In der Zwischenzeit zog ich in ein anderes Hotel um. Jetzt wurden alle Mädchen getrennt untergebracht, nur für den Fall, dass die Medien eine von uns aufspürten. Außerdem wurde eine Informationssperre über uns verhängt, was hieß, dass wir nicht mit den Medien sprechen durften.

Ich wurde zu einer psychologischen Untersuchung in einer psychiatrischen Frauenklinik gebracht, wo ich mit zwei Psychiatern sprach, die mich beide einweisen wollten.

Doch ich hatte genug und bestand darauf, mit Gallagher zu telefonieren. Ich war nervös, aufgewühlt und ungeduldig.

»Ich war vier Monate lang angekettet«, fuhr ich ihn an. »Was glauben Sic, wie es mir helfen wird, an diesem Ort eingesperrt zu sein? Ich brauche etwas freie Zeit. Ich brauche Zeit für mich!«

Gallagher gab mir recht, und die Ärzte berieten sich. Sie würden mich für ein paar Stunden entlassen, bevor ich zu weiteren Untersuchungen zurückkommen sollte.

Aber ich hatte keine Lust, noch mehr Untersuchungen oder Befragungen über mich ergehen zu lassen. Und ich wollte mit Sicherheit nicht die Medikamente nehmen, die sie mir verordnen wollten.

Als ich nun zum ersten Mal allein ins Freie trat, wusste ich ganz sicher, dass ich nicht mehr in die Klinik zurückkehren würde. Während ich zur Hauptstraße ging, um ein Taxi heranzuwinken, kam ich an einem Zeitungsstand vorbei. Dort schrien mir die Schlagzeilen entgegen: HORROR IN DER MARSHALL STREET; VERRÜCKTER FEIERT SEXORGIE MIT ANGEKETTETEN FRAUEN; SEXSKLAVINNEN UND VERGEWALTIGUNG IN PHILADELPHIA.

Meine Augen huschten über die Zeitungsauslage. Heidnik beherrschte die Schlagzeilen jeder einzelnen Zeitung. Ich schnappte mir eine Ausgabe der *New York Post*, und im Taxi, auf dem Weg zu meinem alten Viertel, überflog ich die vielen Seiten, die unserer Geschichte gewidmet waren.

Die Presse hatte sich wie ein Hund, der einen Knochen verschlingt, begierig auf all die grausigen Details gestürzt: LEICHENTEILE IN PHILADELPHIAS HORRORHAUS GEFUNDEN, lautete die Schlagzeile. In der Zeitung waren Bilder von uns allen zu sehen. Man nannte Heidnik den »Rolls-Royce Reverend«, einen Mann mit einer Vorliebe für »Aktien und Bondage«.

Ich schüttelte den Kopf. Nein, so war es überhaupt nicht gewesen! Er hatte uns nicht zu seinem Vergnügen angekettet, sondern damit wir nicht entkommen konnten. Ich wollte irgendjemanden anrufen, ihn auf den Irrtum hinweisen und es ändern lassen. Ich war wütend und verwirrt – mein Name und mein Gesicht waren überall. Auf einmal war ich öffentliches Eigentum. Ich wollte nur noch für ein paar Stunden von alledem wegkommen, wollte das alles vergessen und versuchen, es hinter mir zu lassen. Ich wusste, wohin ich fahren musste.

Wir hielten an der Ecke Six und Gerard. Ich gab dem Taxifahrer einen Fünfdollarschein und sagte ihm, er könne den Rest behalten. Gleich an der Ecke stand einer der Dealer, die ich aus meinem alten Leben kannte. Ich kaufte mir einen Beutel Crack für hundert Dollar und machte mich auf den Weg zu Marnie, einer alten Freundin von mir.

Ich stieg die Treppe zu ihrer Wohnung im zweiten Stock hoch, und sie begrüßte mich mit einer innigen Umarmung. Sie freute sich, dass bei mir alles in Ordnung war, und fragte mich auch nicht weiter aus. Ich konnte sehen, dass sie high war, und genau das wollte ich auch sein.

»Hast du Stoff?«, fragte sie, sobald ich in der Wohnung war.

»Na klar«, sagte ich. »Hast du einen Kocher, ein Feuerzeug? Ich habe nichts dabei.«

Marnie wühlte in ihren Hosentaschen und kramte die kleine Flaschc, die wir Kocher nannten, und ein Feuerzeug hervor. Sie ging in die Küche und kam mit einem kleinen Topf, Backnatron und etwas Wasser wieder. Ich begann das Pulver in den Kocher zu schütten und gab dann Natron und Wasser dazu.

Dann hielt ich die Flamme unter die Flasche, bis die Flüssigkeit zu kochen begann. Als es so weit war, hörte ich auf und goss kaltes Wasser dazu. Jetzt verwandelte sich das Pulver rasch in einen Klumpen.

Ich nahm ihn heraus und legte ihn in die Pfeife, die Marnie mir gegeben hatte.

Jetzt führte ich mir die Pfeife an die Lippen, hielt das Feuerzeug diesmal über den Klumpen und atmete tief ein – einmal, zweimal, dreimal …

Auf einmal löste sich die ganze Angst und Anspannung, die ich mit mir herumgeschleppt hatte, in Luft auf. Ich spürte, wie sich meine Arme und Finger entspannten, während die Droge in meinen Körper strömte und meine Gliedmaßen mit einem sanften Gefühl von Taubheit streichelte.

Mein Kopf wurde frei von all den Grauen und Traumata, die ich in den vergangenen vier Monaten durchgemacht hatte. Endlich schwebte ich in einem Meer der Ruhe und Euphorie.

Ich ließ mich auf den Boden sinken und gab mich völlig der Droge hin.

Ich blieb ein paar Tage bei meiner Freundin, bis mich die Medien wieder aufspürten. Eines Tages kam jemand herein und sagte: »Hey, du weißt schon, dass draußen Channel 6 ist?«

Daher suchte ich bei einer anderen Freundin Unterschlupf. Das Problem war allerdings, dass die Reporter alle Dealer und Nutten in der Gegend angesprochen hatten, Visitenkarten verteilt und dicke Schecks für den Fall versprochen hatten, dass sie mich finden würden. Das war nicht die Art Leute, denen man ein Geheimnis anvertrauen konnte; nicht, wenn es um Geld ging.

Und so begann das Katz-und-Maus-Spiel zwischen mir und der Presse. Ständig wurde ich von einer Wohnung zur nächsten gejagt, dicht gefolgt von den Reportern, die immer dicht auf meinen Fersen blieben.

Eines Tages wurde ich in Gallaghers Büro bestellt. Als ich auf die Straße trat, regnete es, und ich blieb wie angewurzelt stehen, um mir die Tropfen auf den Kopf prasseln zu lassen. Seit vier Monaten hatte ich keinen Regen mehr erlebt. Jetzt streckte ich die Hände aus, um das Wasser aufzufangen und von meinen Händen fließen zu lassen.

Es erschien mir wie ein Wunder. Einfach unglaublich.

Jetzt schüttete es wie aus Eimern, und das Wasser lief mir in Strömen über den Rücken, in die Schuhe und über die Schultern, aber das war mir egal. Ich stand da wie ein Idiot und ließ mich vom Regen völlig durchtränken.

Wer hätte gedacht, dass man den Regen vermissen könnte?

Ich begann zu lachen, ein verrücktes, albernes Lachen. Ich fühlte mich ekstatisch, beschwingt, lebendig!

»Die anderen Mädchen sind mit ihren Anwälten zu mir gekommen … Sie haben mir mitgeteilt, dass sie überlegen, Anzeige gegen Sie zu erstatten.«

Gallagher hockte auf einer Ecke seines Schreibtischs und sah mich starr an. Ich hatte meine nasse Kleidung aus- und trockene angezogen, bevor ich zu ihm gegangen war, und konnte jetzt kaum glauben, was ich hörte. Die Ekstase, die ich noch vor einer Stunde angesichts des Regens empfunden hatte, war verflogen.

Ich hatte mein Leben aufs Spiel gesetzt, um diese Mädchen zu retten, und so dankten sie es mir?

Im ersten Moment war ich zu verblüfft, um etwas zu erwidern, aber schließlich fand ich meine Stimme wieder: »Aber warum?«

»Sie wollen aussagen, dass Sie an der ganzen Sache beteiligt waren, dass Sie die Strafen ausgeteilt haben, weil es Ihnen Spaß gemacht hat, und dass Sie Heidniks Komplizin waren.«

Ich ballte vor Wut die Fäuste. *Wie konnten sie so etwas behaupten?*

Gallagher konnte sehen, wie mir das Blut in den Kopf stieg, und fuhr rasch fort: »Aber ich habe ihnen natürlich gesagt: ›Ist Ihnen denn nicht bewusst, dass keine von Ihnen heute überhaupt hier wäre, wenn Josefina nicht geholfen hätte? Sie hat Ihnen allen das Leben gerettet.‹ Na ja, dann haben sie darüber nachgedacht und sich dazu entschieden, doch keine Anzeige zu erstatten.«

Dieser Verrat war mir völlig unbegreiflich.

»Aber warum?«, konnte ich nur stammeln. »Warum wollten sie das tun?«

Gallagher seufzte, nahm seine Brille vom Nasenrücken und rieb die Stelle, an der eben noch seine Sehhilfe gesessen hatte. »Sie müssen verstehen, Josefina: Diese Mädchen haben alle Anwälte, die alle mitverdienen und ein möglichst großes Stück des Kuchens für sich selbst haben wollen. Vermutlich glauben die, dass sie es auch bekommen werden, wenn sie es so aussehen lassen, als hätten Sie mit Heidnik gemeinsame Sache gemacht.«

Ich hatte über Heidnik und seine sogenannte Finanzakrobatik gelesen. Offenbar hatte er eine halbe Million Dollar auf einem Konto angehäuft, das auf den Namen seiner Kirche lief. Alles dank seiner klugen Investitionen an der Börse. So konnte er sich auch die Autos leisten.

Meine Gedanken wandten sich wieder den anderen Mädchen zu.

Heidnik hatte mich innerhalb seines Hauses freigelassen, aber doch nur, weil ich sein Papier unterzeichnet hatte, in dem ich eine Mitschuld an Deborahs Tod anerkannte. Ging es etwa darum? Ich dachte daran, wie ich mit Gary und Agnes zusammen in den Keller gegangen war. In dem Moment hatten die anderen mich so angesehen, als wäre ich eine Verräterin. War ihnen denn nicht spätestens jetzt klar, was ich da getan hatte?

»Was ist mit diesem Blatt Papier?«, fragte ich Gallagher. »Haben Sie das je gefunden? Das, in dem ich unterschreiben musste, wie Deborah durch die Stromschläge getötet wurde?«

Gallagher schüttelte den Kopf.

»Die Polizei hat das ganze Haus auf den Kopf gestellt, hat es aber nie gefunden«, sagte er. »Und ich rechne auch nicht damit, dass sie es noch finden. Heidnik hat Sie dieses Papier aller Wahrscheinlichkeit nach nur unterzeichnen lassen, um Sie glauben zu machen, er hätte Sie in der Hand. Es war für ihn selbst ebenso belastend, wie es das für Sie war. Also hat er es vermutlich ziemlich bald, nachdem Sie es unterzeichnet hatten, vernichtet.«

Inzwischen wusste ich, dass Heidniks Anwalt, ein Mann namens Charles Peruto Junior, auf Unzurechnungsfähigkeit plädieren würde. Es war seine einzige Chance, Heidnik vor dem elektrischen Stuhl zu bewahren.

»… daher war es nur eine Frage der Zeit …« Gallagher redete noch immer, aber ich hatte den Faden verloren.

»Nur eine Frage der Zeit, bevor was?«, fragte ich.

»Bevor er Sie beseitigt hätte«, fuhr Gallagher fort. »Sie waren die Einzige, die alles wusste; Sie waren die Einzige, die zu allem, von Anfang bis Ende, aussagen konnte. Er hat Sie vielleicht für eine Weile innerhalb seines Hauses freigelassen, aber es ist klar, dass er Sie nicht mehr viel länger behalten hätte. Meiner Meinung nach sind Sie ihm eben noch rechtzeitig entkommen.«

Seine Worte prasselten so schwer und so schnell auf mich ein, dass ich Mühe hatte, ihm zu folgen. Jetzt fiel mir noch etwas anderes ein.

»In den Zeitungen wurden die Namen meiner Kinder genannt«, machte ich meinem Ärger Luft. »Ihre Namen und ihr Alter und die Schule, auf die Toya geht. Was hat das denn mit irgendetwas zu tun, das geschehen ist? Warum haben die das getan?«

»Miss Rivera, Sie müssen versuchen, dieses Zeug einfach zu ignorieren«, antwortete Gallagher geduldig. »Das war einfach zu erwarten. Die Medien werden alles drucken, was sie über Sie herausfinden können. Sie sind die Hauptzeugin der Anklage. Ich empfehle Ihnen, die Zeitungen in Zukunft nicht mehr zu lesen, dann können die Sie auch nicht aus der Fassung bringen.« Er wechselte das Thema: »Sind Sie bereit für die Anhörung?«

Ich nickte.

Ich war darüber informiert worden, was als Nächstes kam: die vorgerichtliche Anhörung, in der entschieden wurde, ob es genügend Beweise gab, um Heidnik vor Gericht zu bringen. Gallaghers Ansicht nach war das reine Formsache, für mich würde es allerdings mein erster Tag vor Gericht sein. Mein erster von vielen.

Als ich an jenem Tag das Büro verließ, kam mir eine Frau auf ihrem Weg hinein entgegen.

»Josefina!«, rief sie.

»Lisa«, entgegnete ich. Aber keine von uns blieb stehen, um zu reden. Wir gingen beide einfach weiter.

Erst später an diesem Abend fragte ich mich, warum ich nicht stehen geblieben war. Wir waren monatelang zusammen in diesem Keller angekettet gewesen, hatten die schlimmsten Grauen gesehen, die man sich vorstellen konnte, hatten Schmerz, Entbehrung und Folter erlebt. Wir hatten den Missbrauch durch einen grausamen und herzlosen Mann gemeinsam ertragen, hatten seine Bestrafungen erlitten, uns jeder seiner Launen gebeugt.

Und jetzt konnten wir uns nicht einmal für ein paar Sekunden in die Augen sehen.

Wollte sie nicht mit mir reden? Ich selbst legte mit Sicherheit keinen Wert darauf, mit ihr zu sprechen – nicht nachdem mir Gallagher von ihrem Verrat berichtet hatte. Nach dieser Enthüllung stand mein Urteil über diese Frau fest, und ich wusste nun, dass ich mich all den Dingen, die mich außerhalb dieses Kellers noch erwarteten, allein stellen musste. Vielleicht hatten wir in diesen Monaten der Gefangenschaft einander geholfen, nicht den Verstand zu verlieren, hatten uns über schwierige Zeiten hinweggeholfen und uns getröstet, doch jetzt, wo wir draußen waren, bedeuteten wir einander gar nichts.

Am 23. April 1987, knapp einen Monat nach meiner Flucht, wurde ich in der City Hall in den Zeugenstand geführt, um für die Anklage auszusagen.

Die Anklagepunkte lasen sich wie das Drehbuch zu einem Horrorfilm: Mord, Entführung, Vergewaltigung, schwere Körperverletzung, erzwungener, abnormer Geschlechtsverkehr, unsittliche Entblößung, Freiheitsberaubung, widerrechtliche Einsperrung, einfache Körperverletzung, terroristische Drohungen, rücksichtslose Gefährdung einer anderen Person, unsittliche Übergriffe, Anstiftung zu einem Verbrechen, Besitz und Schändung einer Leiche. Bei der Hälfte dieser Anklagepunkte wusste ich nicht einmal, was sie zu bedeuten hatten, und musste sie mir von der Polizei erklären lassen. Der letzte Anklagepunkt war die Störung der Totenruhe. Heidnik habe die Leiche auf eine Weise behandelt, von der er gewusst habe, dass sie die »üblichen familiären Empfindlichkeiten gröblich verletzen« würde. Dessen war er mit Sicherheit schuldig.

Alle Frauen, die Heidnik gefangen gehalten hatte, waren zur Anhörung da, allerdings wurden wir in getrennten Räumen untergebracht, bevor wir unsere Zeugenaussagen machten. Man wollte jede Möglichkeit ausschließen, dass unsere Aussagen sich einander beeinflussten. Der Medienrummel rund um die City Hall war unglaublich. Ich hatte noch nie etwas Vergleichbares gesehen. Es war ein regelrechtes Meer von Kameras, Reportern und Übertragungswagen. Wir mussten zur Seitentür in das Gebäude hineingeschmuggelt werden. Als ich mit meiner Aussage an der Reihe war, wurde ich durch einen langen Korridor in den Gerichtssaal geführt. Der Erste, den ich sah, war Heidnik: Er trug ein seltsames, blaues Hawaiihemd, und offensichtlich hatte er sich seit seiner Festnahme weder rasiert noch gewaschen. Ich nahm an, dass er bereits seine »Unzurechnungsfähig«-Karte ausspielen wollte. Sollte er es doch versuchen. Sollte er es einfach versuchen.

Als ich Platz nahm, um meine Geschichte von Anfang bis Ende zu erzählen, war ich kein bisschen eingeschüchtert. Ich wollte unbedingt, dass die Leute die Wahrheit aus meinem eigenen Mund erfuhren, wollte sie wissen lassen, was wirklich passiert war.

Gallagher führte mich ruhig und rücksichtsvoll durch meine Zeugenaussage. Danach, als er wieder Platz genommen hatte, war Charles Peruto Junior, Heidniks Strafverteidiger, an der Reihe.

Irgendwann fragte Peruto mich, warum ich die Mädchen so bestraft hatte, wie Heidnik mich angewiesen hatte, und ich erklärte schlicht: »Er hat uns alle mit eiserner Hand regiert, und er erwartete Gehorsam. Als er mir befahl, sie zu bestrafen, habe ich nicht einmal überlegt, Nein zu sagen.«

Er stellte mir noch ein paar Fragen, die eher persönliche Angriffe waren als irgendetwas sonst. Ich funkelte Peruto vom Zeugenstand aus zornig an.

Allmählich erkannte ich, was er tat: Er versuchte mich als Komplizin hinzustellen. Aber das würde nicht funktionieren. Wie könnte es das?

Am nächsten Tag waren die Zeitungen voll mit Berichten über die Zeugenaussagen der Opfer. Meine Nackenhaare stellten sich auf, als ich die Schlagzeile las: HEIDNIKS MÄDCHEN.

Es war eine seltsame Bezeichnung für uns, die Opfer. »Heidniks Mädchen«. Das unterstellte uns, wir hätten bei der ganzen Geschichte irgendeine Wahl gehabt. Bis wir von Heidnik geschnappt und gegen unseren Willen festgehalten wurden, waren wir alle eigenständige Frauen, Individuen. Aber jetzt waren wir Heidniks Frauen, seine Besitztümer, genau wie er es die ganze Zeit gewollt hatte. Es machte mich rasend vor Wut.

Dann gab es noch einige grauenhafte Berichte des Gerichtsmediziners, der nach mir als Zeuge aussagte.

Seine Schilderungen dessen, was er in Heidniks Küche fand, waren auf jeden Fall Stoff für eine gruselige Lektüre.

»Im Gefrierfach des Kühlschranks befanden sich mehrere weiße … in Tüten verpackte Päckchen. So, wie man vielleicht ein Stück Fleisch einwickeln würde, um es im Gefrierfach aufzubewahren; doppelt verpackt in einer weißen Plastiktüte. Eine dieser Tüten war offensichtlich schon einmal geöffnet worden. Ich habe einen Blick in diese Tüte geworfen, und ich fand zwei menschliche Unterarme.«

Er fuhr fort: »Ingesamt waren es neben diesen zwei Unterarmen auch ein Oberarm, zwei Knie und zwei Teile eines Oberschenkels. Bei jedem dieser Teile war … das Knochenende offenbar mit einer Säge abgetrennt worden. Das weiche Gewebe, Haut und Muskeln, das hing noch immer an dem Knochen.«

Es fiel den Menschen schwer, die schaurigen und skandalträchtigen Details ernst zu nehmen. Die Geschehnisse waren einfach so grauenhaft, dass die Presse und andere Leute, mit denen ich sprach, offenbar nicht anders konnten, als sie auf irgendeine perverse Weise ins Lächerliche zu ziehen.

Wenn ich alte Freunde sah, machten sie jetzt meistens irgendeine schlaue Bemerkung, weil sie gehört hatten, ich hätte Hundefutter und Menschenfleisch gegessen.

Wenn ich die Straße hinunterging, kurbelten Leute allen Ernstes ihre Fenster herunter, um mir »Alpo« zuzubrüllen. Es war unfassbar und verwirrend. Würden sie das auch tun, wenn ich ihre Schwester, Ehefrau oder Mutter wäre? Ich fand es wirklich befremdlich, dass ein paar Leute beschlossen, mich tatsächlich dafür anzugreifen, dass ich das Opfer eines gemeinen und grausamen Mannes geworden war.

Gallagher zeigte sich mitfühlend. Er meinte, all die anderen Mädchen würden dasselbe durchmachen, und empfahl mir noch einmal, die Zeitungen nicht mehr zu lesen.

Ich versuchte, das alles nicht an mich heranzulassen. In meinen Augen hatte ich das Unmögliche geschafft. Ich war entkommen, und was irgendwelche Fremden zu mir sagten, konnte mir egal sein.

Als die Leute allerdings anfingen, hinter dem Rücken meiner Mom zu tuscheln, da fühlte ich mich schlecht. Sie hatte es nicht verdient, von der Presse verfolgt oder das Opfer von gehässigem Klatsch und Tratsch zu werden.

Zum Glück war meine Mom weitaus vernünftiger als die meisten Menschen.

»Was flüstern Sie denn so?«, fragte sie einmal im Bus, als sie hörte, wie ein paar Damen hinter ihr lachten und kichernd auf sie zeigten.

Sie drehte sich ganz zu ihnen um, wie eine stolze Löwin, die bereit ist, ihre Jungen bis in den Tod zu verteidigen.

»Meinen Sie etwa, ich schäme mich? Meinen Sie, es gibt etwas, wofür ich mich entschuldigen sollte? Meine Tochter hat sich von diesem Verrückten befreit, und sie hat außerdem diesen anderen Mädchen das Leben gerettet. Ich bin verdammt stolz darauf, sie meine Tochter nennen zu dürfen. Sie haben also keinen Grund zu flüstern. Schwestern, dankt dem Herrn dafür, dass diese Mädchen am Leben sind, und betet, dass ihr niemals einem Verrückten wie diesem Heidnik begegnen möget!«

Und mit diesen Worten stürmte sie davon.

Jeder hatte eine Meinung, jeder hatte seine eigene Vorstellung davon, was ich tun oder nicht hätte tun sollen. Täglich las ich in der Zeitung irgendetwas Neues und Falsches. Jetzt behauptete Vincent Nelson, ich sei seine Freundin, und ich habe ihn am Abend meiner Flucht, vor meinem Anruf bei der Polizei, besucht.

»Das ist ein solcher Schwachsinn!«, explodierte ich eines Tages vor den Polizisten, als sie mich zum x-ten Mal einbestellten, um irgendein winziges Detail des Falls mit mir durchzugehen. »Wieso dürfen die Zeitungen dieses ganze Zeug drucken, das nicht wahr ist? Er war nie mein Freund! Ich weiß nicht, warum dieser Typ sich so wichtigmacht. Er hatte mit dieser ganzen Geschichte überhaupt nichts zu tun!«

Jetzt flehten die Beamten mich an: »Hören Sie auf, die Zeitungen zu lesen. Das wird Sie nur wütend machen.«

Aber es war zu spät. Ich war bereits wütend.

Eines Tages kam meine Sozialarbeiterin zu mir. Mr. und Mrs. Sepulveda wollten Ricky und Zornae adoptieren. Ob ich mich damit einverstanden erklären würde?

Schweren Herzens sagte ich Ja – ich wusste seit längerem, dass das auf mich zukam. Seit jenem ersten Wiedersehen in Gallaghers Büro wusste ich, dass ich die beiden verloren hatte. Ich hatte die Kinder in den letzten paar Monaten nur wenige Male gesehen, und jedes Mal schienen sie distanzierter von mir. Ich hatte nicht den Mut oder die Energie, um sie zu kämpfen. Ich konnte sehen, dass sie zusammen eine liebevolle Familie waren, und ich wusste, dass es das Trauma der Kinder nur verschlimmern würde, wenn sie erneut aus ihrem Leben gerissen würden.

Ich unterzeichnete die Adoptionspapiere ohne den leisesten Hauch eines Zweifels.

Tatsache war: Ich war im Grunde nicht wirklich dafür geeignet, eine Mutter zu sein. Ich nahm wieder Crack – ich glaube, heutzutage nennt man das Selbstmedikation –, zog ständig von einer Freundin zur nächsten und schlief auf jedem Sofa, das mir angeboten wurde, nur um der Presse eine Nasenlänge voraus zu bleiben. Toya sah ich noch immer jede Woche, und für sie würde ich immer ihre Mutter sein, doch Ricky und Zornae kannten mich überhaupt nicht. Sollte ich sie wirklich den Armen der Frau entreißen, die sie als ihre Mom kannten, und ihnen eine schmerzliche Trennung und Umstellung aufzwingen? Steckte in mir im Moment überhaupt die Fähigkeit, eine Mutter zu sein?

Vermutlich nicht.

Derzeit verbrachte ich mein Leben damit, mich vor all den Leuten zu verkriechen, die mich sehen wollten. Selbst die Detectives gingen mir auf die Nerven.

»Hey, Josefina«, sagte ein Dealer, als ich mir Stoff bei ihm besorgte. »Du weißt schon, dass da ein Detective ist, der dich sucht?«

»Ja, ich weiß«, sagte ich. Was war mit diesen Leuten denn bloß los? Konnten sie nicht einfach ein paar Tage warten? Ich war es leid, ständig nach ihrer Pfeife zu tanzen. Ich wünschte, sie würden mich alle einfach in Ruhe lassen.

Die Sozialhilfe reichte nicht mehr aus, um mich über Wasser zu halten und um meine Drogen zu finanzieren, weshalb ich nach ein paar Monaten wieder anschaffen ging. Es war schon so lange das Einzige, das ich kannte, dass ich gar nicht wusste, wie ich sonst zurechtkommen sollte. Es dauerte allerdings nicht lange, bis ich mir wieder Ärger einhandelte.

An einem klaren warmen Juliabend ging ich auf der Front Street anschaffen, als ein Typ in einem braunen Ford neben mir anhielt. Er war ein ganz gewöhnlicher Kerl in einer blauen Jeans und einem Holzfällerhemd, mit mausbraunen Haaren und Bartstoppeln.

Wir wurden uns handelseinig, und ich stieg in seinen Wagen. Er sah normal aus – na ja, das tun sie alle irgendwie. Ich achtete kaum auf ihn, als er um den Block auf einen Parkplatz fuhr und anhielt. Dort zückte er auf einmal ein etwa dreißig Zentimeter langes Messer und sagte zu mir: »Ich bin Jack the Ripper!«

Oh Gott! Nicht schon wieder.

Ich wusste, was er wollte. Er wollte, dass ich Angst hatte, aber ich hatte keine. Wie könnte ich das nach Heidnik? Ich dachte nur: Du kannst nicht schlimmer sein als dieser Irre. Daher gab ich zurück: »Ach ja? Was soll das denn heißen? Na?«

Die ganze Wut und Frustration der vergangenen paar Wochen stiegen jetzt an die Oberfläche. *Was glaubt dieser Widerling eigentlich, wer er ist?*

Ich fuhr fort: »Ich nehme an, du willst nur eine kostenlose Muschi, stimmt's?«

Inzwischen hatte er seinen Schwanz aus der Hose geholt, doch ich redete einfach weiter: »Na, dieses Messer brauchst du jedenfalls nicht.«

Dann nahm ich seine Hand, während ich noch immer weiterredete: »Wenn du eine kostenlose Muschi kriegst, dann will ich dabei auch etwas kriegen.« Und ich begann, seine Hand zwischen meinen Beinen hochzuschieben. Angewidert zog er seine Hand zurück. Meine forsche Art machte ihn nervös.

»Hey, was glaubst du, das du da tust?« Er schien verwirrt.

»Du meinst, du bist der Einzige, der heute Abend ein bisschen Spaß haben wird?« Inzwischen brüllte ich fast. Ich war wütend. »Das glaube ich nicht!«

Jetzt rangen wir miteinander, und er ließ das Messer fallen.

»Steig einfach aus dem Wagen!«, brüllte er mich an.

»Ach, jetzt willst du auf einmal nicht mehr?«, schrie ich zurück. »Was zum Teufel soll das denn?«

»Steig aus!«, rief er noch einmal.

»Na schön. Na schön. Ich gehe!« Ich stieg aus und knallte die Tür zu. Idiot! Wenn er gedacht hatte, er könne mir Angst machen, dann hatte er sich gründlich getäuscht.

Ich ging zurück zur Front Street, und als ich an den anderen Nutten vorbeikam, warnte ich sie vor dem Freak, dem ich eben begegnet war.

»Brauner Ford«, sagte ich zu ihnen. »Er hat ein Messer.«

»Danke, Süße«, sagten sie gedehnt. Die meisten von ihnen waren high. Würden sie sich in einer Stunde, wenn die Nacht abgekühlt war und sie den nächsten Schuss brauchten, überhaupt noch an meine Worte erinnern?

Ich hätte an jenem Abend zur Polizei gehen können, und vielleicht hätte ich es tun sollen, aber ich tat es nicht. Er hatte im Grunde nichts getan, und außerdem kam ich mir idiotisch vor.

Aber Mr. Ripper erwies sich als Weckruf für mich. Wenn ich so dumm war, noch immer zu fremden Männern ins Auto zu steigen und mein Leben aufs Spiel zu setzen – nach all dem, was mir mit Heidnik passiert war –, dann hatte ich nicht das Recht, mich über die Folgen zu beklagen. Ich stellte mir vor, wie ich zurück zur Polizei ging und sagte: »Nun ja, ich war eben draußen auf der Front Street und habe da einen Typen mit einem Messer getroffen, der mir gesagt hat, er wäre Jack the Ripper.«

»Ach, Sie schon wieder«, stellte ich mir ihre feixende Reaktion vor. »Was sind Sie denn für eine? Ein Magnet, der die Verrückten anzieht?«

Und was würde die Presse sagen? Ich war besorgt, ich könne jedes bisschen Glaubwürdigkeit, das ich hatte, verlieren, wenn ich den Mann anzeigte. Das wiederum hätte Auswirkungen auf Heidniks Prozess gehabt. Letztendlich hatte ich wohl Angst, der Prozess würde scheitern und Heidnik mit den Morden davonkommen, wenn ich meldete, was mir passiert war. Nein, besser war es, den Mund zu halten und nach vorn zu blicken.

Ich hatte kein Recht, mich zu beklagen. Ich wusste besser als jeder andere auf der Welt, dass es dort draußen Verrückte gab. Also hörte ich wenig später auf, anschaffen zu gehen. Es war zwangsläufig mit Risiko und Gefahr verbunden, und davon hatte ich mehr als genug. Ich musste eine andere Einkommensquelle finden. Bereits im September hatte ich Arbeit in einer Laminatfirma gefunden und rauchte weiter Crack.

Zu dieser Zeit dachte ich nicht einmal daran, mit den Drogen aufzuhören – Crack war das Einzige, das mich alles vergessen ließ. Es hielt mich nachts in seiner warmen Umarmung, ließ mich traumlos schlafen und hielt all die bösen Erinnerungen in Schach. Diese Erinnerungen suchten mich sonst ständig heim, Tag und Nacht, und immer dann, wenn ich am wenigsten damit rechnete.

Von Zeit zu Zeit bekam ich so heftige Angstattacken, dass ich das Haus überhaupt nicht verlassen wollte. Mein Herz raste, und in meinem Kopf stiegen wieder all die entsetzlichen Bilder auf, die ich gesehen hatte, und ich stellte mir vor, dass Heidnik mitten in der Nacht kam und mich holte. Obwohl ich wusste, dass er sicher hinter Schloss und Riegel war, hatte ich ernsthaft Angst, er könnte entkommen. Nachts musste ich bei eingeschaltetem Licht schlafen, da die Dunkelheit ein solches Entsetzen mit sich brachte, dass ich gelähmt vor Angst auf dem Rücken lag.

Die Polizei bestellte mich noch immer jede Woche ein, und

die Psychiater versuchten mir gegen die ständigen Albträume und Panikattacken zu helfen.

»Wir würden Sie gern zur Beobachtung einweisen«, sagten sie manchmal zu mir.

»Na schön«, meinte ich dann. »Aber ich werde keine Medikamente nehmen. Ich will kein weiterer zugedröhnter Zombie sein, der über die Flure schleicht.«

»Dann können wir Sie nicht einweisen und Ihnen nicht helfen«, erwiderten sie.

Und das war's. Sie überließen es mir, allein damit zurechtzukommen, was bedeutete, dass ich mir Drogen kaufte und high wurde. So einfach war das.

21

In der Schwebe

Wenn Heidnik mein Entführer und Folterer war, der Mann, der mich in meinen Träumen verfolgte und einen Schatten über mein waches Leben warf, dann war Charles Peruto Junior derjenige, der mich beerdigte.

Peruto Junior, Sohn eines berühmten Strafverteidigers, schien entschlossen, den Heidnik-Prozess dafür zu benutzen, um aus dem Schatten seines Daddys zu treten und sich selbst einen Namen zu machen.

Und vor Gericht diente ich ihm als Sandsack.

Ich an Heidniks Stelle hätte ihn gefeuert. Ganz abgesehen davon, wie er mich behandelte, glaube ich wirklich, dass er kein sehr guter Anwalt war. Er hatte eine Idee, und nur eine einzige: Josefina Rivera die Schuld geben.

Seine ganze Verteidigung ließ sich einfach zusammenfassen: Heidnik war zu verrückt, um den Plan auszuhecken, einen Haufen Frauen zu entführen und in seinem Keller anzuketten, oder um sich diese Foltermethoden auszudenken. Also musste ich es gewesen sein.

Hätte Peruto sich zurückgelehnt und auch nur einen Moment darüber nachgedacht, dann wäre ihm vielleicht aufgefallen, wie lächerlich diese Verteidigung war. Man kettet seinen Komplizen nicht über 100 Tage lang an!

Aber Peruto war so besessen von seiner Idee, dass er die Auswirkungen seiner Verteidigungsstrategie vermutlich gar nicht richtig in Betracht zog.

Irgendwann im Verlauf von Heidniks Prozess – über ein Jahr nach unserer Rettung – bat Peruto die Richterin allen Ernstes darum, die Geschworenen anzuweisen, die Möglichkeit in Betracht zu ziehen, dass ich Heidniks Komplizin gewesen sei. Ich erfuhr erst viel später davon.

Die Richterin selbst musste Peruto auf den Fehler in seiner Logik hinweisen.

»Wenn der Angeklagte schlau genug ist, um die Hilfe einer Komplizin in Anspruch zu nehmen, dann weiß er, was er tut«, sagte Richterin Abraham zu Peruto Junior. »Das könnte ein Problem sein, wenn Sie Rivera beschuldigen … Wenn Sie eine Anklage wegen Mittäterschaft wollen, werde ich sie Ihnen geben, aber Rivera ist nicht dumm. Es läge auf der Hand zu sagen, dass Ihr Mandant – wenn er jemanden für sich hat arbeiten lassen, wenn er schlau genug ist, um sich einen Komplizen zu besorgen – nicht geistesgestört ist. Warum besprechen Sie das nicht mit Ihrem Mandanten?«

Letztendlich ließ Peruto die Idee, mich ebenfalls anzuklagen, natürlich fallen, aber das hielt ihn nicht davon ab, wie ein Rottweiler über mich herzufallen.

Und die Folgen davon waren schwerwiegend und weitreichend.

Von dem Augenblick an, in dem ich mit Peruto aneinandergeriet, wurde ich »Josefina Rivera – Opfer oder Komplizin?«. Diese Frage war zu schön, zu verlockend für die Presse, um sie zu ignorieren.

Und so hatte man, egal, wie der Prozess für Heidnik ausgehen würde, das Urteil über mich von Anfang an gefällt. Ich hatte meine Kinder verloren, meine Freiheit, mein Selbstwertgefühl, einen guten Teil meiner geistigen Gesundheit, und jetzt war ich auch noch im Begriff, meinen Status als Opfer zu verlieren.

Aber das alles lag in ferner, ferner Zukunft. Im Augenblick befand ich mich lediglich in einer unangenehmen Schwebe:

Wegen der Informationssperre durfte ich mich öffentlich nicht äußern, war aber selbst Gegenstand endloser Spekulationen. Die Presse verfolgte meine Familie und mich auf Schritt und Tritt. Zwar versuchte ich nach außen hin ein normales Leben zu führen, aber darunter brodelte es in mir, während ich auf meinen Auftritt vor Gericht wartete und wartete.

Weder die Polizei noch Gallagher wollten, dass ich die Presseberichte las – sie glaubten, es würde mich zu sehr in Rage versetzen –, aber ich konnte nicht anders. So sehr ich es auch hasste, etwas über mich selbst zu lesen, war ich doch begierig auf mehr Informationen über Heidnik.

Seit dem Augenblick, in dem er mich gefangen genommen hatte, wurde ich von Fragen gequält. *Warum ist das passiert? Wer war schuld daran?* Ich hatte das Gefühl, dass ich selbst eine Mitschuld daran trug, und ich hatte Heidniks Argumentation gehört, aber was war die Wahrheit?

Ich durchforstete jeden Tag die Zeitungen auf der Suche nach Antworten. Und dort erfuhr ich von Heidniks seltsamer und beängstigender Vergangenheit. Ich las alles, verzweifelt bemüht, diesen Mann zu verstehen und das, was ihn zu seinen Taten getrieben hatte.

Ich erfuhr, dass er und sein jüngerer Bruder Terry bei einem gewalttätigen Vater und einer alkoholkranken Mutter in Cleveland, Ohio, aufwuchsen.

Sie, Ellen, war eine attraktive Kosmetikerin mit kreolischem Einschlag, und er, Michael, war Werkzeugmacher. Ihre Ehe war den Berichten nach zutiefst unglücklich. Und die Jungen litten ebenfalls.

Michael legte Wert auf strenge Disziplin und schonte keines der beiden Kinder. Er drangsalierte sie mit Bestrafungen, die so demütigend und entsetzlich waren, dass beide Kinder lernten ihn zu hassen.

Eine Strafe für Gary bestand darin, an den Fußknöcheln aus dem Fenster gehängt zu werden, eine andere darin, eine Zielscheibe auf seinen Hosenboden gemalt zu bekommen, um den anderen Jungen in der Schule zu zeigen, wohin sie ihn treten sollten.

Seine Eltern trennten sich, als er zwei war, und seine Mutter führte ihr Leben auf ihre verlotterte, chaotische Weise weiter. Sie heiratete noch dreimal, bevor sie sich 1970 das Leben nahm, indem sie Quecksilber trank.

Gary und sein Bruder Terry landeten fast ihr ganzes Leben lang immer wieder in Nervenheilanstalten und unternahmen etliche Selbstmordversuche.

Zum Zeitpunkt seiner Festnahme hatte Gary dreizehnmal versucht, sich das Leben zu nehmen, darunter einmal, indem er mit seinem Motorrad frontal gegen eine Wand fuhr.

Es war faszinierend, aber andererseits kaum überraschend – natürlich hatte es Kindheitstraumata und Dysfunktion gegeben, die dieses Monster erschaffen hatten.

Was ich schwerer zu verdauen fand, betraf die Behörden, die als unmittelbare Folge Heidniks geistiger Erkrankung oder seiner kriminellen Handlungen immer wieder mit Gary in Kontakt gestanden hatten.

Diese beiden Aspekte fügten sich 1979 auf eine erschreckende Weise zusammen, als er weggesperrt wurde, nachdem er Alberta, Anjeanettes Schwester, entführt hatte.

Ein einfallsreicher Reporter ging die alten Gerichtsakten durch und zitierte einen Psychologen, der damit beauftragt war, Heidnik in besagtem Jahr im Zusammenhang mit seiner Verurteilung einzuschätzen.

Erstaunlicherweise sagte der Bericht mit erschreckender Klarheit die Wahrscheinlichkeit voraus, dass Heidnik künftig ähnliche Verbrechen begehen würde.

Der Gerichtspsychologe schrieb damals, Heidnik würde »mit hoher Wahrscheinlichkeit schwere oder sogar noch seltsamere Straftaten gegen relativ hilflose Mitglieder der Gesellschaft« begehen.

Er fuhr fort: »Besonders besorgniserregend ist das Potenzial des Angeklagten, sexuelle Gewaltverbrechen an Frauen zu begehen.«

Heidnik, damals 34, hatte »eine Reihe missbräuchlicher und manipulativer Beziehungen zu verschiedenen geistig zurückgebliebenen schwarzen Frauen geführt, die er möglicherweise finanziell und sexuell ausgenutzt hat. Dieses Verhalten scheint einem Muster zu folgen, nach dem er gern eine autoritäre Position gegenüber verletzlicheren Individuen einnimmt.«

Er kam zu dem Schluss: »Um eine solche Tragödie künftig zu vermeiden, wird es notwendig sein, ihn genau zu beobachten und über einen langen Zeitraum hinweg kontinuierlich zu überwachen.«

Prognose für eine Besserung? »Extrem ungünstig.«

Sie hatten es gewusst!, begriff ich entsetzt. Diesen Leuten war klar gewesen, wozu Heidnik imstande war, und sie hatten ihn trotzdem freigelassen. Ich kochte vor Wut. Wenn sie im Besitz dieser Berichte waren, warum durfte Heidnik dann frei herumlaufen und jeden Tag Frauen aufgabeln? Warum wurde er nicht beobachtet, wie es in den Dokumenten empfohlen wurde? Dieser Bericht wurde 1979 verfasst, als Heidnik zu sieben Jahren Gefängnis verurteilt wurde. Er verbrachte seine gesamte Haftzeit in verschiedenen Nervenheilanstalten. Im Januar 1986 endete dann auch seine Bewährung. Binnen weniger Monate begann er, Frauen in seinem Keller zu sammeln.

Keine acht Jahre nach dieser negativen Einschätzung waren Sandra und Deborah tot. Warum hatten die Behörden nicht auf die Berichte geachtet und Heidnik nicht genauer überwachen lassen?

Der damalige Richter hörte auf die Warnung des Psychologen und verhängte die höchstmögliche Strafe. Danach wurde Heidnik jedoch freigelassen – frei, um zu foltern, zu vergewaltigen und zu töten, wie es ihm beliebte.

Ich las weiter. Der Psychologe, Dr. Wayne C. Blodgett, war

ausfindig gemacht worden und hatte dem Reporter erzählt, warum er sich damals so entschieden äußerte.

»In diesem speziellen Fall hatte ich bezüglich der besagten Person einfach ein ungutes Gefühl«, sagte er. »Das wollte ich dem Gericht zu verstehen geben.«

Wenn doch nur irgendjemand Heidnik weiterhin unter genaue Beobachtung gestellt hätte, wie Blodgett vorgeschlagen hatte, dann könnten zwei Frauen heute noch am Leben sein.

Ich konnte es kaum erwarten, dass der Prozess endlich begann. Ich musste mehr erfahren, musste wissen, wie Heidnik durch die Maschen des Systems hatte schlüpfen können.

Aber das Warten ging weiter.

Abgesehen von der üblichen Beweisaufnahme, die vor einem Prozess stattfindet, war ein Hauptgrund für die Verzögerung der Antrag, den Peruto bei Gericht stellte. Er wollte den Fall in eine andere Stadt verlegen lassen, mit der Begründung, es habe eine benachteiligende Berichterstattung in Philadelphia gegeben, die potenzielle Geschworene beeinflussen könnte.

Die Richterin lehnte Perutos Antrag ab. Sie wollte selber sehen, ob die Bürger von Philadelphia zu viel von Heidniks Horrorgeschichten gehört hatten, um in diesem Fall zu einem objektiven Urteil kommen zu können.

Die Frage war nicht: Ist Gary Heidnik schuldig? Das war zweifelsfrei festgestellt worden. Niemand hätte behaupten können, dass man den falschen Typen geschnappt hatte. Die Frage jetzt war, ob er wusste, was er tat, als er es tat. War er unzurechnungsfähig?

Falls ja, würde die Anklage auf Mord zweiten oder dritten Grades herabgestuft werden, und Heidnik würde vor dem elektrischen Stuhl bewahrt werden.

Peruto war von Anfang an ganz versessen darauf, auf Unzurechnungsfähigkeit zu plädieren. Er erzählte jedem, der es hören wollte, fröhlich, sein Mandant sei »durchgeknallt«. Das war die Hauptsäule seiner Verteidigung.

Ich ging zu so vielen gerichtlichen Anhörungen, wie man mir gestattete. Viele davon behandelten die finanziellen Aspekte. Bei einem dieser Gerichtstermine erklärte Peruto selbstbewusst: »Ich bin der festen Überzeugung, dass jeder Psychiater, der Gary untersucht, zu dem Schluss kommen wird, dass dieser an einer Geisteskrankheit leidet.«

Er fuhr fort: »Wenn man sich mit ihm über ein Thema unterhält, das ihn interessiert, wie zum Beispiel Aktien und Wertpapiere, dann könnte man glauben, dass mit ihm alles in Ordnung ist, doch wenn man eine Angelegenheit erörtert, die ihn ärgert, dann ist er völlig irrational. Gary ist in der Vergangenheit so schwer misshandelt worden, dass er für seine eigene Zwangslage vielleicht gar nicht verantwortlich ist. Manchmal ist ihm nicht einmal bewusst, dass er im Gefängnis ist.«

Drei Tage lang versuchte man, sich auf eine Auswahl von Geschworenen zu einigen, bevor Richterin Lynne Abraham aufgab und die Geschworenenauswahl nach Pittsburgh verlegte, eine Stadt, die weit westlich von Philadelphia lag, aber immer noch zum Bundesstaat Pennsylvania gehörte.

Ich wohnte inzwischen in einem Apartment über der Garage meines Schwagers im Norden von Philadelphia, wo die Presse mich zum Glück bisher nicht aufgespürt hatte. Angelo war mit Iris verheiratet, aber sie trennten sich gerade. Dieser Ort schien im Moment der einzige zu sein, an dem ich mich frei bewegen konnte.

Iris hatte die Idee dazu.

»Hör mal, niemand hier wird der Presse von dir erzählen, und anhand der Akten können sie keine Verbindung zwischen dir und Angelo herstellen, also nimm die Wohnung«, drängte sie mich.

Ich folgte ihrem Rat und fand hier meine Zufluchtsstätte. Ich überlegte mir nicht einmal, zu meiner Mom zu ziehen. Warum hätte ich ihr das alles zumuten sollen? Das hatte sie nicht verdient. Außerdem war Angelo selber drogenabhängig, und er verstand mein Bedürfnis, high zu werden.

Die Psychiater, zu denen man mich schickte, waren weniger interessiert daran, mir zu helfen, als daran, meine Geschichte zu hören. Ich fragte mich, wie mir das helfen sollte, mit den ständigen Albträumen, Panikattacken und Ängsten fertigzuwerden, wenn ich ihnen jedes schaurige Detail schildern sollte.

Einer der Ärzte gab mir gegenüber unter vier Augen sogar zu: »Wir wissen nicht, wie wir Ihnen helfen sollen. Wir können nur verschiedene Medikamente ausprobieren. Ihr Mädchen seid leider die Versuchskaninchen. Etwas Derartiges hat es hier noch nie gegeben, und obwohl wir unser Bestes geben, tappen wir im Dunkeln. Wir versuchen, was wir können, und dann wissen wir es für die Zukunft besser, doch im Augenblick haben wir kein Wundermittel.«

In diesen ersten Monaten nach meiner Flucht bekam ich zunächst einen Platz in einer Wohngruppe für Frauen. Die Leute waren nett, aber nachts wollten sie, dass das Licht ausgeschaltet wurde.

»Nein, hier bleibe ich nicht«, teilte ich ihnen daraufhin mit.

Schließlich fanden wir dank Marys Hilfe einen Kompromiss: Man brachte mich in einem Einzelzimmer unter und ich bekam zwei helle Nachtlichter. Ich hielt es dort eine Woche lang aus. Das Haus war rund um die Uhr abgesperrt, sodass ich nicht kommen und gehen konnte, wie ich wollte. Die Beschränkungen waren erdrückend und trieben mich in den Wahnsinn. Ich ertrug diese Situation nicht, aber niemand schien zu verstehen, dass ich versuchte, mich von einer Einkerkerung zu erholen. Wie sollte es mir da helfen, wieder eingesperrt zu sein?

Gallagher und die Polizei wussten auch von meiner Drogenabhängigkeit. Ich hatte gar nicht erst versucht, sie vor ihnen zu verheimlichen. Da sie es aber vermutlich insgesamt für besser befanden, wenn ihre Starzeugin keine Cracksüchtige war, wurde ich ein paar Monate vor dem Prozess in eine schicke, exklusive Drogenentzugsklinik geschickt. Mir war das im Grunde egal, und ehrlich gesagt war ich nicht allzu interessiert daran, von den Drogen loszukommen, doch ich fuhr hin, um Gallagher und sein Team zu beruhigen. Die Klinik war eigentlich für wohlhabende Leute gedacht, und das Haupthaus und das Gelände waren umwerfend. Es gab alles, was man sich wünschen oder vorstellen konnte: Swimmingpools, Tennisplätze, schöne Gärten und tolles Essen.

Aber wie in jeder Entzugsklinik wurde ich wie ein Kind behandelt und musste mir sagen lassen, was ich zu tun und zu lassen hatte. Letztendlich ist eine Entzugsklinik, auch wenn die Fassade noch so schön ist, ein bisschen wie ein Gefängnis, und die Mitarbeiter sind deine Wärter. Sie sind da, um zu verhindern, dass du tust, was du gern tun willst. Die Beschränkungen, die mir wieder einmal auferlegt wurden, waren nervenaufreibend, und die Gruppentherapie machte mich fast wahnsinnig. Stunde um Stunde musste ich zuhören, wie alle anderen von ihren Abhängigkeiten schwafelten: was sie nahmen, wie viel, wie es sich anfühlte, was sie danach taten. Bloß ein paar dieser Sitzungen später konnte ich nur noch an Drogen denken.

Es klappte einfach nicht, also wohnte ich nun wieder hier, bei Angelo, wurde high und bereitete mich auf Heidniks Strafprozess vor. Das Einzige, das zuverlässig meine immensen Schmerzen und Ängste betäubte, war Crack. Ich kannte keine andere Möglichkeit. Nach außen hin machte ich so weiter wie bisher, aber das konnte ich nur mit Hilfe der Drogen. In dieser Phase hatte ich nicht die Absicht, das aufzugeben. Crack war meine Befreiung und meine Zuflucht vor den Erinnerungen an das Grauen, das ich überlebt hatte, und vor dem Elend, das ich seit meiner Befreiung erdulden musste.

Während das Strafverfahren im Gange war, wurden gleichzeitig alle finanziellen Aspekte des Falls vor den Zivilgerichten angehört. In Begleitung meines Anwalts ging ich zu jeder einzelnen Anhörung. Joseph Grimes war einer der ersten Anwälte, die hinzugezogen wurden, um mit uns Opfern zu sprechen. Er war hochgewachsen, mit dunklen Locken und einer Brille, und ich stellte fest, dass es mir leichtfiel, mit ihm zu reden. Er entschied, meinen Fall exklusiv zu übernehmen, und war mir eine große Stütze in diesen ersten Wochen, in denen die Gerichte die polizeilichen Ermittlungen behandelten.

Die finanziellen Anhörungen bestanden die meiste Zeit aus einer Flut von juristischem Fachjargon, den ich größtenteils gar nicht verstand. Aber Joseph erklärte mir im weiteren Verlauf immer, worum es ging. Und die Angelegenheit entwickelte sich zu einem Zuständigkeitsstreit zwischen dem Bezirks- und dem Bundesgericht.

Ich, all die anderen entführten Mädchen sowie die Familien von Sandra Lindsay und Deborah Dudley verklagten Gary Heidnik, und der Bundesstaat stellte Anzeige gegen ihn auf die Rückzahlung von Kindergeld. Heidniks Konten wurden eingefroren. Samuel Lehrer, Richter des Court of Common Pleas, war empört, dass Heidnik sein Geld auf dem Kirchenkonto versteckt hatte und behauptete, das Geld würde nicht ihm, sondern der Kirche gehören. Lehrer beschuldigte Heidnik, ein Schlupfloch im Steuerrecht auszunutzen, um Steuern zu hinterziehen, und bezeichnete die Kirche als bloße »Fassade«. Heidnik meldete Insolvenz an, und an dem Punkt schaltete sich das Bundesgericht ein, kippte Lehrers Urteil und verwies den Fall ans Bundesinsolvenzgericht. Jetzt, so sagte man uns, würde der Fall warten müssen, bis er vor den Bundesgerichten angehört wurde, was eine Weile dauern würde.

In der Zwischenzeit fanden die Beisetzungen von Sandra und Deborah statt. Ich wollte gerne hingehen, aber die Polizei hielt mich davon ab. »Das ist keine gute Idee«, sagte man mir.

Ich wusste, dass meine Mom und Toya noch immer Getuschel und Spott ausgesetzt waren, aber keine der beiden ließ sich davon unterkriegen; zumindest sagten sie das zu mir. Innerlich kochte ich vor Wut. Warum mussten die beiden leiden? Meiner Mom wurde vorgeworfen, mich schlecht erzogen zu haben, und dass die Geschehnisse irgendwie ihre Schuld seien. Ich war so wütend, dass ich am liebsten schreien wollte.

»Du warst es doch, die mir geholfen hat, das alles zu überleben«, sagte ich zu ihr. »Das war dein Beitrag. Ich war diejenige, die dort draußen war, und ich habe mich selbst in diese Lage gebracht.«

»Hör zu, mach dir keine Sorgen«, beruhigte mich meine Mom. »Ich bin stolz auf dich. Das bin ich immer gewesen, und ich lasse mich von niemandem damit fertigmachen, was dir zugestoßen ist.«

Je näher der Termin des Prozesses rückte, desto entschlossener wurde ich, die Fakten richtigzustellen. In der Woche vor Prozessbeginn zeigte Mary mir den Gerichtssaal in der City Hall, in dem der Prozess stattfinden sollte. Die alte City Hall, vor rund 100 Jahren erbaut, war einst ein schönes Gebäude, das jetzt mitten in einem Kreisverkehr stand. Obwohl es von außen immer noch eindrucksvoll aussah, waren die riesigen Flure im Inneren schmuddelig und deprimierend.

Die Linoleumböden waren rissig, pockennarbig und fleckig, überall lag Abfall, und ständig hing ein Geruch von Urin in den großen Treppenhäusern. Das Gebäude war so riesig, dass es genügend Gerichtssäle für achtzig Richter gab. Uns wurde Saal 653 zugewiesen – das war der Ort, an dem ich als Zeugin aussagen sollte.

Mary zeigte mir die Plätze, an denen alle sitzen würden: Dort drüben ist der Tisch der Verteidigung, wo Heidnik neben Peruto sitzen wird, das hier ist der Tisch der Staatsanwaltschaft für Gallagher, hier drüben ist der Zeugenstand, wo Sie Ihre Aussage machen werden, die Richterin sitzt dort drüben, und so weiter und so fort.

Ich nickte mechanisch und hörte kaum zu, während ich mir vorzustellen versuchte, wie es an dem Tag selbst sein würde. Das war meine Chance, allen die Wahrheit zu sagen und zu berichten, was wirklich passiert war. Das wollte ich unbedingt tun, aber ich konnte nicht umhin, ein wenig Angst zu empfinden, vor dem Prozess selbst ebenso wie vor dem, was danach kommen würde.

In diesem Moment konnte ich mich selbst in der Zukunft nicht sehen, konnte mir nicht vorstellen, wie es danach weitergehen würde. Es war, als hinge mein ganzes Leben in der Warteschleife und als warte es darauf, endlich mit den Geschehnissen abschließen zu können.

Ich hatte Angst davor, am Ende des Prozesses auf dieselbe Leere zu stoßen. Was kam nach Heidnik? Der Prozess und das, was mir passiert war, definierten im Augenblick mein Leben, definierten mich. Aber was würde danach geschehen? So gern ich es auch wissen wollte, graute mir doch vor der Antwort.

Mary fragte mich nun noch, ob ich genug gesehen hätte. Musste ich sonst noch irgendetwas wissen?

»Nein«, sagte ich zu ihr. »Ich bin bereit.«

Und das war ich wirklich. Ich war bereit, mich der Welt zu stellen, bereit, mich wieder Heidnik zu stellen, bereit, es mit Peruto aufzunehmen.

22

Der Prozess

Ich stand vor dem langen Spiegel und musterte mich kritisch.

Es war Montag, der 20. Juni 1988, und auch wenn um diese morgendliche Zeit noch eine frische Kühle in der Luft lag, wusste ich, dass die Hitze bereits in wenigen Stunden überwältigend sein würde. Also hatte ich mich für ein langes Sommerkleid mit großen blauen Blumen entschieden und setzte meine schönste Perücke auf: lang mit wallenden rotbraunen Locken.

Ich war bemüht normal zu atmen, aber ich spürte ein leichtes Engegefühl in der Brust. Heute war der Tag, an dem ich gegen Heidnik aussagen würde.

»Mach dir keine Sorgen wegen irgendetwas«, hatte Mom am Abend zuvor am Telefon gesagt. »Du hast Heidnik überlebt, da wird das hier ein Kinderspiel. Stell dich einfach dorthin, sag ihnen die Wahrheit und lass dich durch nichts davon ablenken. Du schaffst das, Josefina. Vergiss das nicht.«

Ich dachte an die ermutigenden Worte meiner Mom, während ich mein Kleid glatt strich und meinen Lippenstift auftrug: *Du schaffst das. Du hast Heidnik überlebt, du kannst alles schaffen.*

Es war Tag 1 des Prozesses, und ich würde als erste der entführten Frauen in den Zeugenstand gebeten werden. Vor mir würde Gallagher Sandras Mutter zu ihrer Aussage aufrufen, und dann Officer Armstrong, der zu Heidniks Haus gefahren war, als sich Nachbarn wegen des Geruchs beschwerten, uns jedoch nicht entdeckt hatte.

Ich wollte gern alle Zeugenaussagen hören, doch da mir das nicht gestattet war, wusste ich bereits, dass ich an diesem Vormittag ein paar Stunden würde warten müssen.

Jetzt stand ich vor dem Spiegel und erwartete jeden Augenblick die Polizisten, die mich für meinen Tag vor Gericht abholen würden. Ich spürte das schwere Gewicht der Anspannung und Erwartung, das sich bis zu diesem Moment aufgebaut hatte.

Ich war die Hauptzeugin der Anklage. Das hatte man mir mitgeteilt. Von all den Frauen, die in dem Keller gefangen gehalten wurden, war ich am längsten dort gewesen. Von allen, die überlebt hatten, war ich die, die sich am besten ausdrücken konnte. Wenn irgendjemand Heidnik auf den elektrischen Stuhl schicken würde, dann würde ich es sein.

Die nächsten paar Stunden verstrichen rasch. Mary holte mich zu Hause ab und begleitete mich zur City Hall. Wir warteten in einem kleinen Raum, bis alle gekommen waren: die Geschworenen, die Anwälte und die ganze Presse.

Schließlich war es an der Zeit. Ich wurde in den voll besetzten Gerichtssaal geführt, und die erste Person, die ich an dem Tisch zu meiner Linken sah, war Heidnik, der völlig durchgeknallt aussah: Er trug dasselbe Hawaiihemd wie bei der vorgerichtlichen Anhörung, und ich schwöre, das Hemd sah aus, als wäre es seitdem nicht gewaschen worden. Heidnik war da, schien aber gleichzeitig abwesend, als habe er keine Ahnung, was eigentlich los war. Später erfuhr ich, dass er die meiste Zeit mit Thorazine vollgepumpt war. Aber trotzdem: Irgendwie hatte er noch darüber hinaus etwas Leeres an sich. Seine Haare waren wild und zerzaust, seine Augen starrten stur und verständnislos geradeaus, und er schien rein gar nichts von seiner Umgebung wahrzunehmen.

Peruto hingegen sah aus wie ein herausgeputzter, geschniegelter Pudel: Haare und Bart ordentlich frisiert, das gestärkte weiße Hemd elegant und der eng anliegende Anzug schick und adrett. Er schien eifrig und aufgeregt zu sein, bestrebt, endlich loszulegen.

Ich wurde zum Zeugenstand geführt, wo ich vereidigt wurde. Dann erhob Gallagher sich, um mit der Vernehmung zu beginnen. Ich geriet nicht ins Stocken, wurde nicht nervös. Drei Stunden lang erzählte ich langsam die ganze schmutzige Geschichte von Anfang bis Ende. Gallagher war fantastisch. Er redete in einem leisen und ruhigen Ton mit mir. Sein Respekt war offensichtlich.

Bis ich fertig war, war der Gerichtssaal der reinste Backofen. Draußen waren 32 Grad, aber dank einer defekten Klimaanlage fühlte es sich drinnen weitaus heißer an.

Danach war Peruto an der Reihe. Ich wusste, was auf mich zukam. Bei der Voranhörung hatte ich einen ersten Vorgeschmack von Perutos Stil bekommen. Der Anwalt sprang theatralisch auf. Alles an ihm schien eine Show zu sein.

»Was hat Heidnik gesagt, warum er Sie gefangen gehalten hat?«, fragte Peruto.

»Er wollte, dass wir seine Kinder bekommen«, erwiderte ich, aber jetzt klang meine Stimme eine Spur kühler.

»Wieso hat er dafür seinen Keller ausgewählt?«

»Er meinte, er wolle sie nicht auf die konventionelle Weise bekommen, da die Stadt ihm die Kinder zuvor immer wieder weggenommen hätte.«

»Was hat er gesagt, wie viele Frauen er wollte und wie viele Babys?«

»Er wollte, dass zehn Frauen zehn Kinder bekamen, alle in diesem Keller.«

Worauf wollte er eigentlich hinaus? Das alles hatte ich doch bereits in meiner vorangegangenen Aussage erklärt.

»Er ging, redete und benahm sich so wie andere Leute auch, aber was er tat, war nicht unbedingt das, was andere Menschen tun würden, richtig?«

»Ja.«

Auf einmal fiel bei mir der Groschen: Peruto wollte beweisen, dass Heidniks Plan so durchgeknallt, so verrückt war, dass er niemals von einem geistig gesunden Menschen hätte kommen können.

Doch schon bald änderte Peruto seine Taktik. Er ging zum Angriff über und beschuldigte mich, mit Vincent Nelson gemeinsame Sache gemacht zu haben, um Heidnik auszurauben, bevor ich zur Polizei ging. Lächerlich.

Ich wies diese Anschuldigungen von mir.

Er beschuldigte Nelson, mein Zuhälter zu sein.

»Ich habe nie für irgendjemanden außer mich selbst gearbeitet«, erklärte ich.

Dann warf er mir vor, eine Perücke zu tragen!

Im ersten Moment war ich völlig überrumpelt. Ich konnte sehen, was er versuchte: Zweifel an meiner Aussage zu schüren, mich als Lügnerin hinzustellen, als jemanden, der den Blick der Geschworenen verwirren wollte. Aber ich war entschlossen, mich nicht unterkriegen zu lassen.

Peruto fragte mich, ob ich heute eine Perücke trug.

»Ja«, antwortete ich wahrheitsgemäß. Immerhin hatte ich nichts zu verbergen.

Allmählich begann dieser unangenehme, grässliche kleine Anwalt mich wirklich aufzuregen, aber ich versuchte ihn nicht an mich heranzulassen. Zumindest nicht nach außen hin.

»Haben Sie irgendwelche Ihrer Informationen aus den Medien erfahren?«, fragte er.

»Ich war dort. Ich musste es nicht aus den Medien erfahren.«

Dann versuchte er zu unterstellen, dass ich bei Heidnik geblieben war, weil ich es wollte. Sobald ich nicht mehr angekettet war, hätte ich schließlich jederzeit fliehen können. Ich erklärte dem Gericht noch einmal, dass ich plante, zu einem Zeitpunkt zu fliehen, an dem ich die Sicherheit der anderen Mädchen gewährleisten konnte.

Für ein paar Augenblicke herrschte Stille.

Schließlich wollte Peruto wissen: »Kann man zu Recht behaupten, dass Sie gern sehen würden, dass der Angeklagte wegen Mordes ersten Grades verurteilt wird?«

»Das ist korrekt«, gab ich zurück.

Die Richterin schloss die Verhandlung für diesen Tag, bevor Peruto noch mehr seiner sinnlosen Fragen abfeuern konnte. An jenem Abend kam ich erschöpft und aufgewühlt nach Hause. Das Haus schien unglaublich still, und ich schlenderte von einem Zimmer ins nächste, unsicher, was ich mit mir anfangen sollte.

Schließlich machte ich mir ein Schinkensandwich und aß es vor dem Fernseher. Als Angelo von der Arbeit nach Hause kam, kochten wir uns ein bisschen Crack auf und wurden gemeinsam high.

Ich zog den bitter schmeckenden Rauch tief in meine Lungen ein, begierig, all die Anspannungen und Sorgen von den Drogen wegspülen zu lassen. Es dauerte nicht lange. Binnen weniger Augenblicke war ich wieder an diesem Punkt angelangt, schwebte auf dieser Wolke des Glücks in eine andere Welt, in der Heidnik und all die entsetzlichen Erinnerungen an den Keller mich nicht erreichen konnten.

Aber am nächsten Tag saß ich wieder im Zeugenstand, und Peruto ging erneut zum Angriff über, der in genau dieselbe Richtung lenkte wie schon am Tag zuvor. Der Anwalt wollte mir eine Falle stellen, wollte erreichen, dass ich mich in Widersprüche zu meiner früheren Aussage verwickelte und zugab, eine Komplizin Heidniks gewesen zu sein.

Er fragte mich, ob ich je an einem Ort namens Carmesino's gewesen sei.

»Nein«, sagte ich zu ihm. »Ich weiß nicht einmal, was Carmesino's ist.«

Offenbar war es ein Laden, in dem man Polizeibekleidung kaufen konnte – Uniformen, Mützen und Polizeiausrüstung. Dann ging Peruto auf mich los: »Was, wenn ich Ihnen sagen würde, dass ich einen Zeugen habe, der gesehen hat, wie Sie bei Carmesino's Handschellen gekauft haben?«

»Dann muss er lügen«, erwiderte ich.

Jetzt schaltete sich die Richterin ein: »Oder sich irren.«

Und so ging es immer weiter. Allmählich fragte ich mich, ob Peruto Heidnik verteidigte oder mich anklagte. Er griff mich in einem fort an, hatte dabei allerdings nichts Neues vorzubringen, weshalb wir immer wieder auf dieselben Punkte zurückkamen.

Irgendwann verlor ich die Beherrschung.

»Ist das alles, was Sie haben?«, wollte ich wissen. »Immer nur dieselben fünf Fragen? Die habe ich bereits alle beantwortet.«

Richterin Abraham ergriff meine Partei. »Sie hat recht, Mr. Peruto. Fahren Sie fort. Fragen Sie sie, was immer Sie fragen wollen. Falls da nichts mehr ist, ist sie fertig.«

Das genügte, um ihn zum Schweigen zu bringen. Er nahm entnervt Platz. »Ihre Zeugin.«

Gallagher erhob sich langsam wieder. Er stellte nur ein paar kurze Fragen.

Zuerst fragte er mich, was Heidnik als Erstes tat, nachdem wir Deborah Dudleys Leiche im Wald abgeladen hatten.

»Er hat angehalten, um sich einen *Inquirer* zu kaufen, damit er nach seinen Aktien sehen konnte.«

Dann fragte Gallagher mich, ob ich wüsste, woher Gary seine Ideen hatte.

»Ja, er hatte sie aus Filmen und dem Fernsehen. Die Idee, uns Teile von Sandras Leiche essen zu lassen, hatte er aus dem Film *Eating Raoul*, und die Ideen für unsere Bestrafungen entnahm er dem Film *Meuterei auf der Bounty*. Außerdem hat er *Die Welt der Suzie Wong* gesehen, und er mochte darin die Art der asiatischen Frauen. Deswegen hatte er sich auch eine Filipina als Ehefrau ausgesucht.«

Danach durfte ich den Zeugenstand verlassen. Einerseits wollte ich für die Zeugenaussagen der anderen Mädchen bleiben, andererseits wollte ich so schnell wie möglich aus diesem Gerichtssaal verschwinden.

Ich spürte ein gutes Gefühl in mir aufsteigen, da ich getan hatte, was ich mir vorgenommen hatte. Ich wusste, dass meine Aussage überzeugend gewesen war und dass es Peruto trotz all seiner Bemühungen nicht gelungen war, mich aus dem Konzept zu bringen.

Egal, wie er die Worte oder Sätze umformulierte, es würde nie etwas an der grundlegenden Tatsache ändern, dass wir alle wegen Gary Heidniks bizarrer Ideen hier waren.

Und zwei Mädchen waren es nicht.

Während der ganzen Zeit, die ich im Zeugenstand verbrachte, sah Heidnik nicht ein einziges Mal auf, sah weder mich noch all die anderen Leute an, die dicht zusammengedrängt in diesem kleinen, glühend heißen Saal saßen.

Ein Teil von mir wünschte, er hätte aufgesehen – ich wollte, dass er mich sah, wollte, dass er verstand, dass ich gewonnen hatte. Er wisse, wie man das System beherrsche, das hatte er mir immer wieder gesagt, und so war es ihm letztendlich auch gelungen, etlichen Psychiatern weiszumachen, er sei geistig vollkommen gesund, während er die ganze Zeit nackte, halb verhungerte Frauen in seinem Keller angekettet hatte.

Nein, ich wollte nicht, dass er mit Unzurechnungsfähigkeit davonkam, das stimmte, denn so, wie ich Heidnik kannte, hätte er am Ende irgendeinen Weg gefunden, wieder entlassen zu werden und frei herumzulaufen. Heidnik musste ein für alle Mal das Handwerk gelegt werden.

Er war zu schlau, zu gerissen, als dass man ihn je wieder freilassen dürfte. Wenn irgendjemand es schaffen konnte, als lebenslänglich Verurteilter aus dem Gefängnis herauskommen, dann er.

Daher war ich mir sicher, dass er nicht wirklich unzurechnungsfähig war – jedenfalls nicht nach der rechtlichen Definition. Mein Anwalt hatte mir all die Fachbegriffe vor dem Prozess erklärt. Wer rechtlich unzurechnungsfähig ist, ist für seine Taten nicht verantwortlich, wenn er aufgrund einer »Krankheit des Geistes […] Wesen und Art« seiner Taten nicht kennt oder nicht weiß, dass diese Taten unrecht sind.

Gary Heidnik war juristisch gesehen nicht unzurechnungsfähig. Das wusste ich, da ich gesehen hatte, was er mit den beiden Leichen getan hatte. Da andere Leute von der Beziehung zwischen Sandra und ihm wussten und die Polizei zu ihm gekommen wäre, falls man ihre Leiche gefunden hätte, hatte Heidnik Sandras Leiche zerstückelt, um die Spuren zu vernichten.

Dass Deborah Dudley bei ihm war, wusste hingegen niemand. Sie teilten keine gemeinsame Vergangenheit, weshalb er Deborahs Leiche als Ganzes in den Pine Barrens abgeladen hatte. Hätte man sie gefunden, wäre für Heidnik kein Problem entstanden.

Er wusste, dass es unrecht war, die beiden Frauen zu töten, aber dass sich nur einer der Todesfälle zu ihm zurückverfolgen ließ. Also bediente er sich unterschiedlicher Methoden, um die Leichen zu beseitigen. Wäre ihm nicht bewusst gewesen, dass er unrecht gehandelt hatte, warum hätte er sich dann die Mühe machen sollen, Sandra zu zerteilen und in seinem Gefrierfach zu verstecken?

Nein, er war diese Probleme mit seinem logischen, kalten und methodischen Verstand angegangen. Als er diese Frauen tötete und ihre Leichen beseitigte, war er nicht unzurechnungsfähig.

Ich glaubte wirklich, dass Heidnik all das verdient hatte, was auf ihn zukam. Ich wusste es, und vielleicht wusste er es auch. So, wie er im Gerichtssaal aussah, schien er jedenfalls bereits besiegt zu sein. Ich ging in Gedanken unseren Wortwechsel in seinem Haus durch, als ich darum bat, meine Familie sehen zu dürfen. Wusste er da schon, dass alles vorbei war? Wann hatte er aufgegeben?

Nicht lange nach seiner Festnahme versuchte er sich in der

Dusche des Gefängnisses mit einem T-Shirt zu erhängen – noch ein schlampiger, missglückter Selbstmordversuch. Vielleicht spürte er, dass das Ende nahte, dass er es nicht verdient hatte zu leben.

Aber er hatte auch keinen Anwalt wie Peruto verdient.

Letztendlich beruhte dessen Verteidigung auf einer völligen Sackgasse: einem Angriff gegen die Opfer. Sollte das seinem Mandanten allen Ernstes helfen?

Ich hörte Jacquelines und Lisas Zeugenaussagen nicht, da sie am selben Tag wie meine stattfanden, aber ich las am nächsten Tag die Berichte, und sie unterschieden sich kaum in den Details.

Wenn ich Heidnik verteidigt hätte, dann hätte ich versucht, herauszufinden, warum er überhaupt frei herumlaufen durfte. Es war doch offensichtlich, dass er ernsthafte Probleme hatte. Wer war dafür verantwortlich? Die Armee? Die Ärzte? Das Justizsystem?

Ja, ich glaube, ich hätte etwas Besseres gefunden, als mit dem Finger auf die Opfer zu zeigen. Am Ende hat das Heidniks Verteidigung vermutlich mehr geschadet als genutzt.

23

Heidniks Verstand

Am Donnerstag, den 23. Juni, kehrte ich zum Gericht zurück, um die Aussagen der Sachverständigen zu hören, die die Verteidigung beantragt hatte. Wenn meine Aussage den Schauplatz der Schlacht abgesteckt hatte, dann waren die Sachverständigen die schwere Infanterie, die nun darum kämpfte, über Heidniks Geisteszustand zu entscheiden.

Ich wollte persönlich hören, was sie von Gary Heidnik hielten und wie sie ihn einschätzten.

Peruto rief einen Psychologen namens Jack Apsche auf. Dieser war damit beauftragt worden, die Krankenakten zu Heidniks Geisteszustand auszuwerten und zu beurteilen. Wochenlang hatte er sich durch Akten in den Vereinigten Staaten und Deutschland gekämpft und schien jetzt bereit zu sein, seine Schlussfolgerungen zu äußern.

»Konnte Gary Heidnik«, begann Peruto, »Ihrer Meinung nach Recht von Unrecht unterscheiden?«

»Nein«, kam die Antwort. »Meiner Meinung nach konnte er Recht von Unrecht nicht unterscheiden.«

»Wusste er Ihrer Meinung nach vom Wesen seiner Taten?«

»Er wusste nicht vom Wesen seiner Taten.«

»Litt er an einer Geisteskrankheit?«

»Ja.«

»Was für einer Krankheit?«

»Schwere Schizophrenie.«

Dann begann Apsche, Heidniks 21 Einweisungen in Nervenheilanstalten aufzulisten, angefangen mit seiner Zeit bei der Armee im Jahr 1962, wo die Diagnose gestellt wurde, dass er »außerstande ist, Emotionen und Gefühle zu zeigen, und nicht die Befähigung zu zwischenmenschlichen Beziehungen besitzt«.

Die Einweisungen folgten Schlag auf Schlag. Heidnik klagte über Paranoia, Halluzinationen, Wahnvorstellungen und Depressionen und unternahm über ein Dutzend Selbstmordversuche.

Einmal hörte er für zweieinhalb Jahre auf zu sprechen, mit der Begründung, der Teufel habe ihm einen Keks in den Hals gesteckt.

»Während dieser ganze zweieinhalb Jahre anhaltenden Phase hat er kein Wort gesagt«, erklärte Apsche. »Er hat sich mittels nonverbaler Kommunikation verständigt, zum Beispiel, indem er sein Hosenbein hochgekrempelt hat. Damit signalisierte er, dass niemand mit ihm reden sollte, und er ging davon aus, dass alle ihn verstehen würden.«

An einer Stelle berichtete Apsche, dass Heidnik einmal ins Veterans Administration Hospital in Coatesville eingewiesen wurde, wo er seine Rasse als »schwarz« angegeben habe.

Ich fiel fast von meinem Stuhl. Niemand war weißer als Heidnik.

»Er war davon überzeugt, schwarz zu sein, da ihm das seine Mutter gesagt hätte«, erklärte Apsche. Allmählich fügte sich alles zusammen. Vielleicht war das der Grund, weshalb er hauptsächlich schwarze Mädchen ausgewählt hatte. Hielt er mich auch für schwarz?

Peruto versuchte nachzuweisen, dass Heidnik seine Krankheit nicht hätte vortäuschen können und dass sie von Anfang an echt war.

Doch als Gallagher mit dem Kreuzverhör begann, ließ er Zweifel an einigen Details von Apsches Zeugenaussage aufkommen. Gallagher deutete an, dass Heidnik seine Krankheit diese ganze Zeit vorgetäuscht hatte, um seine monatlichen 2000 Dollar an Invalidenrente und Sozialleistungen zu beziehen.

Am nächsten Tag war Dr. Kenneth Kool, ein weiterer Sachverständiger der Verteidigung, an der Reihe. Er sollte die Unzurechnungsfähigkeit des Angeklagten fest in den Köpfen der Geschworenen verankern.

Kool war ein alter Hase im Gerichtssaal, und sein ruhiges und entspanntes Auftreten ließ vermuten, dass er sich dort ebenso zu Hause fühlte wie die Richterin selbst.

Peruto fragte ihn, ob er aufgrund der ihm zur Verfügung stehenden Informationen zu einer Schlussfolgerung gekommen sei.

»Ich kenne nicht jedes einzelne Detail«, begann Kool, »aber die, meiner Einschätzung nach, wichtigsten Punkte.«

»Waren Gary Heidnik in der Zeit von November bis März Wesen und Art seiner Taten bewusst?«

»Nein.«

»Er konnte einen Wagen fahren«, sagte Peruto. »Macht das einen Unterschied?«

»Nein.«

»Wenn ich Ihnen sagen würde, dass er eine Leiche in New Jersey abgeladen hat, würde das etwas an Ihrer Meinung ändern?«

»Nein.«

Dann sagte Kool aus, Heidnik hätte Wahnvorstellungen, ohne es zu wissen. Er sei psychotisch, habe eine unausgeglichene Wahrnehmung der Wirklichkeit, und sein Lebensstil sei bizarr und zurückgeblieben.

»Was ist eine Wahnvorstellung?«, fragte Peruto.

»Eine Wahnvorstellung ist eine Unwirklichkeit, die vom Opfer als Wirklichkeit wahrgenommen wird.«

»Wissen Sie von seinem Ziel?«

»Ich weiß von seinem Ziel im Rahmen seiner Wahnvorstellung.«

Kool skizzierte Heidniks groß angelegten Plan, seine »Partnerschaft mit Gott«, um eine ganze Gemeinschaft von Kindern zu produzieren, und beschrieb sie als »fixe Wahnvorstellung«.

»Wusste Heidnik, dass das, was er tat, ungesetzlich war?«, fragte Peruto.

Ich beugte mich auf meinem Platz vor. Jetzt kamen wir allmählich zum springenden Punkt.

Kool ließ sich in seiner Überzeugung nicht beirren. »Er hatte ein gewisses Bewusstsein für die Gesetze der Menschen, dafür, was die Gesetze des Commonwealth waren, aber er sah Gottes Gesetz als übergeordnet an. Er besaß nicht die Befähigung, diese Dinge zu reflektieren.«

Das war mir neu. In all der Zeit, die ich angekettet in Garys Keller hockte, hatte er Gott mir gegenüber kein einziges Mal erwähnt. Es war Sandra, die mir erzählt hatte, er sei der Pfarrer seiner eigenen Kirche. Er selbst kam nie auf Gott oder diesen sogenannten Pakt zu sprechen – und ich hatte vermutlich weitaus mehr Zeit damit verbracht, ein Gefühl für Gary Heidniks Verstand zu entwickeln, als jeder dieser Sachverständigen. Wie konnte es also sein, dass die Psychologen diesen Eindruck bekommen hatten?

Kool sagte jetzt mit raschen, effizienten Antworten aus. Ja, er habe anhand der Krankenakten ein Fortschreiten der Krankheit erkannt. Nein, er glaube nicht, dass der Kauf einer Ausgabe des *Inquirer*, um nach seinen Aktien zu sehen, nachdem er Deborah Dudleys Leiche abgeladen hatte, seiner Einschätzung von Heidniks Geisteszustand widersprach.

Peruto versuchte Heidniks offensichtliche Normalität in manchen Bereichen mit seinen entsetzlichen Taten in anderen in Einklang zu bringen.

Er brachte Kool dazu, zu erklären: »Seine Psychosen existieren hauptsächlich in den Bereichen der Reproduktion – Kinder zu bekommen und seinen Pakt mit Gott zu erfüllen. Er hat diese Psychosen nicht in Bereichen, die dem nicht widersprechen.«

»Ja, aber glaubte er wirklich an diesen seltsamen Pakt mit Gott, oder hatte Heidnik sich nur eine weitere clevere Geschichte ausgedacht, um die Sachverständigen an der Nase herumzuführen?«, fragte ich mich.

Gallagher erhob sich jetzt, um Kool ins Kreuzverhör zu nehmen. Gallagher skizzierte, wie Heidnik zu seiner Invalidenrente gekommen war, und fragte, ob Kool glaube, dass der Angeklagte das vorgetäuscht habe.

»Nein«, erwiderte er leichthin. »Meiner Meinung nach leidet er an einer schweren Geisteskrankheit.«

»Glauben Sie, dass er Ihnen die Wahrheit sagte, als Sie ihn untersuchten?«

»Ja.«

Gallagher fragte ihn, wie er sich da sicher sein könne.

»Ich kann natürlich keine Gedanken lesen, aber ich kann Ihnen meine beste Einschätzung geben. Ob jemand lügt, kann ich nicht sagen.«

Damit war das Vorbringen der Verteidigung beendet. Jetzt war es an der Zeit für die Anklage, das schwere Geschütz aufzufahren: Dr. Robert Sadoff. Wie Dr. Kool machte auch Dr. Sadoff im Zeugenstand einen entspannten Eindruck. Später erfuhr ich, dass er ein Profi war und in über zwanzig Jahren bei Tausenden von Prozessen an Bundes- und bundesstaatlichen Gerichten ausgesagt hatte.

Seine Aussage widersprach Dr. Kools völlig. Sadoff zufolge war Heidnik ein hochintelligentes, berechnendes Individuum. Er habe gewusst, was er tat, als er uns alle in seinem Keller versklavte.

»Nach dem aus den Akten ersichtlichen Verhalten weist vieles darauf hin, dass der Angeklagte versucht hat, seine Taten zu verbergen, dass er nicht wollte, dass andere Leute von seinen Taten erfuhren. Er scheint die intellektuelle Fähigkeit und das Wissen zu besitzen, dass das, was er tat, falsch war.«

Sadoff sagte aus, etliche von Heidniks Taten würden zeigen,

dass er »Wesen und Art« seiner Taten kannte und wusste, dass sie unrecht waren.

Er plante die Entführungen genau: Er verlegte in seinem Keller schalldämpfende Fliesen, damit wir nicht wussten, wann er zu Hause war, schickte Briefe an Sandras Familie, sodass diese dachte, Sandra sei in New York, und er beseitigte sorgfältig die Leichen.

»Stimmt es, dass Gary Heidnik wusste, was er tat, als er sich offensichtlich geistig behinderte Mädchen suchte und sie mit nach Hause nahm, um seine sexuellen Begierden zu befriedigen?«, fragte Gallagher.

»Meiner Meinung nach ja. Er ist ein Mann mit sexuellen Interessen und Wünschen, und sein Plan lässt Berechnung und Vorbereitung erkennen. Er hat die Mädchen nicht einfach so von der Straße aufgelesen.«

Dann ging Sadoff in die Details des Falls. Als es darum ging, wie der Brief an Sandras Mom abgeschickt wurde, stellte Sadoff fest: »Heidniks Handeln war täuschend, berechnend, geplant – alles Dinge, für die man einen durchaus intakten Intellekt benötigt.«

Selbst in der Zeit, in der er von einer Nervenheilanstalt zur nächsten geschickt wurde, betonte Gallagher, habe Heidnik über Mittel und Wege verfügt, seinen Börsenmakler stets wissen zu lassen, wo er war, damit er ihm seinen Finanzstatusbericht schicken konnte.

Am Ende fasste Sadoff zusammen: »Vielleicht leidet Heidnik an einer schweren Geisteskrankheit. Aber die Beweise deuten darauf hin, dass er nicht so geistig umnachtet war, dass er Wesen und Art seiner Taten nicht kannte.«

Unwillkürlich nickte ich. Darin sah ich mehr Wahrheit als in Apsches oder Kools Aussagen. Tatsächlich hatte Gary mir gegenüber immer damit geprahlt, er wisse, wie man das System beherrscht. Wie hätte er es auch sonst schaffen sollen, weiterhin seinen Invalidenscheck kassieren zu können? Und er verstand es verdammt gut, sicherzustellen, dass er in den besser zu ertragenden Nervenheilanstalten blieb, anstatt eine harte Zeit im Gefängnis abzusitzen.

Sadoff kam zu dem Schluss: »Es gibt keine Anhaltspunkte dafür, dass Heidnik zum Zeitpunkt seiner Taten nicht wusste, dass sie unrecht waren.«

Danach wurden noch ein paar Zeugen der Anklage gehört: der Händler aus dem Cadillac-Showroom, eine Ex-Freundin und sogar ein Psychiater einer Veteranenklinik, der Heidnik in der Zeit, in der er uns alle gefangen hielt, dreimal sah.

Im Dezember 1986, während er mich angekettet und nackt in seinem Keller gefangen hielt, nahm Heidnik weiterhin seine Termine bei seinem Psychiater, Richard W. Hole, wahr. Dem zufolge ließ sein Patient nicht die geringsten Anzeichen einer Geisteskrankheit erkennen.

»Mr. Heidnik hat über keine Symptome geklagt und keine Anzeichen einer fortdauernden oder schlecht behandelten schizophrenen Erkrankung gezeigt.«

Hole zufolge war Garys Krankheit unter Kontrolle.

»Ich fragte ihn, ob er depressiv sei, und er verneinte. Ich fragte ihn, ob er selbstmordgefährdet sei, und er verneinte. Ich fragte ihn, ob er paranoid sei, und er verneinte. Ich fragte ihn, ob er Stimmen hörte oder Halluzinationen hätte, und er verneinte. Er verneinte im Grunde die komplette psychiatrische Symptomatik.«

Wenn meine Meinung über Psychiater schon vorher nicht allzu hoch war, dann war sie jetzt auf dem Tiefpunkt angelangt. Wie konnte ein Psychiater ihn während dieser Zeit dreimal sehen, ohne auch nur die geringste Ahnung zu bekommen, dass etwas nicht stimmte?

Für mich gab es darauf nur eine Antwort: Gary war ein Meister der Manipulation. Er war zu schlau, um sich vom System besiegen zu lassen. Das hatte er immer wieder bewiesen. Er hatte zwei Sachverständigen weisgemacht, dass er so geistesgestört war, dass er nicht wusste, was er in seinem Keller tat. Wenn die Geschworenen ihnen glaubten, dann hatte Gary gewonnen.

Aber zum Glück war auch Gallaghers Aufmarsch von Zeugen beachtlich. Und in dieser Gruppe schien niemand die Verteidigung schwerer zu erschüttern als Robert Kirkpatrick, Heidniks Börsenmakler.

Interessanterweise schien Heidnik sich zum ersten Mal seit Prozessbeginn aufzurichten und zuzuhören, als Kirkpatrick in den Zeugenstand gerufen wurde. Kirkpatrick, der bei der Bank Merrill Lynch arbeitete, sagte aus, »Bischof Gary Heidnik«, wie dieser sich vor seinem Börsenmakler immer nannte, sei ein sehr kluger und gerissener Investor mit einem Sinn für Finanzen.

Heidnik hatte im Jahr 1975 15 000 Dollar investiert und bis zum März 1987, dem Zeitpunkt seiner Festnahme, daraus ein Aktienportfolio im Wert von 532 000 Dollar gemacht.

Im Allgemeinen blieben die beiden telefonisch oder per Post in Kontakt, und Kirkpatrick las Auszüge aus einigen dieser Briefe vor.

In einem davon schrieb Heidnik: »Ich habe gesehen, dass Tastykake gestern auf 11 gestiegen ist. Ich hoffe, wir haben die 2 000 Aktien bekommen, die ich bestellt habe. Außerdem will ich eine Billigst-Order für 1 000 GPU-Aktien platzieren. (Vergessen Sie nicht meine 35 Prozent Abzug vom Nationalwert.)«

Ein andermal, im Jahr 1983, schrieb er: »Bitte überweisen Sie das ungenutzte Kapital auf unser Anlagenkonto. Es müssten um die 16 000 Dollar sein, und das ist viel Geld dafür, dass es nur herumliegt und keine Zinsen abwirft. Ich stehe weiterhin zu Ihrer Verfügung. Hochachtungsvoll Bischof Gary Heidnik.«

»Hat er je Geld mit Crazy-Eddie-Aktien verloren?«, fragte Gallagher.

»Nein, das hat er nicht«, antwortete Kirkpatrick.

»Was für eine Art Investor war er?«

»Ein kluger Investor.«

Danach kamen nur noch die Schlussplädoyers.

Peruto machte den Anfang. »Die Frage ist nicht, ob Gary Heidnik diese abscheulichen Verbrechen begangen hat oder nicht, sondern ob er zurechnungsfähig war oder nicht. Wir bestreiten nicht, dass diese Frauen vergewaltigt wurden, dass diese Frauen entführt wurden, dass zwei von ihnen getötet wurden. Was wir hier ermitteln müssen, ist das Maß an Schuldfähigkeit seitens des Angeklagten. Auch wenn wir anerkennen, dass diese Taten begangen wurden, geben wir nicht Mord ersten Grades – die bewusste Absicht zu töten – zu. Nehmen wir an, Heidnik war ein Simulant. Ein Falschspieler. Dass er mit dem Plan zur Armee ging, eine paranoide, schizophrene Persönlichkeit zu entwickeln, um eines Tages auf diese Weise seinen Lebensunterhalt zu verdienen … Hätte er all diese Ärzte die ganze Zeit zum Narren halten können? Wäre er in der Lage, fünfundzwanzig Jahre lang eine Geisteskrankheit – Schizophrenie – vorzutäuschen? Das müsste man glauben. Man müsste glauben, dass er genau das fünfundzwanzig Jahre lang getan hat, damit er sagen konnte, er sei geistesgestört, als er dabei geschnappt wurde, wie er in seinem Keller seine Familie gründete. Das ist das Vorbringen der Anklage. Aber ergibt das Sinn? Was war Gary Heidniks Absicht? Seine Absicht war es, zehn Kinder großzuziehen, nicht, jemanden zu töten. Er bestrafte die Frauen dafür, dass sie ihm nicht gehorchten. Er versuchte nicht, sie zu ermorden. Mord dritten Grades ist die fahrlässige Missachtung menschlichen Lebens. Das hier ist sicher ein klassischer Fall von Mord dritten Grades.«

Und so ging es immer weiter. Einmal, als er schilderte, was Heidnik mit Sandras Leiche getan hatte, erging er sich in solch schaurigen Details, dass ihre Mom zu schluchzen begann und aus dem Gerichtssaal geführt werden musste. Peruto hielt sich nicht zurück. Er zeigte sogar mit dem Finger auf mich und beschuldigte mich, »einen kranken Geist begünstigt zu haben«, zu weit gegangen zu sein und schließlich sogar kriminell gehandelt zu haben.

Ich hätte ihn am liebsten grün und blau geprügelt, aber ich saß einfach nur da, mit versteinerter Miene.

Als er wieder Platz genommen hatte, wurde eine Pause anberaumt. Danach war Gallagher an der Reihe.

Gallagher stand auf, faltete die Hände vor sich und begann in seinem ruhigen und ernsten Ton zu sprechen: »Ich will, dass Sie sich auf Ihren guten alten gesunden Menschenverstand verlassen. Verlassen Sie sich auf Ihre Beobachtungsgabe. Gehen Sie die Beweislage mit mir zusammen durch.«

Er wandte sich um und zeigte theatralisch auf Heidnik, der jetzt wieder so tat, als sei er völlig weggetreten, und der genau in diesem Augenblick auf die hintere Wand starrte.

»Dieser Mann hier«, fuhr Gallagher jetzt etwas lauter fort, »hat wiederholt sadistische und böswillige Verbrechen an sechs Opfern begangen. Er hat es geplant. Er hat es getan, und er hat es verheimlicht. Meine Damen und Herren, ich sage ihnen – und seien Sie sich dessen gewiss –, dass dieser Mann hier Mord *ersten* Grades begangen hat. Es ist offensichtlich, dass Sandra Lindsay und Deborah Johnson Dudley in Folge davon starben, dass sie in diesen Keller verschleppt wurden. Es ist bewiesen, dass Gary Heidnik es getan hat. Es geschah vorsätzlich. Es geschah geplant. Es geschah absichtlich.«

Gallagher sagte den Geschworenen, dass keiner der Sachverständigen die Gedanken eines anderen Menschen lesen könne. Keiner von ihnen könne sagen, ob jemand die Unwahrheit sagte – die Geschworenen müssten sich nun auf ihren Menschenverstand verlassen.

»Nur weil jemand unvorstellbare Verbrechen begeht, gilt er vor dem Gesetz noch lange nicht als unzurechnungsfähig. Was er getan hat, war vorsätzlich geplanter Mord.«

Jetzt blieb Gallagher stehen und sah die Geschworenen gebannt an.

»Lehnen Sie diese Art von Verteidigung ab«, sagte er. »Verwerfen Sie die Vorstellung, dass dieser Mann unzurechnungsfähig ist. Suchen Sie die Wahrheit, und ich denke, dann werden Sie feststellen, dass dieser Mann, Gary M. Heidnik, hinreichend schuldig ist, zwei junge Mädchen vorsätzlich getötet zu haben, und dass er, als er dies tat, wusste, dass es falsch war.«

Schließlich, am nächsten Tag, erläuterte Richterin Abraham den Geschworenen in aller Ausführlichkeit und unter Zuhilfenahme einer Kreidetafel die Anklagepunkte, den ganzen juristischen Fachjargon und die möglichen Urteile. Sie konnten Heidnik entweder für »nicht schuldig«, »schuldig«, »nicht schuldig wegen Unzurechnungsfähigkeit«, »schuldig, aber geisteskrank« oder »vermindert schuldfähig« befinden. Und sie erklärte ihnen die unterschiedlichen Grade von Mord.

Bis sie fertig war, war es Mittag, und die Geschworenen zogen sich zurück, um über das Urteil zu beraten. Ich beneidete sie nicht um ihre Aufgabe.

Tatsache war, so gern ich Heidnik auch verurteilt sehen wollte, so war ich selbst nicht überzeugt, dass es Mord ersten Grades war. Ich glaubte zwar nicht, dass Heidnik im juristischen Sinne unzurechnungsfähig war – er war manipulativ und äußerst gerissen –, aber in meinen Augen hatte er dennoch nicht die Absicht gehabt, Sandra oder Deborah zu töten.

Genau das aber hieß Mord ersten Grades: dass es vorsätzlich geplanter Mord war. Dass das nicht Heidniks Absicht gewesen war, wusste ich aus eigener Erfahrung. Sein Ziel war es, zehn Kinder zu zeugen. Warum? Weil er, glaube ich, einfach Leute um sich haben wollte, die ihn liebten. Ich denke, unterm Strich ließe es sich mit diesen schlichten Worten zusammenfassen. Nur in diesem einen Punkt gab ich Peruto recht. Heidnik hatte kein Motiv zu töten. Er berücksichtigte nur nie die Konsequenzen seines Tuns.

Aber bei Heidnik hatten wir es noch mit einer ganzen Reihe anderer Umstände zu tun. Am letzten Tag der Beweisaufnahme ließ die Richterin ein Beweisstück zu, demzufolge Heidnik beim IQ-Test 148 Punkte erzielt hatte. Das war eindeutig das

Intelligenzniveau eines Genies. Durfte man ein sadistisches böses Genie je wieder frei herumlaufen lassen? Irgendjemand hatte diesen Fehler schon einmal begangen, und jeder konnte die Konsequenzen davon sehen.

Wenn man ihn jetzt in eine Klinik einwies, dann musste es für immer sein.

Nein, das Urteil musste schuldig lauten. Alles andere würde nicht gut gehen. Gallagher rechnete mit einer raschen Entscheidung, doch zu jedermanns Erstaunen mussten wir ganze zweieinhalb Tage warten, bevor wir das Ergebnis erfuhren.

24

Das Urteil

Das Wort hallte immer und immer wieder durch den Gerichtssaal: Schuldig. Schuldig. Schuldig. Schuldig.

Nach sechzehn Stunden des Abwägens über zweieinhalb Tage hinweg verlas die Vorsitzende der Geschworenen die Liste der Anklagepunkte und wiederholte die Feststellungen der Geschworenen.

Eine Welle von Emotionen schwappte durch den Gerichtssaal. Ich sah, wie Sandras und Deborahs Familien erleichtert auf ihren Plätzen zusammensackten, als Heidnik in allen bis auf einen der Anklagepunkte gegen ihn für schuldig befunden wurde. Interessanterweise war es der Vorwurf des abnormen Geschlechtsverkehrs mit mir. Den Punkt hatte ich sowieso nie wirklich verstanden, da Heidnik weder bei mir noch den anderen Mädchen, soweit ich das erkennen konnte, abnorme sexuelle Vorlieben an den Tag gelegt hatte.

Aber auch ich war spürbar erleichtert über das Ergebnis. Nachdem ich all die Beweise und die überzeugende Argumentation der Anklage gehört hatte, hatte ich auch wirklich nicht erkennen können, wie die Geschworenen zu irgendeiner anderen Entscheidung hätten gelangen können. Aber sie hatten sich ihre Aufgabe nicht leicht gemacht: Stundenlang hatten sie beisammengesessen und den Fall erörtert, dessen Verhandlung nur etwas über eine Woche gedauert hatte.

Das Wissen, dass Heidnik nie wieder frei herumlaufen würde, gab mir etwas Trost, etwas Seelenfrieden. Heidnik war wie üblich ungerührt. Er saß kerzengerade da, starrte auf die hintere Wand und wippte mit einem Bein. Sein Anwalt hingegen schien am Boden zerstört. Peruto bestand darauf, dass alle Geschworenen einzeln abstimmten, und das war der Augenblick, als wir das Wort »schuldig« 216-mal für achtzehn Anklagepunkte durch den Gerichtssaal schallen hörten. Peruto war völlig ernüchtert.

Aber es gab keine Siegesfeier. Jetzt galt es, über Heidniks Schicksal zu entscheiden: Für die Anklage wegen Mordes ersten Grades konnte Heidnik entweder zu einer lebenslangen Freiheitsstrafe oder zum Tode verurteilt werden. Am nächsten Tag hörten die Geschworenen die Argumente beider Seiten, und diesmal benötigten sie keine zwei Stunden, um ihre Entscheidung zu treffen. Heidnik würde wegen der Morde an Deborah Dudley und Sandra Lindsay hingerichtet werden.

Richterin Abraham dankte den Geschworenen »für Ihren Einsatz, nicht für Ihre Entscheidung«. Dann wandte sie sich an uns, die Opfer.

»Keine von Ihnen wird sich seinetwegen je wieder ängstigen müssen, denn wenn Gary Heidnik das nächste Mal auf die Straßen von Philadelphia kommt, wird er in einem schlichten Kiefernsarg liegen«, sagte sie.

Peruto hatte sich auf seinem Platz vorgebeugt und den Kopf auf seine verschränkten Arme gelegt. Er war geschlagen.

Ich selbst hingegen fragte mich noch immer, sogar noch mehr als vor dem Prozess, wie das alles überhaupt hatte passieren können. Ich wollte glücklich und zufrieden mit dem Ergebnis sein, aber ich konnte nicht anders: Ich war noch immer wütend. Sehr, sehr wütend.

Ich fuhr sofort zu Angelo nach Hause und verschleierte den Rest des Tages hinter einem Nebel aus Crack.

Ich fühlte mich von Perutos Anschuldigungen gegen mich beschmutzt. Er hatte versucht, mich in gewisser Weise als Komplizin hinzustellen, und auch wenn die Geschworenen seine Theorie verworfen hatten, gefiel es den Medien noch immer, die Frage zu stellen: Josefina – Opfer oder Komplizin?

Ich war nicht die Einzige, die Bestrafungen ausgeteilt hatte, aber während des Prozesses wurde nie erwähnt, dass nicht nur ich dazu gezwungen wurde. Keine der anderen Frauen wurde gefragt, ob sie Opfer oder Komplizin war. Tatsächlich wurden während der gerichtlichen Voranhörung absolut unzutreffende und negative Aussagen über mich in den Raum gestellt. So wurde zum Beispiel behauptet, ich habe die Mädchen geschlagen, wenn Heidnik nicht da war. Diese Verleumdung wurde zwar während des Hauptprozesses zurückgenommen, und Jacqueline Askins bestätigte, dass ich nur dann Schläge ausgeteilt hatte, wenn Heidnik anwesend war, doch Lisa fiel mir in den Rücken. Als sie im Zeugenstand saß, erzählte sie, es habe mir Spaß gemacht, Schläge auszuteilen, und die Bestrafung mit den Stromschlägen sei meine Idee gewesen. Warum sie das getan hat? Ich weiß es bis heute nicht.

Aus irgendeinem Grund heizte dies die öffentlichen Spekulationen über meine Rolle in der Heidnik-Affäre erst recht an.

Ich entschied, dass es an der Zeit war, den Stier bei den Hörnern zu packen und eine Einladung in die Wally-Kennedy-Talkshow anzunehmen, um über Heidnik zu sprechen.

Ich war dort, um über Heidniks Geisteszustand zu sprechen, aber natürlich nutzte ich die Gelegenheit, um endlich meine Sicht der Dinge zu erklären. Der Klatsch und Tratsch war inzwischen nicht mehr witzig. Ständig hatte ich das Gefühl, vor Gericht zu stehen, während ich nichts anderes getan hatte, als zu fliehen und zu helfen, die anderen Mädchen zu befreien.

Auf dem Podium saß ein Psychiater namens Dr. Clancy McKenzie, der erste Psychiater, der für die Verteidigung aussagen sollte, der deren Argumentation allerdings mit seinem seltsamen Theoretisieren um ein Haar zu Fall gebracht hätte. Er war für Perutos Vorbringen so nachteilig, dass Peruto ihn am

Tag nach seinem Auftritt im Zeugenstand höchstpersönlich als »Spinner« bezeichnete. Der Anwalt versuchte sich so weit wie möglich von McKenzies Zeugenaussage zu distanzieren. Und doch saß McKenzie nun wieder hier und umriss seine Vermutung, dass Heidniks Verhalten von dem Teil seines Verstandes bestimmt wurde, der noch immer dem eines Zweijährigen entsprach.

»Als er die Leichen beseitigen musste, benahm er sich wie ein Zweijähriger, der versucht, die Bonbonpapiere zu verstecken«, sagte er. »Er hat Leichenteile in einem Topf auf dem Herd versteckt, im Ofen, im Hof, überall. Nur am Flaggenmast hat er sie nicht hochgezogen. Wissen Sie, warum er Leichenteile ins Gefrierfach gelegt hat? Er hatte vor, die Babys – sobald sie abgestillt waren – mit menschlichem Fleisch zu füttern. Babys würden sechs Monate lang gestillt, bis sie dann das Bedürfnis hätten, das Fleisch der Mutter zu verzehren. Das war ohne jeden Zweifel das Gehirn eines Kleinkindes.«

Ich hatte genug gehört.

»Augenblick, Doktor«, unterbrach ich ihn. »Augenblick. Ich kenne keinen Zweijährigen, der dasitzt und seine Stofftiere an ein Rohr kettet oder sie foltert! Sein Verstand war weitaus fähiger als der eines Zweijährigen, sonst wäre ich schon viel früher dort herausgekommen!«

Die Talkshow half. Die Art, wie die Leute mich ansprachen und über mich redeten, änderte sich danach schlagartig. Jetzt sagten sie mir die Dinge meistens offen ins Gesicht, anstatt hinter meinem Rücken zu tuscheln. Es war seltsam. Ich fühlte mich wie eine kuriose kleinere Berühmtheit. Anstatt mir »Alpo« zuzubrüllen, hielten die Leute jetzt mit ihren Autos mitten auf der Straße an, um auszusteigen und mich anzusprechen. Zum Glück taten sie es jetzt nicht mehr, um mich zu beschimpfen, ich sei eine schreckliche Person, sondern um zu sagen: »Gott schütze Sie.«

Der Bundesstaat Philadelphia verlieh mir sogar eine Ehrenurkunde dafür, dass ich geholfen hatte, die anderen Mädchen zu retten, und gegen Heidnik ausgesagt hatte.

Ich nahm sie zwar entgegen, aber im Augenblick wollte ich eigentlich nur noch mit meinem Leben weiterkommen und versuchen, Heidnik hinter mir zu lassen.

25

Nach vorne blicken

»Was ist denn eigentlich passiert? Warum hast du mich nicht gewarnt?« Deborah war stocksauer.

»Ich habe es versucht, Deborah, ich habe es wirklich versucht, aber du wolltest ja nicht auf mich hören.«

»Du hast es gewusst. Du hast die ganze Zeit gewusst, dass ich dort nicht lebend herauskommen würde, und trotzdem hast du mich sterben lassen, Nicole. Du hast uns nicht einmal deinen richtigen Namen gesagt. Du warst von Anfang an nicht aufrichtig zu uns. Du wirst in der Hölle schmoren, genau wie Heidnik.«

Deborahs Augen waren pechschwarz, ihr Körper schien über mir sichtlich anzuschwellen. Ihre Bewegungen schienen rasch, während ich mich träge und langsam fühlte.

Heiße Tränen kullerten aus meinen Augen. Ich saß in dem Loch, die Beine zusammengekettet, umgeben von kalter, feuchter Erde. Ich war nackt, und ich fror, und dieses Loch erschien mir größer und tiefer als je zuvor. Deborah ragte irgendwo weit über mir auf, und ich steckte hier unten fest, konnte nichts dagegen tun.

»Ihr beide habt mich getötet.« Ihre Stimme peitschte auf mich ein, füllte das Loch mit ihrer Wut, ihrer brennenden, rasenden Wut. »Du und Heidnik zusammen. Du hast keine Seele, Josefina Rivera! Du hättest helfen können. Du hättest mehr tun sollen. Zuerst habt ihr Sandra beseitigt, dann habt ihr mich sterben lassen. Aber du bist als Nächstes dran. Ich komme und hole dich, Josefina. Ich komme und hole dich, damit du bezahlst für …«

Jetzt schien das Loch noch größer zu werden, und Deborahs Stimme kam von immer weiter her, und ich versank immer tiefer in der Erde. An den Wänden wimmelte es jetzt von Maden, die aus der feuchten Erde krochen und sich auf mich fallen ließen. Das Licht schwand, während Deborahs düstere Gestalt sich zurückzog. Ich stürzte hinunter auf den Grund des Lochs, der sich unter mir auftat, mich einhüllte und dann begrub. Ich bekam kaum noch Luft, versuchte an den Wänden hochzuklettern, die immer höher aufragten, doch mit jeder Bewegung sank ich nur noch tiefer.

»HILFE!« Ich öffnete den Mund zu einem Schrei, aber es drang kein Laut heraus. Ich konnte meine eigene Stimme nicht hören. Sie ertrank in dieser riesigen Höhle, die sich über mir aufgetan hatte. Jetzt konnte ich nicht einmal mehr das obere Ende sehen, und ich fiel noch immer tiefer und tiefer hinunter. Inzwischen vollkommen verzweifelt, krallte ich mich an den Wänden fest, aber die Erde bröckelte einfach zwischen meinen Händen weg und landete in weichen Klumpen auf meinem Kopf, meinen Armen und Beinen. Bald schwamm ich in einem Meer aus Erde, während ich noch immer tiefer und tiefer und tiefer hinuntersank. Nun steckte ich bis zum Hals in Erde, aber bald würde sie mich völlig verschlucken …

»Es tut mir leid!«, versuchte ich noch einmal zu schreien. »DEBORAH!! ES TUT MIR LEID!! DEBORAH!! DEBORAHHHH!«

Ich fuhr aus dem Schlaf hoch, mit hämmerndem Herzen – jede Zelle von mir war in Schweiß gebadet. Mein Bettzeug war klebrig, mein Hals schmerzte. Ich hörte mich keuchen.

Ich fuhr mir mit den Händen ans Gesicht. Meine Wangen waren ebenfalls feucht, allerdings von Tränen.

Ich war vor Angst wie gelähmt, zu erschrocken, um mich zu bewegen.

Langsam wandte ich den Kopf zur Seite, um auf die Uhr zu sehen: Es war 3:34 Uhr morgens. Allmählich kehrte ich in die Gegenwart zurück, fand meine geistige Orientierung wieder und ersetzte den Albtraum durch die Wirklichkeit des Hier und Jetzt. Hier war meine Kommode mit einem Bild von Toya und meiner Mom, angestrahlt von dem hellen Deckenlicht, das die ganze Nacht brannte. Dort drüben war mein Kleiderschrank, aus dem zerknitterte Kleider bis auf den Boden quollen, meine Schuhe und Turnschuhe standen ordentlich aufgereiht neben der Tür, meine schwarze Jacke hing über dem Holzstuhl neben meinem Bett. Ich atmete langsam, während ich versuchte, mich zu beruhigen.

Du bist nicht mehr dort, Josefina. Es ist vorbei.

Der Schweiß trocknete jetzt, kühlte meine Haut, und eine ganz leichte Gänsehaut lief mir über Arme und Beine.

Einen Augenblick lang blieb ich einfach so liegen. Es war derselbe Albtraum, den ich seit meiner Flucht aus der North Marshall Street immer wieder hatte. Immer derselbe.

»Verdammt!«, fluchte ich in den leeren Raum hinein. Es war eine Erleichterung, meine eigene Stimme zu hören. Ich versuchte die Angst abzuschütteln, meinen Körper von dem klebrigen Bettzeug zu befreien. Leise schlich ich auf Zehenspitzen ins Bad, um mich zu waschen. Immer wieder spritzte ich mir kaltes Wasser ins Gesicht, um die entsetzliche Erinnerung an den Albtraum auszulöschen.

Ich machte mir eine Scheibe Toast und wartete, bis es hell genug war, um spazieren zu gehen und zu versuchen, einen klaren Kopf zu bekommen.

Ich mied den Park, da ich das Geräusch von Blättern oder Zweigen, die unter meinen Füßen knirschten, noch immer nicht ertragen konnte, ohne dass die Angst davor zurückkehrte, wieder mit Heidnik draußen in den Pine Barrens zu sein.

Um sieben Uhr füllten sich die Straßen allmählich mit den morgendlichen Pendlern, alle gekämmt, gewaschen und frisch für einen neuen Tag. Sie sahen entschlossen aus, zielstrebig, als hätte alles in ihrem Leben einen Sinn.

Sie eilten rasch an mir vorbei, brachten die Luft neben meinem Körper in Bewegung und erinnerten mich an mein eigenes zerknittertes, ungepflegtes Aussehen. Ich trug nur einen grauen, locker sitzenden Jogginganzug, das Haar zu einem strengen Pferdeschwanz gebunden, und hatte die Fäuste in meine schwarze Lederjacke gesteckt, um sie zu wärmen.

Acht Jahre waren bereits seit meiner Flucht aus der North Marshall Street verstrichen, aber Deborah verfolgte mich noch immer in meinen Träumen.

Ich wurde immer wieder von den Erinnerungen und Albträumen davon, was mir in diesem Keller zugestoßen war, heimgesucht.

Am schlimmsten waren die Nächte. Meistens versuchte ich abends, gar nicht erst einzuschlafen. Ich blieb wach, sah fern und holte den Schlaf tagsüber nach.

Ich dankte Gott für Toya, die inzwischen wieder bei mir lebte. Ihre Anwesenheit gab meinem Leben wenigstens etwas Normalität. Ich konnte es mir nicht leisten, mich ganz zu verlieren, denn ich musste stark genug sein, um mich um Toya zu kümmern. Sie war meine seltsamen Schlafenszeiten schon gewohnt. Meistens war ich wach, wenn sie zur Schule ging, und schlief, wenn sie nach Hause kam.

Wenn ich früh aufstand und das Haus verließ, wusste sie, warum.

Toya und ich hatten uns regelmäßig gesehen, seit ich aus Heidniks Keller zurückgekehrt war, und dann, als sie dreizehn war, holte ich sie von ihrem Dad zurück zu mir. Ich hatte das Gefühl, dass irgendetwas mit ihr nicht stimmte, und als ich darauf bestand, dass Ronnie mich zu ihr brachte, um sie zu sehen, fand ich heraus, dass ihr Vater plante, sie in eine Nervenheilanstalt zu stecken, da sie schlimme Erinnerungen daran hatte, wie er sie mir das erste Mal weggenommen hatte.

»Mit unserem Kind ist alles in Ordnung!«, fuhr ich Ronnie an. »Was denkst du dir eigentlich dabei, sie in eine dieser Einrichtungen stecken zu wollen? Ich war selbst in einer Nervenheilanstalt, und das ist der schlimmste Ort, den man sich vorstellen kann.«

Mit diesen Worten schnappte ich mir Toya und sagte zu ihr: »Komm mit mir nach Hause. Es wird alles gut werden. Mach dir keine Sorgen wegen irgendetwas.«

Seitdem lebten wir glücklich zusammen. An einer Beziehung zu einem Mann war ich nicht interessiert. Das konnte ich nicht einmal in Gedanken in Erwägung ziehen. Es gab schon so genug, um das ich mich kümmern musste.

Am schlimmsten waren die Panikattacken. Besonders bei Gewitter überwältigten sie mich, und ich konnte mich nicht mehr beruhigen. Worte konnten nicht bis zu mir durchdringen. Ich zitterte und schwitzte, mein Herz hämmerte wie wild, und mein Verstand raste mit tausend Meilen in der Minute. Ich verlor meinen Sinn für die Realität und wusste nicht, was ich mit mir anfangen sollte. Ich war wie eine pure Energieansammlung, außerstande, auch nur für ein paar Sekunden zu gehen, zu sitzen oder still zu stehen.

Ich konnte mich nicht beruhigen und war einfach neben der Spur.

In diesen Situationen war Xanax, ein angstlösendes Medikament, das Einzige, was mir helfen konnte.

Die Depressionen kamen hingegen im Allgemeinen aus heiterem Himmel.

Ganz plötzlich, und ohne dass ich irgendeinen akuten Grund dafür erkennen konnte, wollte ich nicht mehr weiterleben.

Ich sah keinen Sinn mehr darin, aus dem Bett aufzustehen, zu duschen oder fernzusehen, zu kochen, zu essen oder auch nur einen Schluck Wasser zu trinken. Ich wollte nichts anderes tun, als mich in einer Ecke zu verkriechen oder im Bett liegen zu bleiben.

Ich fühlte mich hoffnungslos und hilflos. *Ist es das gewesen?*, fragte ich mich. *Wird irgendetwas je besser werden? Die Welt ist voller Irrer, die uns etwas antun wollen. Werde ich irgendwann ein normales Leben führen?*

In diesen düsteren Momenten spielte ich mit Selbstmordgedanken, aber es gab ja auch keine Garantien, dass das nächste Leben besser sein würde als dieses. Außerdem brauchte Toya mich. In Gedanken war ich immer bei ihr, und dann senkte sich auf einmal das unvermeidliche Gefühl der Unwürdigkeit über mich. Toya hatte etwas Besseres verdient. Ich weinte oft lange Zeit und wusste nicht, ob ich je damit aufhören würde.

Der Schlaf kam und ging. Jetzt traumlos – auch ohne Albträume. Kein Glück, keine Traurigkeit, nur Vergessen. Ich hatte das Gefühl, nichts zu sein, wertlos, schwerelos, sinnlos.

Irgendwann in diesen Phasen wurde im Allgemeinen mein Therapeut verständigt. Irgendjemand kleidete mich an, und bald darauf saß ich wieder schluchzend in seiner Praxis.

Dann, durch das Reden, wurde die Ursache der Depression allmählich aufgedeckt. Ich war in einem Keller eingesperrt gewesen, und das hatte sie ausgelöst. Aber inzwischen waren Monate vergangen, und ich konnte noch immer nicht wieder zur Arbeit erscheinen. Daher würde ich wohl einen weiteren Job verlieren.

Ich versuchte Sozialhilfe zu erhalten, um meine Rechnungen bezahlen zu können, aber das Sozialamt lehnte all meine Anträge ab.

»Mit Ihnen ist alles in Ordnung«, sagten sie. »Sie können arbeiten gehen.«

Und das stimmte, für Tage oder sogar Wochen am Stück war manchmal alles in Ordnung, und dann – peng – senkte sich aus heiterem Himmel die Dunkelheit über mich, und ich lag wieder weinend im Bett.

»Es ist schwer zu erklären«, sagte ich zu Mom, nachdem ich wieder einmal einen Job verloren hatte.

»Was ist denn so schwer?«, rügte sie mich. »Du hast Heidnik überlebt, du kannst alles überleben.«

Das war immer ihre Antwort. Aber so einfach war es nicht. Mein Jahr wurde jetzt von einem Kalender diktiert, den ich ständig bekämpfte und zu ignorieren versuchte, der mich aber jedes Mal wie eine schwarze Wolke verschluckte, wenn der November nahte.

Thanksgiving, Weihnachten, Silvester – im Allgemeinen solch fröhliche Feste für alle anderen – waren für mich immer die Jahrestage meiner Gefangennahme.

Einer nach dem anderen stürzten die Feiertage auf mich ein, ein Karneval aus Lametta, Weihnachtsliedern und Festessen. Ich ging nicht aus, und ich feierte nicht. Ich blieb zu Hause und schloss mich ein.

Der einzige Ort, an dem ich mich sicher fühlte, war die Kirche. Dort war ich beschützt vor meinen Ängsten und den schlechten Erinnerungen. Ich fand Trost in Gottes Gegenwart. Mein Glaube war stark, das wusste ich, aber die Gebete brachten mir dennoch nicht immer den Frieden und die Gelassenheit, die ich suchte.

Mit den Drogen war ich inzwischen durch. Sobald Toya wieder bei mir lebte, wusste ich, dass ich kein Crack mehr in meinem Leben haben wollte. Es hatte mir lange geholfen zu vergessen, all die schlimmen Dinge zu begraben, aber ich wusste, dass es nicht ewig so weitergehen konnte. Und sobald ich mich entschieden hatte, war es seltsamerweise einfach, aufzuhören. Die Entscheidung zu treffen, das war das Schwerste. Ich brauchte lange Zeit, um einen Ort zu finden, an dem ich mich bereit fühlte, meine Drogen-Stütze loszulassen, doch dann zog ich aus meinem alten Viertel weg, hörte auf, mich mit der alten Clique zu treffen, und machte mich daran, Toya und mir eine Existenz aufzubauen.

Toya und ich hatten unsere Beziehung neu geknüpft, und auch wenn ich so viel von ihren ersten Lebensjahren verpasst hatte, war ich entschlossen, alles wiedergutzumachen und von jetzt an die beste Mom zu sein, die ich sein konnte.

Ich hatte Ricky und Zornae verloren, da ihre Adoptiveltern in einen anderen Bundesstaat gezogen waren, aber mit Toya hatte ich meine Chance, und die wollte ich nicht vermasseln.

In der Zwischenzeit saß Heidnik im Todestrakt und wartete auf das Ergebnis seiner Berufung.

Nach langwierigen gerichtlichen Auseinandersetzungen bekamen wir Mädchen jeweils 30 000 Dollar von Heidniks Vermögen. Der Rest des Geldes fiel größtenteils an den Staat.

Da ich wegen meiner Ängste und Depressionen die meiste Zeit arbeitslos war, brachte ich das Geld ziemlich schnell durch – drei Jahre nach der Entschädigungszahlung war nichts mehr übrig.

Ich ging von einem Psychiater zum anderen. Ich lernte Atemtechniken, bekam Beruhigungs- und Schlaftabletten und angstlösende Medikamente verschrieben. Manchmal halfen sie, manchmal nicht.

Es war Mom, die sich am meisten um mich sorgte.

Einmal die Woche besuchte ich sie, und obwohl sie inzwischen Ende achtzig war, war sie noch immer so lebhaft und aktiv wie eh und je. Letztes Jahr wurde sie als »Ehrenamtliche des Jahres« ausgezeichnet. An diesem Tag backte sie Kuchen für die Senioren, die sie besuchen wollte.

»Bist du glücklich, Josefina?«, fragte sie, während sie in einer großen Schüssel den klebrigen Teig rührte.

»Ich bin glücklich genug, Mom«, erwiderte ich. »Wer ist denn heutzutage schon glücklich?«

»Ich bin glücklich«, erwiderte sie, während sie die Teigmischung in eine ihrer großen Backformen goss. Dann schob sie den Kuchen in den Ofen, knallte die Tür zu und ging zu ihrem kleinen Kanonenofen, um Holz nachzulegen.

Sie war immer beschäftigt, immer in Aktion.

»Ich weiß nicht, Schatz«, sagte sie, während sie zwischen den Holzscheiten herumstocherte. »Ich mache mir Sorgen um dich. Werde ich je aufhören, mir Sorgen um dich zu machen? Du musst sesshaft werden, ein paar Wurzeln schlagen.«

»Ja, Mom, aber dafür muss ich zuerst jemanden kennen lernen!«

»Du lernst doch ständig Leute kennen«, meinte sie. »Du willst dich nur auf niemanden einlassen.«

Sie hatte recht. Wie könnte ich die Albträume, die Depressionen, die seltsamen Ängste jemandem erklären, den ich eben erst kennen gelernt hatte? Wer würde das ertragen wollen? Es war schon schwer genug, allein mit alldem fertigzuwerden.

Mom hatte sich jetzt aufgerichtet und sich eine Hand dort ins Kreuz gelegt, wo es wehtat. Sie stöhnte leise auf, die Augen gegen den Schmerz zusammengepresst.

Mom ging langsam hinüber zur Veranda und nahm zwei Paar Schuhe, ein Paar in jede Hand. Sie trug ein pfirsichfarbenes Leinenkleid mit sonnengelben Blüten und wollte wissen, ob ihre roten oder ihre schwarzen Schuhe besser dazu aussahen.

»Mom, du bist siebenundachtzig!«, platzte ich lachend heraus. »Niemand achtet darauf, ob deine Schuhe zu deinem Kleid passen.«

»Na ja, ich schon«, gab sie schnippisch zurück. »Und jetzt sag schon: rot oder schwarz?«

Später, als ich ging, umarmte sie mich fest.

»Ich will mir nicht für immer Sorgen um dich machen müssen«, flüsterte sie. »Finde jemanden Nettes. Es ist an der Zeit.«

26

Genesung

Im Jahr 1998 lernte ich Theron kennen. Er war freundlich und witzig, und er bot mir ein neues Leben in Absecon, New Jersey. Jetzt war ich bereit, aus Philadelphia wegzuziehen und zu versuchen, die Vergangenheit hinter mir zu lassen. Mom schien sich zu freuen, als ich ihr sagte, ich würde wieder heiraten.

»Endlich kann ich aufhören, mir Sorgen um dich zu machen!«, lächelte sie.

Theron und ich zogen in ein Hotel in Absecon. Es war als vorübergehende Unterkunft gedacht, aber letztendlich blieben wir dort wohnen. Es war günstig: Für 150 Dollar pro Woche war alles inbegriffen – Strom, Handtücher und Zimmerreinigung.

Theron war Vertreter und dementsprechend viel unterwegs, und ich arbeitete als Zimmermädchen im Tradewinds Hotel und kellnerte nebenbei in Denny's Restaurant. Toya war inzwischen erwachsen und zu Hause ausgezogen.

Ich konnte nicht sagen, dass ich wirklich glücklich war, aber ich war zufrieden. Ich dachte nicht mehr viel an Heidnik, und außerhalb der Stadt erkannten mich die Leute auch nicht. Ich versuchte mir eine Existenz aufzubauen. Da Theron nichts von der Sache mit Heidnik wissen wollte, redete ich kaum darüber.

Ein Jahr nachdem wir zusammenkamen, 1999, richtete der Bundesstaat Heidnik schließlich hin. Er wollte keine Berufung mehr einlegen, aber seine Tochter, die so lange von ihm getrennt gelebt hatte und ihm beinahe fremd war, hatte einen letzten Antrag auf Aufschub der Hinrichtung eingereicht. Ich hörte an jenem Morgen in den Nachrichten, dass er hingerichtet werden sollte, und als ich am Abend nach Hause kam, war es bereits vorbei. Es gab keinen Widerstand, keine letzten Erklärungen. Er hatte den Tag damit verbracht, Countrymusik zu hören, und seine letzte Mahlzeit bestand aus zwei Stücken Käsepizza und zwei Tassen Kaffee. Heidnik ging bereitwillig und friedlich in den Tod. Deborahs und Sandras Schwestern waren bei der Hinrichtung anwesend, alle in weißen T-Shirts mit Bildern ihrer toten Schwestern darauf. Den Nachrichten zufolge hatten sie applaudiert, als verkündet wurde, dass die tödliche Spritze erfolgreich war. Nun ja, das war ihr gutes Recht. Weder Deborah noch Sandra durften bereitwillig oder friedlich in den Tod gehen. Am 6. Juli um 22:29 Uhr wurde Heidnik für tot erklärt. Es war vorbei – für ihn war es das zumindest.

Nach all den Jahren wusste ich nur eines sicher: Für mich würde es niemals wirklich vorbei sein. Darüber war ich wütend und verbittert. Er hatte bekommen, was er sich die ganze Zeit gewünscht hatte: das Vergessen durch den Tod. Ich aber verspürte kein Gefühl der Erleichterung. Von jenem Abend an befürchtete ich, dass seine Kinder mich eines Tages ausfindig machen würden – oder dass Heidnik selbst vielleicht anfangen würde, mich heimzusuchen.

Meine Mom starb ein paar Jahre später, aber ich bin froh, dass sie noch erleben durfte, wie ich heiratete. Schließlich hatte sie mir immer gesagt, sie sei es leid, sich Sorgen um mich zu machen. Sie war zweiundneunzig, und ihr Verstand war noch immer messerscharf, als sie starb.

Bei meinem letzten Besuch saß ich mit meiner Adoptivschwester Althea an Moms Bett, und wir redeten und scherzten zusammen wie in alten Zeiten.

Unsere Mom war etwas so Besonderes, und ich war besorgt, dass ich ihr das vielleicht nicht genug gesagt hatte. Im Laufe der Jahre hatte ich oft zu ihr gesagt: »Mom, ich liebe dich.«

Und ihre Antwort war stets dieselbe: »Oh, danke schön!«

Sie war einfach dankbar dafür, geliebt zu werden.

Ich muss noch heute lächeln, wenn ich daran denke.

Aber ich glaube, ihr war nie wirklich bewusst, wie sehr ich an ihr hing. Sie war meine ganze Welt. Es gab nur sie und mich. Sie lehrte mich alles, und ich wusste alles zu schätzen, was sie mir beigebracht hatte.

Meine Schwester Iris starb wenig später. Die Arme hatte völlig den Verstand verloren. Eine Zeit lang schaffte sie es, clean zu bleiben. Sie hatte sich durch Nadeln mit HIV infiziert, und ich glaube, das versetzte ihr einen solchen Schock, dass sie ihrem Leben eine Wende gab: Sie machte einen Entzug, wandte sich der Kirche zu und wurde Predigerin des Evangeliums. Sie predigte überall – in Rettungsmissionen, Notunterkünften und Privathäusern. Sie versuchte es wirklich. Leider hielt es nicht lange an. Sie spürte wieder das Verlangen nach der Droge, und während eines Gesprächs, das wir führten, als Iris wirklich schwer zu kämpfen hatte, sagte sie zu mir: »Ehrlich, Josie, ich bin es einfach so leid, diese ganzen Medikamente zu nehmen. Sie machen mich ganz krank. Ich will einfach so gehen, wie ich gehen will.«

Ich beschwor sie, versuchte ihr zu helfen und ihr Mut zu machen. Inzwischen betrieb ich in ihrem Haus in Absecon eine Kindertagesstätte, und ich schlug ihr vor, mit mir zu kommen. Sie hätte mir mit den Kindern helfen können, sie das Bibelstudium lehren, aber es half alles nichts. Die Verlockung der Drogen war zu groß.

Als ich sie das nächste Mal sah, hatte sie eine Flasche Wodka in der Hand. Wenig später erfuhr ich, dass sie Drogendealer ins Haus einlud, weshalb ich auch die Kindertagesstätte schließen musste.

Von da an ging es mit Iris schnell bergab.

Während ich noch immer in zwei Jobs arbeitete, gab es in Iris' Leben und Zuhause nur noch Dealer, Trinken und Drogen, und sie hörte auf, ihre Medikamente zu nehmen.

Binnen weniger Monate war sie im Krankenhaus, und noch

einmal wenige Wochen später starb sie an einer Lungenentzündung.

Am Ende war ihr alles egal. Sie wusste, dass sie sterben würde, weshalb sie einfach alles machte, was sie wollte. Es war traurig, aber auch unvermeidlich. Ich hoffte nur, dass sie diese letzten Monate genoss, denn für uns, ihre Familie, waren sie die Hölle.

Das mit Theron und mir hielt auch nicht lange. Ich glaube nicht, dass ich je wirklich in ihn verliebt war. Er hatte mir einfach eine andere Art Leben geboten, und das war mir damals recht. Uns verband keine besondere Chemie, und als es mit unserer Ehe bergab ging, schien keiner von uns gewillt, auch nur zu versuchen, sie zu retten. Wir waren nur auf dem Papier verheiratet – im Grunde waren wir einfach nur Freunde.

Als ich mich dann in meinen besten Freund verliebte, kam das für mich völlig überraschend. Chris und ich hatten uns in Absecon über gemeinsame Freunde kennen gelernt, während er eine unerfreuliche Scheidung durchmachte. Ich nehme an, zu dem Zeitpunkt hatte ich bereits akzeptiert, dass meine Ehe gescheitert war, aber bei Chris herrschte noch immer das reinste Chaos.

Wir verstanden uns auf Anhieb, und ich gab ihm Ratschläge, wie er mit seiner bröckelnden Ehe umgehen sollte.

Sie versuchten sich zu versöhnen; es klappte nicht. Chris und ich unternahmen lange Spaziergänge und unterhielten uns. Zum ersten Mal in meinem Leben redete ich ganz offen mit jemandem über alles, was ich mit Heidnik durchgemacht hatte, und das ganze Zeug danach. Chris verurteilte mich nicht, und er versuchte auch nicht, mich von dem Thema abzubringen. Er ließ mich einfach reden.

Es fühlte sich an, als würden wir uns seit Jahren kennen.

»Weißt du, ich wünschte, ich wäre dir schon viel früher begegnet«, sagte ich eines Tages zu ihm.

»Ja, ich denke, das wäre vielleicht das Beste gewesen«, erwiderte er.

Wir wussten beide, worauf wir zusteuerten, und zum ersten

Mal fühlte ich mich selbstbewusst und sicher genug, um mir zu gestatten, mich zu verlieben.

Inzwischen hatte Toya selbst Kinder, die wir häufig sahen. Meine Enkelkinder waren ganz verrückt nach Chris, und es machte mich glücklich zu wissen, dass ich einen Mann gefunden hatte, der auch meine Familie liebte.

Das Problem war, dass seine Familie hingegen nicht allzu begeistert von mir war. Es gefiel ihnen nicht, dass ich hispanisch war, da Chris weiß war.

Wir wunderten uns beide, dass der Rassismus heutzutage die Ansichten und Urteile der Leute noch immer derart beeinflussen konnte, selbst wenn es um ihre eigene Familie ging.

2010 verließen wir daher Absecon und zogen hinunter nach Atlantic City, in die Nähe des Meeres. Ich liebte die Stadt von Anfang an: Sie hatte genau die richtige Größe für mich, um spazieren zu gehen, und in der Nähe der Küste fühlte ich mich immer mit der Natur verbunden.

Ich schlenderte oft stundenlang am Strand auf und ab und sah einfach nur zu, wie die weißen Wellenkämme immer wieder gegen den Strand schlugen. Die riesige Weite des Ozeans gab mir ein Gefühl von Sicherheit und Geborgenheit. Das hier war eine völlig andere Welt als die Dunkelheit und Beengtheit des Kellers, des Lochs, das mich in meinen Träumen noch immer heimsuchte.

Freiheit – sie war das Kostbarste für mich. Wenn man einmal weggesperrt und von der Welt ferngehalten war, dann ist die Angst davor, dass Ähnliches wieder passieren könnte, sehr stark und real. Draußen am Meer hatte ich jedoch das Gefühl, ich könnte für immer frei sein.

Hier, in Atlantic City, bekam ich außerdem endlich die richtige Art professioneller Hilfe. Ich lernte DJ kennen, der zufällig auch Pfarrer in meiner Kirche war, und mit seiner wundervollen Hilfe begann ich die Dämonen, die mich all die Jahre heimgesucht hatten, wirklich in Angriff zu nehmen.

So lange hatte ich die Ereignisse ausgeblendet und ständig in den Hintergrund geschoben.

Deborahs Tod hatte mich jahrelang heimgesucht. Sie kam oft in meinen Träumen zu mir, und ich quälte mich mit der Frage, ob ich mich ihr gegenüber richtig verhalten hatte. Es nagte noch immer an mir, dass ich mir nie die Zeit genommen hatte, ein bisschen mehr mit ihr zu reden oder ihr unsere Lage begreiflich zu machen. Vielleicht hätte sie sich dann beruhigt, und die Sache wäre nicht so eskaliert, wie es geschehen ist.

DJ half mir die korrekte Diagnose einer posttraumatischen Belastungsstörung zu bekommen, und er half mir zu erkennen, dass ich die Situation damals wirklich nicht unter Kontrolle hatte: Ich konnte mich nur auf eine Sache konzentrieren, andernfalls hätte ich niemals überlebt.

Und dann gab es noch weitere Fragen über Heidnik, auf die ich Antworten brauchte, wie zum Beispiel: Wer war dafür verantwortlich, dass er so war, wie er war?

Wenn ich Angehörigen des Militärs begegnete, fragte ich sie immer danach, wie man Invalidenleistungen von der Armee bekommt. Wie schwer ist es, eine ehrenhafte Entlassung mit 100 Prozent Invalidenrente zu bekommen?

Die Antwort war immer dieselbe: Es war nahezu unmöglich!

Man konnte vierzig Jahre dienen und beide Arme und Beine bei einer Explosion verlieren und noch immer nicht 100 Prozent Invalidenrente bekommen. Wie es bei Gary trotzdem dazu kam, kam in dem Prozess nie heraus, da die Richterin es ablehnte, spekulative Indizien ohne Beweis zuzulassen, aber ich bin überzeugt, dass Gary in einem Punkt recht hatte: Sie müssen ihm in der Armee irgendetwas angetan haben. Warum hätten sie ihm sonst nach nur vier Monaten 100 Prozent Invalidenrente zuerkannt? Das ergab keinen Sinn.

Ohne dieses Geld hätte Gary niemals so operieren können, wie er es getan hatte. Das Geld ermöglichte es ihm erst, seine kranken Ideen in die Tat umzusetzen.

Danach versagten alle Behörden: das Justizsystem, das psychosoziale Gesundheitssystem und auch das Militär. Gary war einfach durch die Maschen geschlüpft, und es beunruhigt mich, dass es dort draußen heutzutage vermutlich noch andere gibt, die vielleicht auch durch die Maschen schlüpfen.

Zum ersten Mal stellte ich mich offen diesen Fragen, anstatt vor ihnen davonzulaufen. Es hatte über zwei Jahrzehnte gedauert, aber jetzt war ich endlich bereit, mich hinzusetzen und meine Zeit in diesem Keller zu analysieren, meine Gefühle von Schuld und Schmerz anzugehen und Frieden mit der Vergangenheit zu schließen.

27

Wieder vereint

Mom, Mom!« LaToyas Stimme klang atemlos, aufgeregt. Ich nahm ihren Anruf auf meinem Handy entgegen, während ich von einem meiner Termine bei DJ nach Hause ging. Ich hatte entschieden, am Strand entlangzugehen, und jetzt konnte ich sie über das Donnern der Wellen hinweg kaum hören.

»Ja, Schatz. Was gibt's denn?«

»Es ist ein Riesending, Mom, ein echtes Riesending!«

»Okay, okay«, sagte ich, während ich spürte, wie mir flau im Magen wurde. »Gib mir eine Minute.«

Ich rannte über die Dünen und die Uferpromenade entlang, dann lief ich hinter eines der Kasinos, um vor dem Wind geschützt zu sein.

»Okay, jetzt kann ich dich hören. Was ist los?«

»Mom, es geht um Ricky. Er hat sich bei mir gemeldet. Er hat mich auf Facebook gefunden.«

»Was? Unser Ricky? Mein Ricky?« Ich war völlig perplex.

»Ja!« Jetzt lachte sie. »Kannst du das glauben? Wir haben sie die ganze Zeit gesucht, und sie haben uns auch gesucht! Er hat mir eine Nachricht geschickt. Ich lese sie dir vor. Hör zu: ›Hey, mein Name ist Ricky Sepulveda, ehemals bekannt als Ricardo Rivera. Ich glaube, du könntest meine Schwester sein. Der Name meiner Mom war Josefina.‹ Kannst du das glauben? Ricky ist bei Zornae, und sie wollen uns treffen!«

Ich konnte nicht anders – ich brach in Tränen aus. Unsere Gebete waren erhört worden.

Toya und ich hatten schon so lange nach Ricky und Zornae gesucht, aber wir konnten sie nicht ausfindig machen, und als wir uns an die Kinderschutzbehörde wandten, sagte man uns, man könne uns nicht helfen.

Toya wollte ihre Geschwister unbedingt kennen lernen. Sie hatte solch klare Erinnerungen an Zornae: wie sie sie in ihrem Kinderwagen geschoben und sie mit Joghurt gefüttert hatte. Und es war auch Toya, die Ricky seinen Namen gegeben hatte.

Eines Tages hatten wir eine Folge von *I Love Lucy* gesehen, als Toya sich zu mir umwandte und mich bat, den kleinen Jungen Ricardo zu nennen.

Und jetzt, im November 2010, hatten die beiden uns gefunden!

»Oh, Toya, das ist ja wundervoll!«, sagte ich. »Wo sind sie? Was machen sie?«

»Sie sind unten in Florida. Sie wollen uns treffen.«

Mein Herz hämmerte jetzt mit einer Million Schlägen pro Minute, und dann fiel mir plötzlich etwas ein.

»Wissen sie es, Toya? Ich meine, hat man es ihnen gesagt?«

»Keine Sorge, Mom, sie wissen alles. Ricky hat mir erzählt, dass ihre Eltern einen Ordner mit Zeitungsausschnitten über Heidnik und den Prozess angelegt hatten. Sie dachten, eines Tages würden sie es erfahren müssen. Das heißt, es ist okay, sie wissen Bescheid.«

Ich griff mir erleichtert an die Brust. Ich hatte immer gehofft, meine beiden Kinder eines Tages wiederzusehen, aber die Vorstellung, ihnen sagen zu müssen, unter welchen Umständen wir damals getrennt wurden, hatte mir schreckliche Angst eingeflößt. Gott sei Dank wussten sie es bereits.

Als ich an jenem Abend nach Hause kam, erzählte ich Chris alles. Danach saßen wir beide fassungslos da. Unser Schweigen wurde nur von Zeit zu Zeit unterbrochen, wenn einer von uns ausrief: »Ich kann es nicht fassen! Es ist einfach unglaublich!«

In jener Nacht tat ich kein Auge zu. Ich war zu aufgeregt und voller Fragen.

Am nächsten Tag gingen wir in ein Internetcafé, und ich sah mir die ganzen Nachrichten von Ricky und Zornae auf Toyas Facebook-Seite an.

Zornae hatte geschrieben: »Ich freue mich schon so darauf, euch endlich kennen zu lernen. Ich hoffe nur, wir können eine Möglichkeit finden, um beisammen zu sein.«

Mein Herz verkrampfte sich vor Traurigkeit. Ich hatte so viele Jahre mit meinen Kindern versäumt. Wer waren sie? Wie waren sie? Ich wusste es nicht.

Toya schien überwältigt. Inzwischen hatte sie sich ein geborgenes und glückliches Familienleben mit ihrem Ehemann Russell aufgebaut, der seine eigene Immobilienfirma besaß und Diakon in seiner Kirche war. Sie lebten in Texas und hatten vier entzückende Kinder, die alle gut in der Schule waren. Jetzt zu erfahren, dass Zornae ebenfalls einen kleinen Sohn hatte, war tief bewegend. Toya war Tante, und sie konnte es kaum erwarten, ihren Neffen kennen zu lernen.

»Mom, wir hatten die ganze Zeit Verwandte, ohne sie zu kennen«, sagte sie an jenem Abend am Telefon. »Und jetzt haben wir eine Chance, die wir unbedingt ergreifen müssen.«

Aber wie?

Wir konnten uns den Flug, um die zwei in Florida zu treffen, nicht leisten, und Zornae und Ricky hatten auch nicht viel Geld.

Letztendlich war es Zornae, die auf die Idee kam, sich mit unserer Geschichte an einen lokalen Radiosender zu wenden, der einen besonderen Weihnachtswunsch-Wettbewerb ausgerufen hatte. Sie rief bei dem Sender an und erzählte unsere Geschichte. Würden sie uns helfen, über die Weihnachtsfeiertage zusammenzukommen?

Der Sender erklärte sich zum Glück einverstanden, uns zu seiner besonderen Geschichte für die Weihnachtsfeiertage zu machen, und bezahlte daher die Flugtickets. Ricky und Zornae flogen also von Florida und ich und Chris von Atlantic City aus nach Texas, damit wir uns treffen konnten.

An Heiligabend sollten wir alle wieder beieinander sein. Es schien perfekt. Zum ersten Mal seit fünfundzwanzig Jahren freute ich mich wieder auf Weihnachten. Um genau zu sein, sollte es das schönste Weihnachtsfest werden, das ich je haben würde.

Während ich im Flugzeug saß und mein Wasser schlürfte, ließ ich meinen Blick über die Wolken unter mir schweifen. Ich war so aufgeregt, dass ich kaum still sitzen konnte. Ich hatte ihre Fotos gesehen, ich hatte mit ihnen telefoniert, und jetzt war es an der Zeit, sie persönlich kennen zu lernen. Ricky und Zornae – die beiden Kinder, die ich vor über zwanzig Jahren aufgeben musste.

Ich erinnerte mich an die Augenblicke, die ich zwei Jahrzehnte zuvor mit ihnen geteilt hatte – die Umarmungen, die Küsse, die Wärme. Erinnerten sie sich an irgendetwas davon? Ich hoffte, dass sie ein schönes Leben geführt hatten. Ich hatte dem Paar, das sie damals adoptieren durfte, vertraut – und ich fragte mich, was ich ihnen jetzt bieten konnte.

Ich wandte mich Chris zu. Ich musste kein Wort sagen. Er konnte meine Nervosität, meine Sorge sehen.

»Mach dir keine Sorgen«, sagte er beruhigend. »Es wird alles gut gehen. Versuch einfach, dich zu entspannen.«

Chris kannte mich so gut. Er wusste genau, was er sagen musste und wie er mit meinen Stimmungsschwankungen umgehen musste.

Auch DJ war für mich da. Er hatte mir seine private Telefonnummer gegeben, damit ich ihn notfalls über die Feiertage anrufen konnte. Er wusste, dass wir das Richtige taten. Ich nutzte die Möglichkeit, Teile meiner Vergangenheit zu heilen, die ich allein niemals würde heilen können. Aber wie sollte ich meinen Kindern erklären, warum ich sie aufgegeben hatte? Sie verstanden, was sie über mich gelesen hatten, aber sie wussten nichts über die echte Josefina Rivera. Ich war für sie nur ein Traum. Eine Vorstellung. Eine Fantasie. Es war wie damals, als ich meinen eigenen Vater zum ersten Mal traf: Ich hatte mich auf das Schlimmste vorbereitet, daher war es eine nette Überraschung, dass er gesund und am Leben war. Aber danach musste ich mich einfach damit abfinden, dass er eine reale Person war, mit Schwächen und Problemen wie jeder andere auch. Ich wusste, dass ich dem Fantasiebild, das Ricky und Zornae sich in ihren Köpfen von mir gemacht hatten, niemals gerecht werden konnte, doch ich hoffte, dass wir einander auf einer neuen Grundlage akzeptieren konnten – als Erwachsene, als wirkliche Menschen.

Chris und ich stiegen aus dem Flugzeug, und während wir durch die Türen in die Ankunftshalle traten, hielt er meine Hand. Mein Herz raste wie wild. Die anderen beiden waren schon drei Tage zuvor angekommen und wohnten bereits bei Toya und ihrer Familie. Jetzt war ich an der Reihe, sie kennen zu lernen.

Die Erste, die ich sah, war Zornae. Sie war mir wie aus dem Gesicht geschnitten!

Im ersten Augenblick konnte ich es kaum glauben. Ich hatte ein winziges, mageres Kleinkind zurückgelassen, das nur mühsam an Gewicht zunahm. Und hier war eine ausgewachsene Frau mit Rundungen und vollen, sinnlichen Lippen, genau wie meine eigenen. Sie hielt einen kleinen Jungen an der Hand – Gary, ihren Sohn. Es war eine Ironie des Schicksals, dass sie ihm ausgerechnet diesen Namen gegeben hatte, aber dieser kleine Junge war natürlich völlig anders als sein Namensvetter: Der Kleine war ein absoluter Engel.

Hinter Zornae stand Ricky, ein hochgewachsener, schlanker, gut aussehender Mann mit einem himmelblauen Halstuch. Ich konnte sehen, dass seine hohen Wangenknochen meinen eigenen ähnelten, während sein modisch getrimmter Bart die Konturen von Kinn und Lippen umrahmten. Seine Augen waren tief und seelenvoll.

»Oh mein Gott!«, rief ich aus. Ich schlug die Hände vor den Mund und ließ den Tränen freien Lauf.

»Mommy!« Zornae streckte die Arme nach mir aus, und wir fielen uns in die Arme. Dann trat Ricky an meine Seite, ein schüchternes Lächeln auf den Lippen.

»Mom?« Jetzt legte ich einen freien Arm um seinen Hals, und so standen wir drei eine Ewigkeit da und weinten und umarmten uns.

Nach all diesen Jahren und all dieser Zeit fühlte ich mich wirklich gesegnet, meine Kinder wieder in meinem Leben haben zu dürfen.

Genau hinter ihnen drängelte sich aber auch noch ein Kamerateam darum, diese Aufnahme von uns dreien zu bekommen.

»Was tun die denn hier?«, wandte ich mich an Chris. Er zuckte die Schultern.

Zornae ergriff das Wort. »Sie sind von dem Radiosender. Sie wollten die ganze Geschichte bekommen.«

Es machte mich nervös. Auch wenn ich dem Sender dankbar dafür war, dass sie uns zusammengebracht hatten, wollte ich nicht, dass sie die intimsten Momente meines Wiedersehens mit meinen Kindern einfingen.

»Gehen wir«, sagte ich zu Toya. Sie nickte und nahm meinen Koffer in die Hand. Wir zwängten uns alle in ihren Wagen – ich selbst, Zornae und Ricky auf der Rückbank und der kleine Gary auf dem Schoß seiner Mom.

Er war damals erst achtzehn Monate alt, und er sah mit einer Mischung aus Verwirrung und Neugier immer wieder zwischen uns beiden hin und her.

»Er kann sehen, dass wir verwandt sind!«, lachte ich. »Kluger Junge!«

Als wir zu Toya nach Hause kamen, waren ihre Kinder alle

da – LaQuoia, Bryahna, Jaaqwan und Sean –, und wir alle küssten und umarmten uns. Das Haus war für die Weihnachtsfeiertage wie eine zauberhafte Winterlandschaft geschmückt, mit Lametta, aufgesprühtem Schnee auf den Fensterscheiben und einem großen Baum mit funkelnden Lichtern, unter dem Dutzende von Geschenken lagen. Ich hatte noch nie so viele Geschenke gesehen!

»Habt ihr den Verstand verloren?«, fragte ich Toya und Russell im Scherz. »Diese Kinder werden völlig verzogen!«

»Das waren nicht wir, Mom«, meinte Toya kopfschüttelnd. »Der Radiosender hat uns einen Berg von Geschenken für die Kinder gebracht. Wir waren völlig überwältigt von dieser Großzügigkeit.«

Danach saßen wir alle bei einer lauten und ausgelassenen Mahlzeit, während alle Kinder sich darin überboten, uns alles über ihre neuesten Heldentaten zu erzählen, aber nachdem wir sie zu Bett gebracht hatten, war endlich Zeit, um mit Ricky und Zornae zu reden.

»Wir haben so viele Fragen, Mom«, begann Ricky.

»Na dann, schießt los!«, sagte ich. »Ich habe keine Geheimnisse. Ihr wisst ja bereits alles, was mir mit Heidnik passiert ist.«

»Ich weiß. Aber es gibt so vieles, was ich nicht verstehe«, fuhr er fort. »Zum Beispiel, wo wir bei alledem waren und was mit uns passiert ist?«

»Was meinst du damit?«

»Na ja, warum konntest du uns nicht zu dir nehmen, nachdem du befreit warst?«

»Ja«, warf Zornae ein. »Zuerst haben sie mich in dieses Kinderheim gesteckt, und das habe ich gehasst. Ich dachte immer, irgendwann würdest du mit Toya zurückkommen und mich holen, aber das hast du nie getan.«

Oh Gott! Diese Wunde saß eindeutig tief! Zum ersten Mal begann ich das Ausmaß dessen zu sehen, was diese Kinder durchgemacht hatten, und ich schämte mich zutiefst.

»Es tut mir so leid, was damals passiert ist«, sagte ich zu den beiden. »Ich war ein Häuflein Elend. Diese Sache mit Heidnik war nichts, was einfach passiert ist und dann vorbei war. Sie hat mir ernsthaft zu schaffen gemacht, und ich habe noch immer damit zu kämpfen. Ich mache eine Therapie, die mir sehr guttut, aber damals wusste man nicht, wie man uns Mädchen helfen sollte. Man wollte uns einfach bloß mit Medikamenten vollpumpen. Ich ging auf die einzige Weise damit um, auf die ich es damals konnte: Ich nahm Drogen. Darauf bin ich nicht stolz, und letztendlich hat es mir mehr geschadet als geholfen, aber in der Zeit unmittelbar danach wusste ich mir nicht anders zu helfen. Ich habe eine posttraumatische Belastungsstörung, wisst ihr – damals hatte man noch nicht einmal einen Namen dafür. Heutzutage wissen wir alles darüber, wegen der Veteranen, die aus dem Krieg zurückkehren, wohingegen das damals ziemlich neu war. Inzwischen bekomme ich die richtige Hilfe, aber ich schwöre, ich habe erst in den letzten paar Jahren, und nur mit Chris' Hilfe, angefangen, die Dinge in den Griff zu bekommen. Ich war damals nicht imstande, eure Mommy zu sein. Aber ich wollte das Richtige für euch tun, wollte euch die besten Chancen ermöglichen, und deshalb habe ich zugestimmt, dass die Sepulvedas euch adoptieren.«

Schweigen trat ein.

»Aber was ist mit Toya?«, fragte Zornae.

»Was soll mit ihr sein?«,

»Sie durfte bei dir bleiben.«

»Denkst du das etwa?« Ich war verwirrt. »Toya kam erst zu mir, als sie dreizehn war. Bis dahin lebte sie bei ihrem Vater.«

»Na ja, aber warum durfte sie dann bei dir leben und wir nicht?«

»Zornae«, begann ich langsam. Ich versuchte es ihr so leicht wie möglich zu machen. »Du warst inzwischen adoptiert. Ich hatte bei deiner Zukunft kein Mitspracherecht mehr. Toya und ich, wir haben dich jahrelang gesucht, aber die Kinderschutzbehörde hat sich geweigert, uns zu helfen, denn sobald man ein Kind zur Adoption freigegeben hat, war es das. Dann ist es die Entscheidung des Kindes, ob es seine Eltern kennen lernen will. Ich konnte nicht einfach in euer Leben eindringen oder es durcheinanderbringen. Das wäre falsch gewesen.«

Ricky blickte nachdenklich. Ich konnte sehen, dass er viel von meiner Stärke und Unabhängigkeit hatte – ja, er war ein Rivera, durch und durch.

»Was ist mit unserem Vater?«, fragte er.

»Na ja, dein Vater hatte recht viele Kinder«, sagte ich. Ich würde die Wahrheit nicht beschönigen. Sie hatten es verdient, alles zu erfahren. »Er mochte Frauen, er prügelte sich gern, und er trank gern. Er hatte leider nicht das Zeug dazu, ein guter Vater zu sein. Als sich die Frage stellte, war er im Grunde schon weg vom Fenster.«

An jenem ersten Abend redeten wir stundenlang. Nichts war tabu. Ich wollte so offen und ehrlich wie möglich sein, damit wir von Anfang an einen guten Start hatten. Keine Geheimnisse. Sie erzählten mir von ihrer Kindheit – ein paar schöne Dinge, ein paar weniger schöne.

Als sich der Abend dem Ende zuneigte, wollte ich noch ein Letztes sagen: »Hört zu, ich kann die Vergangenheit nicht ändern. Sie ist vorbei. Wir müssen an diesem Punkt hier neu anfangen und positiv in die Zukunft blicken. Egal, was für Probleme ihr mit der Vergangenheit habt, ihr müsst versuchen, sie hinter euch zu lassen, uns allen zuliebe. Ich weiß, das ist schwer. Ich weiß, ich habe vieles falsch gemacht, und das tut mir aufrichtig leid, aber ich kann die Vergangenheit nicht ungeschehen machen. Ich kann nur von jetzt an mein Bestes geben, und wenn es euch recht ist, würde ich das wirklich sehr gern tun.«

Ricky nickte und stand dann auf, um mich zu umarmen. Zornae begann wieder zu weinen und hielt meine Hand.

»Ich will nur in deiner Nähe sein, Mom«, sagte sie mit einer Kleinmädchenstimme. In diesem Augenblick sah ich beide so, wie sie als kleine Kinder waren. Ich konnte die Babys sehen, die ich zurückgelassen hatte.

»Ich liebe dich, Mommy«, sagte sie.

»Ich liebe dich, Mom«, wiederholte Ricky.

»Ich liebe euch auch«, sagte ich, und dann schob ich beide ein Stück von mir weg, um sie anzusehen. Was für schöne junge Erwachsene sie geworden waren!

»Jetzt bin ich ja hier«, sagte ich zu ihnen. »Ich werde immer eure Mom sein, egal, was passiert. Und jetzt, Kinder, ist es Zeit fürs Bett!«

Sie lächelten matt, und wir umarmten und küssten uns und wünschten uns eine gute Nacht. Es war ein anstrengender Tag gewesen. Anstrengend, aber wunderschön.

Am nächsten Tag war Weihnachten, und das Haus war voller Trubel und Heiterkeit. Toya machte einen fantastischen Truthahn zum Abendessen, und alle Kinder rissen ihre Geschenke auf, atemlos vor Aufregung. Es war das schönste Weihnachtsfest, das ich je erlebt hatte.

In Philadelphia gab es in jenem Jahr zwar Schneestürme, aber hier in Texas trugen wir alle dank der warmen Wüstenluft Shorts und knappe T-Shirts.

Später gingen wir alle nach draußen, um als Familie eine Runde Basketball zu spielen.

Ich bildete ein Team mit allen Enkelkindern, während Zornae, Ricky und Toya auf der anderen Seite spielten. Ich versuchte mein Team anzuspornen, aber in dieser Aufteilung war das Spiel natürlich absolut unfair. Wir lachten hysterisch, während die Kleinen vergeblich versuchten, dem anderen Team den Ball abzujagen.

»Komm schon, Bryahna!«, forderte ich sie auf. »Schnapp ihn dir!«

Die Kinder schrien und kreischten vor Vergnügen. Toyas, Rickys und Zornaes Gesichter glühten vor Anstrengung und Aufregung. In diesem Augenblick hätten wir eine x-beliebige Familie sein können. Irgendeine gewöhnliche, gesunde Familie, die sich darüber freute, die Weihnachtsfeiertage gemeinsam zu verbringen. Ich war so glücklich wie schon lange nicht mehr.

Wir blieben nur eine Woche, aber es war lange genug, um meine Kinder ein wenig kennen zu lernen. Zornae war im Grunde ein Mama-Mädchen, genau wie ich es bei meiner Mom gewesen war. Sie wollte immer an meiner Seite sein und war sogar ein wenig eifersüchtig, wenn ich den anderen Kindern mehr Aufmerksamkeit schenkte als ihr.

Ricky war ein willensstarker, unabhängiger Mann mit einem ausgesprochen ehrgeizigen Geist. Er wollte als Rapper Karriere machen, und als er mir eine Kostprobe gab, fand ich, dass er richtig gut war. Er würde bei allem, was er sich vornahm, Erfolg haben, das konnte ich sehen.

Als Chris und ich nach Atlantic City zurückkehrten, verkündete Toya überglücklich, dass Zornae zu ihr ziehen wollte. Für Toya wurden all ihre Träume wahr.

Tatsächlich lebten sowohl Ricky als auch Zornae danach für ein paar Wochen bei Toya. Es bedeutete den beiden so viel, ihre Familie wiedergefunden zu haben, und ich freute mich für sie alle. Schließlich würde ich nicht ewig da sein. Jetzt hatten sie einander, und das konnte ihnen niemand mehr nehmen.

Ich selbst war einfach nur froh über die Gelegenheit, eine bessere Zukunft mit all meinen Kindern aufzubauen.

Epilog

Mein Lieblingsfeiertag ist der 4. Juli, der Unabhängigkeitstag. Er bedeutet mir viel. Hier in der Gegend werden viele Feuerwerke gezündet, überall an den Stränden von Margate über Ventnor bis hin nach Brigantine. Aber das Feuerwerk in Atlantic City ist immer das schönste. Ich nehme an, der Grund dafür ist, dass es eine Touristenstadt ist und die großen Kasinos den Urlaubern gern eine tolle Show bieten wollen.

Chris und ich gehen im Allgemeinen an den Strand, um zuzusehen, wie das Feuerwerk am Himmel explodiert und die Nacht in einer strahlenden Farbenpracht erhellt.

Letztes Jahr fuhren wir in genau dem Augenblick an der Uferpromenade mit dem Riesenrad, als überall an der Küste die Feuerwerke gezündet wurden. Als wir auf dem höchsten Punkt des Riesenrads ankamen, sahen wir hunderte Feuerwerkskörper über den dunklen Himmel schießen, die zwanzig Meilen weit den Strand hinunter und um uns herum krachten und knallten. All diese Feuerwerke waren gleichzeitig gezündet worden – und wir hatten Logenplätze!

Es war einmalig und wunderschön. Ich schrie und lachte und applaudierte wie ein kleines Mädchen. Die Raketen zischten hoch und zogen einen Funkenschweif hinter sich her, bevor sie in strahlenden Glitzerkugeln aus Licht explodierten. Das schimmernde Konfetti loderte am Himmel, und Fontänen sprühten silberne, rote und goldene Funken, während ein Krachen, Pfeifen und Zischen rings um uns herum ausbrach.

Chris saß neben mir, hielt meine Hand und grinste vor sich hin.

»Ich liebe es, dich so zu sehen«, flüsterte er mir ins Ohr.

»Und ich liebe es, so zu sein«, sagte ich zu ihm.

Und das ist die Wahrheit. Ich bin gern glücklich. Ich versuche in den meisten Dingen und Leuten das Gute und Positive zu sehen. Schließlich bekommen wir nur eine Chance auf dieser Erde, und wir müssen das Beste aus den Karten machen, die uns zugeteilt wurden. Und wenn ich Glück und Freude in meinem Leben finde, schnappe ich daher mit beiden Händen danach.

Meine Enkel sind jetzt meine größte Freude. Sie sind alle solch brave Kinder, gut erzogen, klug und ausgeglichen. Jetzt, wo die Ältesten fast keine Kinder mehr sind, kann ich wie mit Erwachsenen mit ihnen reden, und ich staune immer wieder, wie schlau und aufgeweckt sie sind. Aber am liebsten albere ich einfach nur mit ihnen herum. Wir spielen zusammen an der Wii und machen dort die ganzen Tänze mit, und meine Enkel finden es zum Schreien komisch, wie ihre Oma sich ins Zeug legt, um mit ihnen allen mitzuhalten. Ich spiele Spiele mit den Kleinen, und ich liebe es sogar, Zeichentrickfilme wie *SpongeBob Schwammkopf* mit ihnen anzusehen. Im Grunde meines Herzens bin ich einfach nur ein großes Kind. Ich schätze mich so glücklich, dass ich diese Gelegenheit habe, mich an meinen Enkelkindern zu erfreuen, und ich bin so stolz auf Toya und Zornae, die solch wundervolle Moms sind. Ich arbeite noch immer viel Zeug mit Ricky und Zornae auf. Diese Dinge brauchen Zeit, aber allmählich schaffen wir es.

Und ich trage auch noch immer die physischen Narben meiner Gefangenschaft mit mir. Mein Gehör ist noch immer beeinträchtigt, aber ich habe gelernt, leiser zu sprechen, und auch wenn ich den Fernseher gern laut aufdrehe, habe ich keinen ernsthaften Schaden von den Schraubenziehern davongetragen. Ich habe von den Ketten ein paar Narben an den Fußknöcheln, und an den Armen kann man die Stellen sehen, wo die Bretter sie aufgeschnitten haben. Ich decke sie nicht ab. Sie sind, was sie sind. Ich kann es nicht ändern. Diese Narben zu entfernen würde mir das Leben nicht erleichtern oder mich vergessen lassen, was passiert ist.

Seit ich bei DJ in Therapie bin, geht es mir schon viel besser. Die vergangenen drei Jahre waren die besten meines Lebens, seit ich Heidnik begegnet bin, und auch wenn es immer wieder Rückschläge gab, gehe ich jedes Mal ein bisschen besser damit um. Es ist ein ständiger Kampf, meinem Leben zu Normalität zu verhelfen. Vielen Leuten erscheine ich nach außen hin vielleicht normal und ausgeglichen, aber nur sehr wenige sehen den Aufruhr darunter.

Was mir meine Kraft erhalten und mir Antworten gegeben hat, ist vor allem mein Glaube an Gott. Ich habe lange und angestrengt zu verstehen versucht, warum Gott einen Mann wie Heidnik in die Welt gesetzt hat und warum er mich dazu auserwählt hatte, Heidniks Weg zu kreuzen. Heute weiß ich die Antwort: Gott hat mich dorthin geführt, damit ich helfe, die anderen Mädchen lebend dort herauszuholen. Es gab die ganze Zeit einen Plan, und es war ein positiver. Diese Mädchen mussten gerettet werden, da sie sich niemals hätten selbst retten können. Daher bin ich froh, dass ich dort war, und ich bin froh, dass ich geistig imstande war, sie da herauszuholen. Ich wünschte nur, sie hätten alle überleben können.

Aber bin ich noch immer die Josefina Rivera, die ich früher war, vor Heidnik? Nein. Es gab eine Josefina davor, und es gibt eine Josefina danach. Die beiden sind nicht dieselbe Person – und das ist gut so. Wir alle durchlaufen Veränderungen im Leben. Nur sind die Veränderungen mancher Menschen stärker als die anderer. Ich habe lange überlegt, wie ich wieder die Person werden könnte, die ich früher einmal war, habe mich geweigert, die Veränderung an mir zuzulassen. Ich steckte fest. Und jetzt ist mir, dank der richtigen Hilfe, bewusst geworden, dass es keinen Weg zurück gibt. Man kann sich nicht rückwärts bewegen, nur vorwärts.

Daher blicke ich jetzt jeden Tag, wenn ich aufwache, in die Zukunft. Ich blicke auf das, was noch vor mir liegt, und ich bin sehr positiv eingestellt. Heutzutage verbringe ich viel Zeit damit, in der Rettungsmission der Heilsarmee mitzuhelfen und meine Zeit und Energie denen zu schenken, die es schlechter getroffen haben als ich. Ich würde gern einen Beraterkurs absolvieren, um eines Tages anderen Opfern auf eine konstruktive Weise helfen zu können, so wie andere Leute mir geholfen haben. Und Chris, der durch viele schwierige Zeiten hindurch stets mein Fels in der Brandung war, hat mich gefragt, ob ich ihn heiraten will. In absehbarer Zeit werden wir uns also das Jawort geben. Ich kann aufrichtig sagen, dass ich mich mit Liebe wirklich gesegnet fühle.

Vor allem wache ich jeden Morgen auf und versuche, ein möglichst guter Mensch zu sein. Ich versuche, freundlich und hilfsbereit zu sein und die Ratschläge meiner Mutter zu befolgen. Ich bin kein guter oder schlechter Mensch, aber ich versuche, fair zu sein, egal, ob ich jemanden mag oder nicht. Meine Mom hat mir beigebracht, Wertvorstellungen zu haben, und das ist etwas, das ich nie verloren habe.

Und manchmal, wenn die Gefühle wieder einmal hervorzubrechen und mich zu überwältigen drohen, gehe ich einfach am Strand spazieren, verliere mich zwischen dem Sand und den Wellen und sammele Meerglas. Einst verloren und jetzt wiedergefunden, kommen diese winzigen Fragmente der Vergangenheit bei mir zu Hause in meinen Gläsern zusammen, aus alten Strukturen umgestaltet zu neuen Formen und Teilen. Wie die Teile eines unbekannten Puzzles nehmen sie auf meinem Fensterbrett neues Leben und neue Bedeutung an.

Sie haben überlebt. In gewisser Weise, Form und Gestalt haben sie sich angepasst, verändert und überlebt. Und manchmal ist das genug.

Danksagung

Ich möchte gern den folgenden Personen danken:

DJ Schlag für seine fortwährende spirituelle und geistige Unterstützung.

Pfarrer Weer und der Chelsea Baptist Church für all ihre Gebete und Unterstützung, darunter vor allem Cecelia Weer für ihre Ermutigung und Freundschaft.

Meinen Kindern, LaToya, Ricky und Zornae, und meinem Schwiegersohn Russell für ihre Liebe und Unterstützung; meinen Enkelkindern LaQuoia, Bryahna, Jaaqwan, Sean, Gary und Princeton für ihre bedingungslose Liebe.

Der Familie Lyle für ihre Hilfe und Unterstützung.

Dr. Kavcavary und dem gesamten Team bei Atlantic Care Behavioral Health.

Charles Gallagher dafür, dass er mir in meiner schweren Zeit zur Seite stand.

Den Mitarbeitern der Sondereinheit für Sexualdelikte bei der Polizei von Philadelphia.

Meiner Schwester Iris Rodrigez, die nicht mehr bei uns ist, aber noch immer auf mich aufpasst.

Marvin Sapp für seine Inspiration durch sein Lied *Never Could Have Made It*.

Und schließlich Kirk Franklin, der mir geholfen hat, mich zu erinnern, dass ich lächeln kann.